Décembre 1992

De l'alcoolisme à la paix à la sérénité

Jacques T.

De l'alcoolisme à la paix et à la sérénité

BQ

BIBLIOTHÈQUE QUÉBÉCOISE

Bibliothèque québécoise inc. est une société d'édition administrée conjointement par la Corporation des éditions Fides, les éditions Hurtubise HMH ltée et Leméac éditeur.

DÉPÔT LÉGAL : QUATRIÈME TRIMESTRE 1991
BIBLIOTHÈQUE NATIONALE DU QUÉBEC

ISBN : 2-89406-023-8

A tous ceux que j'aime ; ils sont nombreux !

Pour leur encouragement et leurs conseils, un merci sincère à Paule C., Gilles C., Francine G., René G., Lionel G., Lucie L., Lucille et Léandre, Léon M.

L'auteur.

Avant-Propos

Malgré son titre, ce livre n'offre nullement le récit d'une vie brisée par l'alcool. L'alcoolisme ici ne sera que l'occasion d'une prise de conscience, d'un changement d'attitude intérieure face à la vie, aux valeurs, au bonheur. Il s'agit bien davantage de l'art de découvrir en soi le Royaume que de toute autre chose.

Cet ouvrage s'adresse à tous ceux qui souffrent et se sentent isolés ; qui cherchent une réponse et ne trouvent pas. À tous ces « pauvres », le Royaume est offert. En effet, l'alcool n'exclut pas les autres formes de fuite devant les difficultés de la vie : les drogues, les médicaments, le jeu, le ressentiment, le repli sur soi sont autant de réactions négatives aux vicissitudes. Mais tous ces faux-fuyants n'apporteront qu'un soulagement apparent, et tôt ou tard il faudra bien se rendre à l'évidence : la fuite sera devenue plus insupportable que la réalité. Ce sera LA LIMITE.

Il y a bien d'autres limites : la laideur, les infirmités physiques ou psychologiques, une maladie mortelle comme le cancer irréversible, le décès d'un être cher, bref, tout ce qui fait tellement souffrir et que nous ne pouvons pas changer. Les seuls remèdes à ces souffrances — croyons-nous à tort — seraient de transformer la laideur en beauté, la maladie en un état de bonne santé, la mort en une résurrection. En somme, la panacée à nos malheurs présenterait des solutions miracles qui, toujours, rendraient la vue aux aveugles et ressusciteraient les morts. Je ne veux pas nier les miracles, mais il ne fait aucun doute que depuis Lazare, les ressuscités ne courent pas les rues.

Il est une autre solution. C'est celle du changement intérieur au niveau de l'Être. La manière « d'être » infirme doit changer. C'est moi qui dois changer. Cela implique un changement de l'intérieur. Voilà exactement ce que vous propose ce livre.

Le cheminement proposé est celui que j'ai suivi à partir des suggestions du programme des Alcooliques Anonymes dont je suis membre depuis près de vingt ans ; ce qui explique ma volonté de garder l'anonymat. Non par honte de mon alcoolisme, mais afin de répondre à une tradition suggérant de travailler dans l'ombre sans tirer de notre travail quelque gloire personnelle.

Dans son programme de rétablissement, Alcooliques Anonymes suggère de s'abandonner à Dieu ; mais à « Dieu, tel que chacun le conçoit ». Toute autre considération se rapportant à l'Éternel demeure strictement personnelle et ne saurait engager en rien l'association. Cette liberté d'un « Dieu, tel que chacun le conçoit » est infiniment précieuse ; car lorsque je me joignis sérieusement aux Alcooliques Anonymes, j'avais déjà eu, quelques jours auparavant dans un hôpital psychiatrique, une rencontre profonde avec le Dieu de mon enfance. J'apprécierais donc qu'on ne discute point ma conception personnelle de l'Absolu.

Alcooliques Anonymes suggère encore que chacun essaie de voir ses déficiences, reconnaisse les torts causés à autrui et en parle à quelqu'un en attendant de s'amender et de réparer. Chose que nous faisions autrefois au collège sous forme d'examen de conscience et dont nous parlions avec un directeur. Et aussi, en ce temps où nous étions pensionnaires et où nous « faisions le cours classique », nos éducateurs attachaient-ils beaucoup d'importance à la prière et à la méditation, exercices également recommandés par Alcooliques Anonymes. Ce qui revient à dire — comme je l'écris dans cet ouvrage — que l'originalité du programme A.A. réside dans la forme et non dans le fond.

En effet, Alcooliques Anonymes n'a jamais prétendu qu'avant 1935, année de sa fondation, aucun individu n'ait trouvé Dieu à travers une souffrance ni qu'il n'ait été capable de découvrir ses déficiences et d'en parler à quelqu'un. Quant à la prière et à la méditation, l'histoire serait bien impuissante à révéler quelle tribu ou quel peuple s'en est prévalu le premier.

Quels avantages présentent donc la forme du programme des Alcooliques Anonymes, si son fond apparaît vieux comme le monde ? Ce programme, se divisant en parties ou étapes de cheminement numérotées de 1 à 12, offre tous les avantages d'une « méthodologie spirituelle », si l'on peut s'exprimer ainsi. De sorte que franchir l'une de ces étapes marque un point dans le cheminement et rend les adeptes extrêmement conscients du pas qu'ils viennent de faire en avant. Lorsque neuf de ces étapes auront été franchies, les trois suivantes continueront la mise en pratique de ces neuf premières, assurant ainsi l'application constante de la méthode.

Si, dans ce livre, je présente la forme du cheminement A.A., c'est que j'ai moi-même évolué spirituellement « à partir » des suggestions contenues dans ces principes A.A. Je dis bien : « à partir » de ces suggestions, car ma propre évolution spirituelle et toute son orientation ont été marquées par ma conception de Dieu. Celle-ci m'amena à grandir dans une direction où Alcooliques Anonymes — en tant qu'association — ne pouvait plus officiellement me suivre. En effet, A.A. ne doit pas — cela demeure un de ses meilleurs atouts — aller au-delà de « Dieu, tel que chacun le conçoit ».

Je propose donc la réflexion chrétienne qu'a été la mienne au cours de mes années avec les Alcooliques Anonymes. Cette association ne prend donc aucune part dans cette publication ni ne s'engage d'aucune manière. Par ailleurs, l'association des Alcooliques Anonymes ne s'oppose nullement à tout ce qui peut servir les alcooliques comme ce fut le cas pour le merveilleux ouvrage de Joseph Kessel[1].

J'invite donc le lecteur, quel qu'il soit, à trouver dans ces pages un sens à sa souffrance, à sa solitude, à son isolement ; car, au fond, l'alcoolique a-t-il jamais souffert d'autre chose ? D'ailleurs, ne trouve-t-on pas dans le *Gros Livre*[2] des Alcooliques Anonymes une invitation : « Je ne connais aucun domaine de l'activité humaine où les Douze étapes ne peuvent s'appliquer ou ne sont pas utiles[3]». Des amis à moi, profondément croyants, n'ayant pas connu de grand drame dans leur vie, ont un jour décidé pour leur avancement personnel, de franchir l'une après l'autre toutes les étapes du programme A.A., y compris l'inventaire moral ainsi que l'aide aux autres qu'ils vivent en visitant les pauvres et les malades. Ainsi se trouve confirmée une vision d'avenir exprimée il y a plus de vingt-cinq ans et qu'on retrouve également dans le *Gros Livre* A.A. : « Je crois que le mouvement des A.A. peut avoir un jour encore plus d'effet sur le monde qu'il n'en a eu jusqu'ici et qu'il peut contribuer grandement au réveil spirituel qui est commencé...[4] » Voilà exactement pourquoi j'ai voulu écrire ce livre.

En outre, le médecin, le travailleur social, l'infirmière, le directeur du personnel, tous ceux qui désirent aider une personne aux prises avec l'alcool pourront certainement puiser dans ces lignes. Notamment, voudront prendre connaissance de ces pages les membres Al-Anons pour lesquels j'éprouve tellement d'admiration et tant d'amour.

Pour ceux qui ne savent pas ce que Al-Anon veut dire, ce mot est tiré de AL-cooliques ANON-ymes dont on a conservé le AL ANON — Al-Anon — et pourrait suggérer : non A.A. ou NON AL-coolique, à ce que je me suis laissé dire. Le mouvement Al-Anon (Groupes familiaux Al-Anon) regroupe les conjoints, les enfants adultes, les père et mère, les membres de la famille, les amis, enfin ceux et celles vivant très près d'un alcoolique ou d'une personne ayant un problème avec l'alcool. Al-Anon propose le même cheminement intérieur que A.A. (Alcooliques Anonymes) en s'appuyant, comme mode de vie, sur les mêmes principes communément appelés les douze étapes que nous aurons l'occasion d'étudier plus loin.

Il faut mentionner encore le mouvement Alateen — semblable à Al-Anon — mais regroupant les enfants trop jeunes pour évoluer dans des groupes d'adultes. Beaucoup, parmi ces jeunes, voudront lire ce livre.

Enfin — et il va sans dire — aux membres des Alcooliques Anonymes, *Gamblers Anonymous, Overeaters Anonymous*... À vous qui vous débattez encore avec l'alcool... À vous qui cherchez... À tous les « pauvres », ce livre est offert.

Heureux les pauvres... ceux qui souffrent... ceux

qui pleurent... » Vous avez sans doute reconnu les Béatitudes. Contradictions ? Nullement. Paradoxes ? Bien sûr !

Notes

1. Joseph Kessel, *Avec les Alcooliques Anonymes*, Paris, Gallimard, «L'Air du temps».
2. L'expression «Gros Livre» (*Big Book*) est souvent employée pour *Alcooliques Anonymes*, Les Éditions Françaises A.A., 1963.
3. *Ibid.*, p. 373.
4. *Ibid.*

La Limite

Certaines limites sont immédiatement évidentes et, en soi, indiscutables : par exemple, la mort, l'amputation d'un membre, la perte d'objets irremplaçables lors d'un incendie. Pourtant, aussi indiscutables qu'elles soient, ces limites ou, si l'on préfère, ces épreuves seront farouchement discutées comme si l'on y pouvait changer quelque chose ! Ce refus réside moins dans l'incapacité de « voir » la réalité que dans le manque de solidité intérieure qui permettrait de « l'accepter ». La difficulté n'est donc pas de « voir » ou « d'admettre » la limite comme telle, mais de « l'accepter ».

D'autres limites, évidentes mais moins immédiates, peuvent être reculées : par exemple, le fait de vieillir sera masqué par le maquillage ou retardé par la chirurgie esthétique. Souvent, une limite pourra être entièrement surmontée ; elle n'est qu'apparente : de pauvre, l'on peut devenir riche ; de très malade, recouvrer une santé parfaite. Surmonter une limite suppose justement qu'on ne va pas « l'accepter », que tout sera tenté pour s'en sortir : on fera preuve de courage, d'abnégation, de ténacité, voire même d'héroïsme. Cette attitude révèle beaucoup de dignité et de grandeur.

Mais que de batailles, hélas, aussi admirables soient-elles, sont trop souvent inutiles et épuisantes ; la limite ne sera pas vaincue. Le problème est donc de l'ordre d'un discernement : celui de pouvoir faire la part entre ce qui peut être changé et ce qui ne peut pas être changé. Les Alcooliques Anonymes, comprenant l'extrême importance de ce discernement, ont adopté cette très belle prière : « Mon Dieu, donnez-moi la sérénité d'accepter les choses que je ne puis changer, le courage de changer celles que je puis changer et la sagesse d'en connaître la différence »[1]. Au début de chaque réunion A.A., cette prière est récitée.

Ce livre s'adresse — je l'ai dit — à tous ceux qui souffrent et se sentent isolés ; qui cherchent une réponse et ne trouvent pas. De ces derniers, les alcooliques comptent vraiment parmi les très éprouvés ; l'alcoolisme étant une limite dure, angoissante, épuisante. C'est de cette limite dont je veux vous parler. Étant moi-même alcoolique, j'ai failli me perdre entièrement dans cet abîme. J'ai réussi à me relever grâce à des principes de vie intérieure. Ces principes, clairement exprimés dans le programme de relèvement des Alcooliques Anonymes, se présentent sous la forme des « Douze étapes ». Ces douze étapes sont simples ; la route qui nous y mène est plus pénible ! Propos mêmes de ce livre ; elles offrent un cheminement de l'intérieur, une fenêtre ouverte sur le vrai bonheur. Si ces principes apportent la consolation et la paix aux alcooliques, ils pourront apporter le même apaisement à toutes les autres formes de souffrance.

Cependant, certaines remarques me paraissent utiles. À la lecture de ces douze étapes, le mot « Dieu » ne manquera pas de vous « accrocher ». On y parle également de prière et de méditation. Il se peut que cela vous laisse indifférent ou vous attire ; dans ces conditions, aucun problème. Mais il se peut aussi qu'entendre parler de Dieu, de prière et de méditation vous rebute tout à fait et que vous fasse passer cette réflexion intérieure : « Encore des bondieuseries ! » Je vous comprends, allez ! Surtout si vous avez passé la quarantaine. C'est sans doute que vous vous rappelez une éducation religieuse surannée, chargée d'interdits, de préceptes, de rites qui apportaient bien plus d'inquiétudes que de paix, de rejet que de tendresse. Heureusement, cette éducation n'a plus cours aujourd'hui et tant mieux pour ceux qui reçoivent un enseignement élargi. Mais cet enseignement nouveau, plus évangélique, ne replace pas les choses pour nous — pour vous, pour moi — qui avons plutôt connu les interdits que les appels au dépassement dans la tendresse et l'amitié d'un Dieu se mettant à genoux pour nous laver les pieds ! Permettez-moi de vous rassurer : il ne s'agit nullement de vous ramener en arrière dans des structures que vous avez connues, ni de vous intégrer à un groupe de prières, ni de vous imposer quoi que ce soit. Il suffit, pour le moment, de croire que nous ne sommes pas les auteurs de la nature, que le cosmos ne vient pas de nous et que nous ne sommes pas à l'origine de la création. Si cela vous sied, il s'ensuit donc qu'il pourrait bien exister quelque chose ou quelqu'un de plus grand que nous. Dans les étapes des Alcooliques Anonymes, ce « plus grand que nous » est appelé « puissance supérieure» ou « Dieu, tel que chacun le conçoit ». Quant à la prière ou à la méditation dont il est question, il suffit encore, dans la plus grande simplicité, d'amorcer le dialogue en disant une phrase aussi banale que : « Aide-moi ». Ce pourrait bien être, pour vous, le début d'une vie nouvelle !

Voici donc le texte de ces douze étapes, traduction française d'un texte américain[2] :

1. Nous avons admis que nous étions impuissants devant l'alcool — que nous avions perdu la maîtrise de nos vies.
2. Nous en sommes venus à croire qu'une puissance supérieure à nous-mêmes pourrait nous rendre la raison.
3. Nous avons décidé de confier notre volonté et nos vies aux soins de Dieu « tel que nous le concevions ».
4. Nous avons courageusement procédé à un inventaire moral, minutieux de nous-mêmes.
5. Nous avons avoué à Dieu, à nous-mêmes et à un autre être humain la nature exacte de nos torts.
6. Nous avons pleinement consenti à ce que Dieu éliminât tous ces défauts de caractère.
7. Nous lui avons humblement demandé de faire disparaître nos déficiences.
8. Nous avons dressé une liste de toutes les personnes que nous avions lésées et avons résolu de leur faire amende honorable.
9. Nous avons réparé nos torts directement envers ces personnes, partout où c'était possible, sauf lorsqu'en ce faisant nous pouvions leur nuire ou faire tort à d'autres.
10. Nous avons poursuivi notre inventaire personnel et promptement admis nos torts dès que nous nous en sommes aperçu.
11. Nous avons cherché par la prière et la méditation à améliorer notre contact conscient avec Dieu tel que nous le concevions, le priant seulement pour connaître sa volonté à notre égard et pour obtenir la force de l'exécuter.

12. Comme résultat de ces étapes, nous avons connu un réveil spirituel, nous avons alors essayé de transmettre ce message aux alcooliques et de mettre en pratique ces principes dans tous les domaines de notre vie[3].

Quelle fut votre impression en lisant ces étapes ? Je puis bien vous faire part de mes réactions lorsque — il y aura bientôt trente ans — j'ai lu ce texte pour la première fois : je fus extrêment déçu ; je me retrouvais en pleine religion de mon enfance, en «pleine église», quoi ! Cela m'avait porté un coup : « Ils sont tombés sur la tête », pensai-je ! Pourquoi donc ai-je ainsi réagi ? La réponse à cette question se trouve dans les prochaines pages.

Je ne vous conseille pas de revenir en arrière afin de relire le texte de ces étapes, surtout si vous n'avez aucune expérience A.A. En effet, cette présentation numérique peut ressembler, pour vous, à une énumération de préceptes dont l'exécution serait automatique et aveugle, c'est le mien que je vous propose. Et puisque vous avez acheté ce livre, je vous demande humblement de me faire confiance.

Nous allons donc cheminer ensemble, c'est-à-dire refaire le chemin de vingt-huit années d'expérience au cours desquelles ces douze étapes ont été creusées. Vingt-huit années de recherche et de réflexion partagées. Ces étapes doivent être orientées, c'est-à-dire leur donner un contenu qu'intentionnellement Alcooliques Anonymes ne leur a pas donné. Ce n'est pas une tâche facile ; pourtant, elle est indispensable. Encore une fois, l'orientation donnée à ces étapes sera celle que j'ai choisie et, personnelle, elle n'engage absolument en rien l'association des Alcooliques Anonymes. En fait, chaque membre A.A. peut donner aux douze étapes l'orientation qu'il désire. Cette liberté nous vient de la troisième, où il est inscrit : « Dieu, tel que nous le concevions[4] ».

Vous avez peut-être remarqué que dans les premières pages, j'ai parlé de « l'alcoolique » ou de toute personne ayant un « problème avec l'alcool ». Cette nuance est importante. Certaines personnes admettront volontiers avoir « un problème » avec l'alcool ; que leur façon de boire est désastreuse et qu'une action doit être prise afin de corriger la situation. Cependant, elles ne voudront pas admettre un seul instant « qu'elles puissent être alcooliques ». Ce mot les choque. En effet, le mot « alcoolique » possède, pour bien des gens, un contenu psychologique extrêmement désagréable. Cela dépend de l'éducation. L'alcoolisme fut trop longtemps considéré, non pas comme une maladie, mais comme un vice honteux, épouvantable, qu'il fallait cacher. D'ailleurs, je ne suis pas du tout convaincu que tous les gens bien pensants, tous les médecins, tous les psychiatres, tous les éducateurs reconnaissent l'alcoolisme comme une maladie. Et quand cela serait, il y a encore, de nos jours, des « maladies honteuses ». Alors, nous ne serions pas plus avancés !

D'autre part, une personne peut très bien admettre être alcoolique mais penser qu'elle pourra s'en tirer par ses propres moyens. Si elle est alcoolique, elle connaîtra un échec certain. La question importante n'est donc pas de savoir si quelqu'un « est alcoolique » ou s'il a un « problème » avec l'alcool ; la question demeure : ce quelqu'un peut-il arriver à régler lui-même ce problème, soit en surveillant les quantités, soit en s'abstenant complètement ? Il devra d'abord essayer ces deux solutions. S'il n'obtient pas de résultat permanent, il est alcoolique. À mon humble avis, l'alcoolique n'est pas avant tout quelqu'un buvant de façon désastreuse mais plutôt quelqu'un ne pouvant arrêter de façon définitive. En effet, pourquoi tant d'histoires ? Si vous n'êtes pas alcoolique et que l'alcool vous embête tellement, ne buvez plus ! Rien de plus simple, n'est-ce pas ? J'ai essayé cela durant plus de dix ans. Mon temps record ? Deux mois ! Par la suite, je déclarais à tout venant que je pouvais arrêter de boire quand je voulais ! La difficulté, c'est que je n'arrivais pas à vouloir longtemps.

Notes

1. Attribué à Marc-Aurèle, mais plus vraisemblablement de provenance inconnue.
2. *Alcoholics Anonymous*, New York Alcoholics Anonymous World Services, 1955, p. 59-60.
3. *Alcooliques Anonymes*, Les éditions Françaises A.A., 1963, p. 79-80.
4. *Alcooliques Anonymes*, op. cit., p. 79.

Première partie

Accepter ce qu'on ne peut pas changer

Oui ! Beaucoup de souffrances viennent de ce que nous n'acceptons pas, bien souvent, des situations qui ne peuvent absolument pas être changées. Afin de renforcer ce qui vient d'être dit, nous allons nous reporter à la première étape des Alcooliques Anonymes. Pourquoi nous référer à A.A. ? C'est que cette association connaît auprès des alcooliques un succès tel qu'elle tient des réunions dans plus de cent pays. Il est difficile de donner des chiffres précis, mais si l'on estime que près d'un million de membres sont abstinents d'alcool grâce à A.A., on est bien obligé d'admettre qu'aucune autre organisation du genre ne peut fournir de telles statistiques. Cela me rappelle une parole : « Vous les reconnaitrez à leurs fruits ». Voici donc cette première étape des A.A. :

Nous avons admis que nous étions impuissants devant l'alcool — que nous avions perdu la maîtrise de nos vies[1].

En d'autres mots, il nous a bien fallu, un jour, conclure à l'impossibilité absolue de trouver une solution à notre problème d'alcool. En outre, notre façon de boire entraînait des problèmes tels que nous ne pouvions plus — ou ne pourrions plus — les surmonter. La vie présente bien d'autres limites, d'autres souffrances que nous devrons également accepter parce que nous ne pourrons rien y changer. Ceux n'ayant pas de problème d'alcool pourront remplacer ce mot « alcool » en admettant leur impuissance à changer « ce dont ils souffrent ».

Il me semble indispensable d'expliquer que la première étape ne consiste pas « à admettre que je suis alcoolique », mais bien que je suis « impuissant », c'est-à-dire incapable, dans l'impossibilité de vaincre un problème d'alcool. Bien sûr, celui qui admet être alcoolique ou avoir un grave problème avec l'alcool possède une grande avance sur celui qui « ne voit même pas» que sa façon de boire dépasse les bornes ; mais cela est loin de suffire. En effet — cela a été dit et il faudra répéter souvent les mêmes vérités — l'on peut admettre être alcoolique mais se croire capable de régler ce problème. « Et pourquoi pas ? me direz-vous ; n'y a-t-il pas des spécialistes ? des psychologues, des psychiatres, des alcoologues ? Et que faites-vous donc de la psychanalyse ? Et ne connaissez-vous pas l'hypnotisme ? » Beaucoup parmi nous se sont soumis à ces techniques et reconnaissent en avoir tiré un certain bien ; cependant, pour des raisons inexplicables, leur problème d'alcool n'a pas été liquidé. Ces techniques n'ont pas été retenues comme « mauvaises », mais comme « insuffisantes ».

Ce qui n'implique pas qu'ayant résolu son problème d'alcool, un membre A.A. ne pourrait pas requérir, en d'autres domaines, des traitements spécialisés. Ainsi tout le monde sera d'avis qu'un membre A.A. devrait recourir à un médecin s'il souffre d'une attaque du foie tout aussi bien qu'il devrait consulter pour un désir violent et persistant de se suicider. Car, généralement, les membres A.A. réussissent à s'abstenir d'alcool, à nouer entre eux des amitiés enrichissantes, à aider d'autres alcooliques et à vivre une vie ressemblant de beaucoup — extérieurement en tout cas — à celle de monsieur tout le monde. Mais il est évident que si un certain membre A.A. souffrait de schizophrénie ou de paranoïa ou de quelque désordre psychique grave, il poursuivrait ses activités A.A. pour l'alcoolisme et pourrait consulter un spécialiste pour les troubles ci-devant mentionnés. Ce serait une imprudence grave — pour ne pas dire une erreur pouvant être fatale — de soutenir que les étapes des A.A. viendront à bout de n'importe quelle maladie mentale.

Mais revenons à nos moutons ! Afin d'illustrer de façon vivante ce que A.A. veut dire par « impuissance » vis-à-vis de l'alcool, laissez-moi vous raconter brièvement comment moi j'en suis venu à admettre « ne pas pouvoir — absolument — ni diminuer ni arrêter de boire de façon définitive ».

Je devais avoir vingt-deux ou vingt-trois ans quand « j'admis » être alcoolique. Cela ne me fut pas difficile. D'abord parce que j'étais toujours ivre ! Et ensuite, parce que je n'éprouvais aucune honte à l'avouer. J'ai connu ce privilège d'avoir grandi dans un milieu où l'on ne dramatisait pas toute chose. On ne m'a pas appris, dans ma famille, à m'exclamer de Oh ! et de Ah ! devant tout comportement sortant de l'ordinaire. De sorte que je n'ai pas appris qu'être alcoolique fût honteux. Je me trouvais dans une petite clinique pour alcooliques où l'on m'avait conduit en ambulance. J'étais toujours très faible durant les années où je buvais, car je mangeais le moins possible. La bière remplaçait magnifiquement le repas du midi et il m'arrivait très souvent d'escamoter celui du soir. De plus, je travaillais très dur dans un commerce dont j'étais le propriétaire. Manger me semblait trivial, primitif, relever de l'animal. Je ne mangeais que si j'avais trop faim pour continuer à m'abstenir. La nourriture m'enlevait un peu de ce « bien-être » que procure l'ivresse et je remettais sans cesse à plus tard le moment d'un bon repas. Voilà qui explique l'ambulance à cet âge relativement jeune. Dans cette clinique, je connus un médecin d'une grande bonté. Il m'avait accueilli avec toute la sollicitude et la douceur qu'on puisse souhaiter. C'est avec un très grand plaisir que je veux le nommer : le Dr Alexandre Bédard.

Je me rappelle encore la conversation avec ce bon médecin :

— Vous êtes bien jeune pour vous retrouver ici et dans cet état. Vous savez qu'on vous a amené en ambulance ?

— Non monsieur. Mais je voudrais savoir où je suis...

— Vous êtes dans une clinique pour alcooliques et je suis votre médecin, le Dr Bédard.

Cette déclaration me donna un choc. Le docteur poursuivit :

— Sans doute vous êtes-vous payé une cuite monumentale... et n'ayant pas l'habitude...

— Oh non, Docteur, je bois toujours comme cela... et je pense bien être devenu alcoolique...

J'admettais sans difficulté être alcoolique. Ce n'est pas ce qui m'arrêta de boire, croyez-moi. À la lumière de plusieurs conversations durant ce stage à sa clinique, le Dr Bédard m'avait confirmé que j'étais alcoolique. Il en soignait depuis des années et n'avait aucun doute à mon sujet. Et c'est sans aucune résistance que je m'étais rangé à son avis, car « je me savais alcoolique » ; et cela, depuis un bon bout de temps. Vous imaginez bien que je demandai au Dr Bédard son remède contre l'alcoolisme. « Je n'en connais aucun », répondit-il. Puis le docteur me parla de l'importance de ne jamais prendre d'alcool sous quelque forme que ce soit, qu'un seul verre de bière me serait néfaste. Il était catégorique : abstinence totale. Deux semaines après mon entrée, je quittais la clinique.

N'importe qui — et bien loin d'être un génie — comprendra que si un alcoolique ne boit plus jamais d'alcool, il n'aura jamais plus de problème d'alcool ! Cela n'a rien d'une découverte à vous couper le souffle ! Alors je me dis que tout s'arrangerait. Je n'avais qu'à ne plus boire. Comment n'y avais-je pas pensé ? C'était tellement simple : ne plus boire ! Comme tout serait merveilleux désormais ! Quel débarras ! Fini les cuites... les dépenses folles... la fatigue du lendemain... les sottises ! J'allais me coucher tôt, m'occuper sérieusement de mes affaires, aller au concert, voyager, lire, écouter de la musique. Je serais bien habillé — j'en avais les moyens — et j'aurais une belle voiture ! Si vous saviez comme tout ce programme me plaisait ! Comme je trouvais tout cela convenable et raisonnable ! Et combien j'allais être heureux ! Enfin !

Mais « vouloir » vivre sans alcool est une chose, y parvenir en est une autre ! Quelle misère ! Le lendemain de ma sortie de la clinique je commençai à me convaincre : « Rappelle-toi ce que le docteur a dit, Jacques, tu ne peux pas boire... tu es alcoolique, tu le sais. Prépare-toi une bonne tasse de café. Tout le monde ne boit pas d'alcool au réveil. Tu n'es pas plus mal partagé que les autres avec un café ». Alors, je me rendais à la cuisine et me préparais un café : « Tu vois, Jacques, cela n'a pas mauvais goût... » Puis, me rendant à la salle de bains et me regardant dans la glace :

« Regarde-toi, tu as encore les yeux un peu rouges... tu es maigre... si tu ne bois plus, tu prendras du poids, tes yeux deviendront plus beaux... C'est tellement mieux de ne plus boire... va te préparer un autre café... » Je n'arrivais pas à penser à autre chose. C'est l'obsession. Et je regardais ma montre souvent en continuant à radoter : « Il est dix heures... tu t'es levé à huit heures, cela fait bien deux heures que tu n'as pas bu. N'es-tu pas content de toi ? » Et je buvais des jus, des boissons gazeuses, et encore du café jusqu'à l'heure du déjeuner. « Voilà, pensais-je, l'avant-midi terminé. Cela n'a pas été si difficile, n'est-ce pas ? tiens bon, ne cède pas. Si tu allais au restaurant te commander un vrai bon repas ? » Je me rendais donc au restaurant, me répétant encore qu'il valait mieux ne pas prendre de vin... que j'étais alcoolique... que je le savais... que le médecin me l'avait confirmé... que je serais plus heureux... que ce n'étais pas une façon de vivre que de boire et ne pas manger... qu'il fallait que je tienne le coup... que je me l'étais promis à moi-même... qu'il y allait de mon bonheur. Je commandais le repas, sans vin ni aucune liqueur. Au sortir du restaurant, je me félicitais : « N'es-tu pas fier de toi ? Tu verras ; cette journée s'envolera plus rapidement que tu ne crois ». Mais il restait tout de même l'après-midi à passer. Même manège : je regardais ma montre, me félicitais, buvais d'autre jus, d'autre boisson gazeuse, d'autre café, convaincu d'être alcoolique et qu'il était plus rationnel de ne pas consommer d'alcool. Vous comprenez ; je « savais » qu'il valait mieux pour moi ne pas boire. N'importe quel imbécile aurait su cela ! Il restait encore le repas du soir : même radotage intérieur. Puis, la soirée ! Quelle journée ! Je ne pouvais pas rejoindre les amis habituels au cabaret, c'eût été me mettre la tête dans la gueule du loup. Alors j'écoutais des disques ou jouais du piano ou regardais la télévision tout en buvant du café, des boissons gazeuses, des jus, en me répétant que c'était le bonheur, la vraie vie, l'équilibre, le ciel ! Et, vers minuit, je me couchais, épuisé ! Rien de plus exténuant qu'une journée comme celle-là, croyez-moi.

Le lendemain, même déroulement : tasse de café, radotage intérieur, matinée, repas de midi, après-midi, repas du soir, soirée. Après deux ou trois semaines de ce régime, je me disais : « Je recommencerai le tout l'an prochain peut-être ; mais pour le moment, j'en ai soupé ! Et, sur ce, je me rendais au cabaret. Quelle détente ! Combien j'avais été stupide de croire que la vie pouvait être intéressante sans aller faire son tour à la taverne, rencontrer les amis dans un bar, entendre « gueuler », être entouré de bruit, de musique, de chansons. Comme tout serait bien plus agréable à partir de maintenant. Je savais que j'étais alcoolique ; je n'avais qu'à me surveiller. Ce serait si plaisant de ne prendre que quelques verres — pas trop — juste ce qu'il faut pour être en fête ! Indéniablement, c'était la bonne solution : la juste mesure. Mais oui ! La juste mesure ! Voilà ! Comment avais-je pu boire sans jamais surveiller les quantités absorbées ? En cela, consistait mon erreur ; n'importe qui se serait noyé dans les quantités que je buvais. Bien sûr qu'il fallait en tenir compte. D'ailleurs, n'avais-je pas souvent entendu dire : « Merci, c'est suffisant, je ne veux pas boire trop ». Il fallait agir de même : apprendre à refuser quand on en avait assez. Croyez-moi ou pas, cela m'a réussi. Quatre jours! Puis, après une cuite de taille, je jugeai ne pas me surveiller assez. C'est alors que je décidai de redoubler de prudence. Quelques mois après, je me retrouvais à la clinique du Dr Bédard !

J'étais désespéré, mais soulagé cependant de pouvoir, encore une fois, m'entretenir avec le docteur. Je lui parlai de ma solitude, de mon désir de vivre et d'être heureux avec la maladresse de ceux qui ne savent pas de quoi ils parlent en discourant sur le bonheur. Et lui, devinant je ne sais quelle profonde détresse en moi, s'était assis sur mon lit afin de n'avoir pas à élever la voix pour se faire entendre : « J'aimerais vous poser une question, commença-t-il, n'avez-vous jamais songé à la prière... je ne sais pas... à une expérience spirituelle ? Vous êtes si jeune, vous n'avez pu oublier... » Je ne me rappelle plus si je lui répondis. Mais je me rappelle très clairement ce que je pensais : « Pauvre bon docteur ! C'est gentil à lui de vouloir me réconforter... il n'est pourtant pas si âgé... comment peut-il en être resté là ? » Et je compris que le docteur, faute de mieux, avait prononcé les paroles de consolation destinées aux malheureux à qui on ne sait plus quoi dire. Est-il besoin d'ajouter que je n'ai pas mis en pratique ses conseils ? Mes recherches, nous le verrons, continuèrent encore dix ans. Mais je tiens à dire ici que le Dr Bédard demeure le seul homme de science de tous ceux que j'ai consultés à m'avoir donné la bonne réponse. Je voulais lui rendre cet hommage.

Comment pouvais-je savoir que le docteur avait raison ? J'espérais tellement trouver une autre solution. Loin d'avoir épuisé les ressources, elles me restaient toutes ouvertes : la psychologie, la psychiatrie ne faisaient-elles pas des merveilles ? Par surcroît, je n'étais qu'alcoolique ; non pas fou furieux. Un bon spécialiste, en un rien de temps, viendrait à bout de mon problème.

En attendant, je m'abstenais totalement d'alcool. Et, de plus en plus seul et malheureux, je décidai de remettre à l'année suivante — peut-être — tous les beaux projets. Je recommençai à boire en promettant cette fois de me surveiller encore plus étroitement. J'étais sur mes gardes. Rien n'y fit. De plus en plus ivre, je ne mangeais guère davantage qu'auparavant et d'un bar à l'autre traînais ma solitude, mon isolement, mon désarroi. De guerre lasse, je décidai de laisser tomber toutes mes occupations afin de m'attaquer à une seule tâche : consulter et régler, une fois pour toutes, mon problème d'alcool.

Première chose à faire : arrêter de boire afin de pouvoir mener à bien la démarche à entreprendre. Il me devenait très pénible d'arrêter de boire. Je n'arrivais pas à dormir plus d'une demi-heure à la fois pendant sept ou huit jours. Je me réveillais en sursaut et dans un état de transpiration tel que je me rappelle avoir enlevé un drap qui a fait un « flac » mouillé sur le parquet. D'autres fois, je me retrouvais à quatre pattes sur mon lit essayant d'empoigner je ne sais quoi afin de ne pas être projeté contre les murs, tellement toute la pièce tournait à une vitesse vertigineuse en même temps que moi. Exactement comme si j'avais été placé dans le centre d'un manège déchaîné de chevaux de bois. Et cela durait longtemps. Il m'arrivait de pleurer comme un enfant en attendant que ce tourbillon s'arrête. Inutile, pendant ces huit jours, d'allumer une cigarette ; je vomissais à la première bouffée. Enfin, je tremblais des pieds à la tête durant trois ou quatre jours. Une chose me rassurait : je n'étais pas en danger et de jour en jour, j'allais prendre un peu de mieux. Car je n'ai pas arrêté de boire qu'une fois dans ma vie et je commençais à avoir de l'expérience. Quand je fus remis, je passai à l'action en consultant l'annuaire du téléphone. J'étais certain, en cherchant « alcoolisme », de trouver quelque chose. En effet, je tombai rapidement sur

« Alcooliques Anonymes ». C'est sans aucune gêne ni appréhension que je téléphonai, expliquant mes difficultés et mes intentions à une dame fort aimable qui s'était fait connaître sous le prénom d'Edna. « Venez ce soir, avait-elle doucement insisté, vous n'avez qu'à demander Edna. Vous ne donnerez que votre prénom ; c'est plus facile. » Cela me plaisait beaucoup que ce fût anonyme parce que si on n'allait pas me demander mon nom, on n'allait pas non plus me harceler de questions à savoir quel métier j'exerçais, où je vivais, à quelle famille j'appartenais. Je fondais beaucoup d'espoir sur cette rencontre. La conversation au téléphone m'avait plus et j'avais vraiment hâte de me rendre à l'adresse indiquée. Je m'imaginais un centre offrant divers services : médical, social, psychologique, incluant une thérapie de groupe, des distractions organisées et je ne sais plus quoi encore. J'avais pris une ferme résolution : suivre à la lettre leur thérapie, ne pas discuter ce qu'on me demanderait et me conformer en tous points à leurs exigences.

Comme je connaissais mal l'adresse mentionnée, j'arrivai légèrement en retard. Quelques personnes assises écoutaient déjà un homme qui parlait. Je pris donc place sans faire de bruit et prêtai une attention distraite à ce qu'il disait. Il devait s'agir de quelque affaire à régler se rapportant à l'association, car je ne jugeais pas que cela concernât en rien ce pourquoi j'étais là. Je regrettais mon retard. J'aurais aimé parler à cette dame Edna ; lui poser des questions sur les heures de thérapie et sur mille et une choses qu'il me tardait de savoir. Tout en jetant un regard curieux sur les murs, je remarquai tout de suite un grand tableau en bois sur lequel se lisait ce qui suit : Voici les douze étapes que nous avons suivies et qui sont suggérées comme programme de relèvement. Quelle veine ! Je venais de trouver ce que je cherchais : le programme de relèvement, la thérapie ! Je poursuivis donc la lecture : « Nous avons admis que nous étions impuissants devant l'alcool — que nous avions perdu la maîtrise de nos vies ». Cette première étape m'allait comme un gant. Mais les suivantes parlaient de Dieu, d'inventaire moral, de prière et de méditation. Je ne trouve pas les mots pour vous décrire ma déconvenue. Je relisais et relisais ; je n'arrivais absolument pas à y croire. Je balbutiais intérieurement : « Comment cela est-il encore possible après la guerre que nous venons de subir ? » Je me suis senti exploité de la plus belle manière ; j'étais tombé dans un guet-apens de « gogos », de « nonos », d'ignares, de demeurés, d'insignifiants, de moralistes, de timbrés. Ma confusion fut totale quand, après l'exposé (dont je n'avais pu retenir un mot, tant j'étais troublé), on me présenta un juge, deux avocats, une infirmière et un homme d'affaires millionnaire, à ce que j'avais pu comprendre. Je n'arrivais pas à m'expliquer ni comment ni pourquoi la police n'était pas encore intervenue dans ce racket. Cependant, si je rejetais leurs idées, je ne rejetais pas les personnes présentes qu'il m'a bien fallu considérer très accueillantes et d'un naturel fort aimable. Rassuré par leur bienveillance, je me calmai rapidement lorsque je me rendis compte que je pouvais exprimer mes doutes, voire mon désaccord complet, quant à l'efficacité de leurs « douze étapes » remplies de bondieuseries.

À quelques reprises, je retournai rendre visite à ce groupe. On m'avait invité à ne pas me tracasser avec le programme des douze étapes. En cela, rien d'un *sine qua non*, cette question pouvant être remise à plus tard, si je le désirais. De plus, m'avait-on encore assuré, il ne s'agissait pas de religion ni de rien de semblable. Si un jour le cœur m'en disait, je n'aurais qu'à me tourner vers une puissance supérieure, ou Dieu tel que moi je le concevais. Cette simple mise au point m'avait suffi et puisque c'était entièrement libre, j'acceptais très bien que certaines personnes puissent trouver un réconfort dans la prière, à condition qu'on ne me l'impose pas.

Comment expliquer mon refus des valeurs spirituelles ? Ne croyez surtout pas que j'étais un athée. D'ailleurs, j'aurais refusé de prendre position sur une telle question qui, à l'époque, me laissait totalement indifférent. Pour moi, le problème se posait autrement : j'étais certain que Dieu ne s'occupait pas de résoudre le problème des alcooliques. L'alcoolisme est une maladie et je partageais cette opinion. Or, me disais-je, lorsqu'on a le foie malade, on n'a pas l'idée de le confier aux soins de Dieu mais bien plutôt à ceux d'un spécialiste des maladies du foie. Il en allait de même, à mon humble avis, d'une rage de dents : il vaut bien mieux se rendre chez le dentiste qu'à l'église. Et je considérais que l'alcoolisme relève bien davantage d'un traitement psychologique que de la prière et de la méditation. Mon attitude n'était pas motivée par quelque vague ressentiment envers le clergé ou par une haine dirigée contre Dieu. Je trouvais tout simplement idiot de prier quand je pouvais me faire soigner. À une journée A.A. tenue au Fort de Lauzon, je me rappelle de Betty ayant fort bien expliqué que seule une expérience spirituelle avait pu apporter une réponse à son alcoolisme. Si j'avais considéré Betty comme une femme insignifiante, je n'aurais pas tenu compte de ses dires. Mais comme je la savais instruite, intelligente et formée, je me suis vu forcé de réfléchir à ce qu'elle avait affirmé. De plus, avait-elle déclaré, le programme

A.A. avait fait ses preuves. Leur groupe, le premier à Québec, prenait de l'expansion et la plupart de ses membres, devenus abstinents, avaient perdu l'obsession de boire, sans compter les centaines de milliers d'autres Alcooliques Anonymes à travers le monde profitant des mêmes bienfaits. C'est alors que je tirai mes conclusions : ni Betty ni les autres n'étaient vraiment alcooliques. Car s'ils l'avaient été, pensais-je, ils ne seraient pas demeurés longtemps abstinents avec un programme spirituel ne faisant appel à aucune technique scientifique. Mais je me reconnaissais, moi, comme un véritable alcoolique. C'est pourquoi il me faudrait — à moi — une aide vraiment sérieuse, poussée, scientifique. Finalement, je me retrouvais le seul alcoolique parmi tous ces membres A.A. présents au Fort de Lauzon. J'ai toujours admis « être alcoolique » ; cela ne m'arrêta jamais de boire.

Que me manquait-il donc ? Il me manquait la « pauvreté intérieure ». Car, lorsque j'étais venu aux A.A. la première fois, j'étais « un riche ». Je ne parle pas d'argent, bien sûr. Vous vous rappelez sans doute une phrase souvent lue et répétée quand nous étions jeunes : « Heureux les pauvres, car le Royaume est à eux». Être riche intérieurement, c'est être rempli de ses idées personnelles : il n'y a plus de place pour les idées des autres. On nous avait enseigné aussi : « Si tu veux recevoir, vide ta coupe ». La plupart d'entre nous avions retenu que dans une coupe pleine, on ne peut plus verser ; vérité de La Palice. La coupe, c'est chacun de nous ; c'est vous qui tenez ce livre à la main ; c'est moi écrivant ces pages. Et « la coupe Jacques » que je faisais alors était remplie d'elle-même. Plein de mes illusions, de mes certitudes, de mes vérités, je demeurais entièrement tourné vers moi-même afin de puiser à mes propres richesses. Je possédais un credo : « Je crois en moi, à ce que je dis, à ce que je pense... » Voilà bien l'orgueil ! Ce qui ne veut pas dire que j'étais désagréable, cassant ou impoli.

En apparence, je respectais les opinions des autres, ou du moins je ne les discutais jamais d'une façon pouvant heurter. Mais intérieurement, je demeurais fermement sur mes positions. De plus, j'étais sincère ; ce qui épaississait encore la barrière. J'étais un « riche », riche de cette richesse rendant inaccessible le Royaume.

Puisque le programme de relèvement A.A. ne présentait aucun attrait pour moi, je me contentais de bavarder avec les membres tout en grillant des cigarettes et en buvant du café. Je me sentais aussi seul à ces réunions A.A. que je l'avais toujours été dans un bar avec des amis ou à un cocktail de cent cinquante invités. Pourtant, je parlais beaucoup et quiconque m'aurait observé aurait juré que je m'amusais follement. Totalement blasé de ces réunions, je n'y retournai plus.

Mais c'est à regret que j'avais quitté Alcooliques Anonymes. Parmi les membres que j'avais connus, beaucoup étaient attachants dont Betty avec qui j'avais davantage parlé et quelques autres dont les noms ne me reviennent pas. J'aurais aimé obtenir ce qu'ils avaient acquis : plusieurs se sentaient heureux et m'avaient même affirmé ne plus avoir soif d'alcool. Loin de me convaincre, cette affirmation m'avait donné à croire qu'ils n'étaient pas alcooliques ; qu'ils avaient pris « un coup » fort et, qu'ayant des obligations familiales, ils pouvaient renoncer à l'alcool pour ceux qu'ils aimaient. En effet, la plupart étant mariés avaient élevé des enfants, se dépensaient pour quelqu'un alors que moi j'étais seul, ne vivant que pour moi-même. De plus, je les jugeais assez « bons », eux, pour avoir droit de placer Dieu dans leur vie. Moi pas. J'étais convaincu, depuis longtemps, avoir perdu ma place près de lui. Car — cela est important — si j'avais alors refusé le programme spirituel, ce n'était ni par ressentiment envers mes éducateurs ni par animosité contre Dieu.

Bien sûr, au cours de mes années de collège, avaient surgi quelques professeurs ou surveillants très étroits d'esprit, mais je n'identifiais pas à Dieu ceux qui me parlaient de lui. Cependant, une idée m'avait marqué : il fallait « mériter » l'amour de Dieu. Pour s'approcher de lui, il fallait être « digne » de son amour, vivre dans le renoncement de Satan, de ses pompes et de ses œuvres. Encore fallait-il ne pas déroger aux commandements, être en état de grâce, bref, vivre une bonne vie, selon l'expression consacrée. Ce qui nous méritait le privilège de nous approcher de la sainte table, de baigner dans les bonnes grâces du Seigneur et de tous nos professeurs.

Décidément, revenir à Dieu était par trop exigeant. Me sentant absolument incapable de remplir les conditions nécessaires pour m'approcher de lui, je ne m'en prenais pas à Dieu, mais à moi-même : c'était moi l'indigne et non pas lui. Pourtant, Dieu seul sait combien j'aurais aimé ce rapprochement ! Lorsqu'à New York où j'habitais, n'en pouvant plus de solitude et d'isolement, j'avais écrit à une de mes amies de Montréal pour lui dire que sans doute une expérience spirituelle pourrait me venir en aide, elle m'avait répondu : « Si tu crois que la spiritualité peut t'apporter quelque secours, accroche-toi ; c'est une planche de salut ». Mais déjà, au moment de recevoir sa réponse, j'avais changé d'avis : Dieu ne m'accueillerait pas. Pas moi. L'amour de Dieu, la tendresse du Seigneur, n'étaient pas pour moi mais pour les honnêtes gens, pour les bonnes personnes se conduisant bien et accomplissant leur devoir. Et j'avais connu un réel chagrin ; je me sentais rejeté par le Seigneur lui-même ! Mais ce n'était pas la faute du Bon Pasteur — je ne lui en voulais pas — c'était la mienne : moi, moi, moi, par ma très grande faute. Je crois que c'est à partir de ce moment que j'ai commencé à ne plus être capable ni de m'aimer moi-même ni d'aimer les autres. Je cessai d'avoir confiance. Ma descente fut vertigineuse. À New York, cependant, ne vivant pas avec des gens capables de vie spirituelle, je n'étais pas porté à me comparer. Mais avec les Alcooliques Anonymes, ces personnes aimables que Dieu aimait en retour, je me sentais déclassé. C'était donc avec une sorte de nostalgie intérieure que j'avais cessé de me rendre aux réunions des A.A.

Ces essais d'abstinence m'avaient tout de même appris que je devenais « encore plus malheureux en ne buvant pas » que je ne l'étais « en buvant » ! C'est terrible à dire, mais c'est la vérité. Toute ma vie sociale s'organisait en vue d'aller rejoindre des amis soit à la taverne d'abord, puis au cabaret où nous buvions jusqu'au lever du jour. C'était l'après-guerre ; un monde fou s'entassait dans ces boîtes de nuit où nous menions un train d'enfer. Parmi tous ces gens, beaucoup étaient fort intéressants ; les uns ayant voyagé, les autres s'adonnant à la musique, à la peinture ou à la littérature. Souvent, nous nous retrouvions à un concert ou à une conférence avant de nous rendre au cabaret. Les buveurs ne sont pas, par définition, des crétins et des bornés. Nous avions du plaisir et plusieurs amitiés nouées alors durent encore aujourd'hui.

Mais lorsqu'il me prenait des « crises » d'abstinence, ou bien je restais chez moi à me morfondre, ou bien je rejoignais les amis, me contentant de boire des boissons gazeuses agrémentées d'une cerise et d'une tranche de citron. En avez-vous déjà consommé de suite dix ou douze ? Il faut le faire! L'alcool est un stimulant et procure une erre d'aller que les boissons gazeuses ne procurent pas ; croyez-moi.

Quitte à me rendre dans une clinique une ou deux fois l'an, je préférais de beaucoup boire et profiter de la vie que de me confiner à la maison en radotant sans cesse que je serais plus heureux sans alcool. Durant toutes ces années, je me suis toujours senti plus seul, plus isolé, plus désespéré lorsque je ne buvais pas. C'est pourquoi je recommençais toujours à boire. Il m'aurait fallu vaincre l'alcool ; mes victoires étaient de courte durée. A.A. n'offre pas une « victoire » sur l'alcool ; il offre une libération. C'est autre chose !

Les années passaient en même temps que croissaient mon isolement et mon désir de disparaître de ce monde. Je décidai donc de tout vendre pour m'installer à New York où il me semblait plus facile de vivre sans alcool. Puisqu'on y donne tellement de concerts, de pièces de théâtre ; puisqu'on peut y visiter tant de musées, d'expositions et de vernissages, pensais-je, je pourrais au moins me distraire et surmonter mon ennui. Je visitai tous les bars de mon quartier ; rien d'autre !

Comme je parlais de mon problème d'alcool à tout le monde, on me recommanda de consulter une psychiatre particulièrement versée en matière d'alcoolisme. Même réponse : abstinence totale. Même défaite. C'est alors que l'idée me vint d'aller vivre à Paris. Mais bien que cette ville me plût infiniment, la culture française et l'élégance des Champs Élysées n'apportèrent pas la réponse à mon alcoolisme. Connaissant mon désarroi, des amis à moi, Bob et son épouse Marjorie, m'avaient proposé d'aller vivre là où ils habitaient : Dayton, Ohio. Je me plaisais bien dans cette ville où mes amis fréquentaient des gens intéressants ; je respirais un air neuf, ne buvais pas et n'étais pas malheureux. Trois jours plus tard, je rentrais chez moi sans gilet, sans cravate et sans argent... saoul comme une bourrique !

Est-il utile de parler de Düsseldorf, en Allemagne, où je me trouvais avec l'un de mes frères et où je suis allé consulter ? De Chicago, Columbus, Cleveland, Akron, Cincinnati ? Des cliniques Roy-Rousseau, Domrémy, Albert-Prévost ? Des hôpitaux Royal Victoria, Saint-Sacrement, Jeffrey-Hales, l'Hôtel-Dieu ? De toutes les consultations privées chez différents psychologues, psychiatres ? De toutes les conversations avec mes frères, ma soeur, des amis ? De tous les coups de fil, les espoirs, les désillusions, les défaites, les recommencements, les promesses, les remords, les découragements, les ennuis, les insomnies, les écœurements, les envies de suicide, les peurs, les angoisses, les salles d'attente ? Et des onze années que cela a duré ?

Je n'aurai jamais assez de reconnaissance pour tous les spécialistes qui m'ont si bien accueilli. Tous m'ont écouté avec la plus grande sympathie et le plus grand respect. Il me revient à la mémoire un psychiatre anglais de l'hôpital Royal Victoria qui voulait tellement m'aider et me suppliait avec tant d'insistance de ne plus boire si je voulais être en état de suivre son traitement, que j'avais fini par le prendre en pitié. La vérité, c'est que je n'ai jamais été capable de demeurer abstinent d'alcool assez longtemps pour même amorcer un traitement sérieux.

Après toutes ces années, je décidai de ne plus me battre avec cette histoire d'alcool : j'allais tout simplement boire ; advienne que pourra. Et je cessai tout effort. C'est alors que quelques membres de ma famille, consternés, ne sachant plus que faire et craignant pour mes jours, décidèrent de mon internement dans un asile psychiatrique ; et ce, pour une période d'une année.

J'avais trente-trois ans ; c'est jeune. Pourtant, je n'étais pas plus bête qu'il le fallait. Mais la solitude, l'isolement intérieur m'avaient tué. Je me résignai.

Note

1. *Alcooliques Anonymes*, Les éditions Françaises A. A., 1963, p. 79.

DEUXIÈME PARTIE

« Heureux les pauvres en esprit, car le Royaume des cieux est à eux » (Mt 5 : 3)

Nous en sommes venus à croire qu'une puissance supérieure à nous-mêmes pourrait nous rendre la raison.

GROS LIVRE, p. 79.

Je n'étais pas malheureux dans cet hôpital psychiatrique où nous étions traités comme des princes. L'excellente cuisine, la propreté des hôpitaux tenus par des religieuses et la gentillesse du personnel rendaient le séjour agréable.

Quelques jours à peine après mon entrée à Saint-Michel-Archange, j'appris la décision de ma famille. Je me reposais lorsqu'on me fit demander au parloir. Un homme que je ne connaissais pas me remit alors des papiers avec la même gravité qu'on remet une sommation. Un ordre de la Cour me plaçait sous la loi de tutelle et ordonnait mon interdiction pour une période d'une année. Au risque de grandement vous étonner, je n'arrivais pas à comprendre le manque de logique de ma famille qui ne m'internait pas à vie ! De par mon expérience, je savais qu'un mois, un an ou dix ans ne feraient aucune différence : en sortant, je recommencerais à boire ; très certainement.

Les semaines passaient. Remis de mes tremblements, un appétit de cheval me revenait et je dormais quatorze heures par jour. Cependant, l'idée de devoir passer une année dans cet hôpital me rebutait. Je savais que là n'était pas la solution ; qu'il fallait trouver autre chose. Mais quoi ? Ayant plus de dix ans retourné cette question dans ma tête, j'étais désespéré.

C'est alors que je repassai ma vie. Des rêves d'enfant, des rêves d'adolescent, des rêves tout à fait semblables aux vôtres m'habitaient : devenir quelqu'un ! Non pas quelqu'un d'ordinaire mais quelqu'un de merveilleux, qu'on remarque et qu'on admire. Je crois cela important de devenir quelqu'un et que seul un imbécile ne le désire pas. Ce qui ne tient pas de l'orgueil mais de la plus mesurée et légitime ambition. Connaissez-vous un jeune avocat souhaitant demeurer inconnu, ordinaire, oublié ? Tout jeune médecin désire devenir compétent, connu, célèbre si possible. Le plus humble serviteur désire être remarqué, partant, obtenir de l'avancement. En somme, devenir quelqu'un demeure très relatif mais cela suppose qu'on arrivera à se classer parmi les meilleurs.

Devenir quelqu'un, pour moi, voulait dire bien des choses et la difficulté consistait à déterminer les plus nécessaires pour atteindre ce but. Alors, aussi bien les viser toutes : l'argent, le prestige, les diplômes, les voyages, avec tout ce que cela comporte évidemment ; voiture luxueuse, meubles élégants, grandes réceptions, etc. Comment obtenir tout cela ? Je ne m'en souciais guère. Jeune, je rêvais ! Que n'étais-je multimillionnaire ! Combien généreux et bon j'aurais alors été ! Profitant de mes largesses, tous m'auraient aimé ! Eh oui ! J'aurais acheté l'amour, l'admiration, la tendresse, la compréhension. Tous ceux qui me connaissaient auraient vécu dans la joie ; j'aurais été quelqu'un ! Quelqu'un de merveilleux, de fantastique, d'extraordinaire ! Mais au lieu de cela, je me retrouvais seul et sans le sou, isolé dans un hôpital où tout espoir me faisait défaut. Loin de moi l'idée de dramatiser, mais je souhaitais mourir.

Sur un mur de ma chambre pendait un petit calendrier représentant un Juif aux cheveux longs et portant la barbe : le Dieu connu dans mon enfance. Reproduction d'une oeuvre célèbre de Warner Sallman, il s'agissait d'un Christ non souffrant à l'expression très douce et très sereine. Ce n'est pas que je veuille vous imposer ce Dieu, mais à moi, ce visage parlait. Ce visage, en effet, me parlait d'amour et d'accueil, de tendresse et de pardon, de souffrance et de compréhension. Une phrase me revenait : « Je frappe à votre porte et celui qui m'ouvre, j'entrerai chez lui et j'y demeurerai ». En un instant, j'eus la révélation qu'au-delà de ce visage, je trouverais toute la paix, toute la consolation, toute la tendresse dont je rêvais depuis si longtemps ! Et je compris qu'il me fallait faire confiance et m'abandonner totalement à ce visage ou qu'alors, je serais définitivement perdu : « Je suis venu sauver ce qui est perdu ! » Je me savais indigne, mais je venais de comprendre que son accueil était plus grand que mon indignité, son amour plus vaste que mes égarements et son appel plus tendre que ma dureté ; je fondis en larmes devant tant de bonté. D'un coup, tout me fut révélé : avec lui, je trouverais le courage d'être heureux ; avec lui, ce serait facile de vivre sans boire ; avec lui, tout devenait possible. Et je me mis à lui parler sans arrêt, lui racontant combien j'avais été malheureux mais que cela était fini, maintenant qu'il était là ; que je lui faisais confiance ; qu'il m'apprendrait, me guiderait ; que nous serions amis, pour toujours ! Et je fis une promesse : « Si tu fais quelque chose pour moi, j'en témoignerai ». Cette promesse, je l'ai tenue depuis, et avec combien d'amour et de reconnaissance ! Épuisé par l'émotion de ce qui venait de se passer, je m'étendis sur mon lit afin de me reposer, convaincu qu'un chapitre de ma vie était clos et qu'un autre allait s'ouvrir.

Je sommeillais à peine, lorsque j'entendis frapper à ma porte. Je donnai la permission d'entrer. Un homme, dont je serais bien incapable de me rappeler ni les traits ni l'allure, ouvrit à demi et se tint dans le couloir pour me parler. Étant d'origine anglaise, il me dit dans sa langue : « Vous ayant vu lire en anglais à la salle à manger, l'idée m'est venue de vous offrir ce roman. Je quitte l'hôpital de ce pas ; mon épouse m'attend. Gardez ce livre, il vous appartient ». Et sans que j'aie pu ajouter quoi que ce soit, il le déposa sur une table adossée au mur près de la porte et disparut.

Je me levai pour prendre ce « roman » intitulé *Alcoholics Anonymous !* Ma réaction fut immédiate ; avant même de commencer à le lire, j'avais déjà consenti à ce que contenait ce livre et ma décision de joindre à nouveau les Alcooliques Anonymes avait été spontanée. Je parcourus la table des matières et trouvai un chapitre intitulé : « *How it works* », qu'on a traduit par « Notre méthode ». Je commençai à lire : « Nous avons rarement vu faillir à la tâche celui qui s'est engagé à fond dans la même voie que nous[1]. » Et poursuivant ma lecture, j'en arrivai, page suivante, au texte des douze étapes des A.A. Ces mêmes étapes qui, une dizaine d'années auparavant, m'avaient tellement rebuté :

1. Nous avons admis que nous étions impuissants devant l'alcool, que nous avions perdu la maîtrise de nos vies.

2. Nous en sommes venus à croire qu'une puissance supérieure à nous-mêmes pourrait nous rendre la raison.
3. Nous avons décidé de confier notre volonté et nos vies aux soins de Dieu tel que nous le concevions[2].

Il n'existe pas de mots pour décrire la joie de ce moment ; j'avais trouvé ! Ces trois premières étapes des Alcooliques Anonymes, je venais tout juste de les vivre ! Et dans un moment de réflexion recueillie, je me suis rappelé : « Heureux les pauvres, car le Royaume est à eux ». J'étais devenu « pauvre ».

Puisqu'il n'est pas difficile de mettre ensemble deux et deux, j'étais absolument convaincu que le programme spirituel A.A. me convenait parfaitement. Je m'engagerais à fond dans la même voie qu'eux. La réussite m'apparaissait certaine. Je téléphonai à ma famille et expliquai, d'une part, les chances de m'en sortir avec Alcooliques Anonymes et, d'autre part, l'inutilité de me laisser moisir une année dans cet hôpital. La directrice du pavillon, sœur Saint-Bernard, que je remercie du fond du cœur pour ses bons services, partageait cet avis. Bref, ma famille, convaincue, signa dans les jours suivants, les documents nécessaires à ma sortie.

Entre-temps, un de mes frères, connaissant dans sa clientèle quelques membres A.A., avait prié deux de ces derniers de bien vouloir me rendre visite à l'hôpital pendant que j'y attendais mon congé. Je ne me rappelle que du nom d'un seul de ces deux hommes : il s'agit de Louis. Une rencontre de courte durée, mais fort sympathique. Venus m'encourager à persister dans ma nouvelle décision, leur démarche me toucha beaucoup. Je rencontrai Louis peu souvent au cours de mes années dans A.A. et, en guise de reconnaissance, je mentionne ici son dévouement ainsi que la générosité de celui qui l'accompagnait. Du fond du cœur, merci !

Et le grand jour du départ arriva. Je ne m'étais attaché à personne en particulier à la clinique, sauf à un voisin de chambre m'ayant beaucoup amusé par son esprit vif et mordant ; nous l'appelions le grand Jean. Mais je compris dès le début que, malgré son air enjoué, ce grand homme mince, distingué, s'il s'était laissé aller, aurait pleuré comme un enfant. Je me rappelle, lui faisant mes adieux, son air chagrin de me voir quitter l'hôpital. En effet, les distractions sont rares dans les cliniques et il est toujours un peu regrettable de voir partir un copain avec lequel on aimait parler. Et chemin faisant vers ma chambre, j'avais eu une pensée, une prière pour lui. C'est lui, le grand Jean, qui deviendra mon premier filleul dans A.A.

Pendant que mon taxi roulait, je me retournai afin de voir une fois encore le grand hôpital Saint-Michel-Archange. Je savais, je sentais que je n'y reviendrais jamais. Et, les yeux mouillés, rempli de reconnaissace, je balbutiai : « Merci, mon Dieu ! »

Il y a dix-neuf ans de cela. Je n'ai jamais repris un verre d'alcool et n'ai jamais eu peur de recommencer à boire... parce que je n'ai jamais plus eu soif.

Cette expérience, à la fois dure et combien révélatrice, confirme l'un des paragraphes à mon avis les plus importants du *Gros Livre* des A.A. : « Une fois de plus : l'alcoolique, à certaines périodes de sa vie, n'a aucun moyen de défense mentale efficace contre le premier verre. Sauf en des cas très rares, ni lui ni aucun être humain ne peut le défendre. Sa défense doit venir d'une puissance supérieure[3] ».

Ce que vous venez de lire raconte une expérience spirituelle parmi tant d'autres : « Comment j'en suis venu à croire ». Cependant, mon cheminement n'est pas le vôtre, et sans doute existe-t-il d'autres pauvretés, d'autres limites, d'autres façons de rencontrer Dieu.

Une grande question s'impose : pourquoi suis-je revenu au Dieu de mon enfance ? Au début, cela est certain, c'est parce que j'avais entendu parler de ce Dieu-là à la maison, à l'école, partout. D'ailleurs, je doute que si vous avez été élevé en Amérique, vous en ayez connu un autre. Cela relève d'un phénomène culturel ; tout l'Occident étant fortement christianisé à l'époque, la plupart des dénominations religieuses, pour ne pas dire toutes, s'appuyaient sur le Christ. On imagine mal qu'un enfant né au Canada ou aux États-Unis, il y a trente, quarante ou cinquante ans, et y ayant reçu son éducation, se soit jeté à corps perdu dans le bouddhisme ou l'islamisme. Et si cela était, il faut admettre que loin d'être un phénonène de masse, il s'agissait de cas isolés. Même si le marxisme et les philosophies orientales ont exercé quelque influence, il reste qu'en Amérique, en mil neuf cent quatre-vingt-un, le christianisme tient de loin la première place. Cependant, si l'on ne croit au Christ que parce qu'on nous a parlé de lui, on ne croit guère en lui mais en ceux qui nous en parlaient. Et encore ; comment nous en a-t-on parlé ? Avons-nous connu son vrai visage ?

En qui ou en quoi croyez-vous ? Quelles sont vos raisons profondes pour être demeuré fidèle au Dieu de votre enfance ou pour vous en être écarté ? La réponse à ces questions demeure fondamentale et ne peut absolument pas être ignorée si l'on désire, un tant soit peu, s'engager dans la voie spirituelle. C'est en tenant compte de notre contexte culturel et social que je veux tenter ici de parler de « puissance supérieure ». Il n'est nullement question d'imposer mais de présenter un cheminement s'appuyant sur les étapes des Alcooliques Anonymes, mode de vie que j'ai choisi et qu'il m'a été donné d'approfondir. Mais, cela est important, les douze étapes A.A. proposent un cheminement spirituel fondé sur l'expérience d'hommes et de femmes ayant souffert et dont la souffrance les a menés à Dieu. Ce qui revient à dire que le programme A.A. n'a rien de théorique et qu'il s'insère vraiment dans la pâte humaine. C'est pourquoi les étapes A.A. ne diffèrent en rien, au niveau d'un vécu, des étapes parcourues par un saint Paul ou par le bon larron : tous deux, comme nous, d'ailleurs, connurent leur chemin de Damas. En fait, quiconque ne trouvant ni secours, ni consolation, ni remède a souffert à un point tel qu'il ait dû se tourner vers Dieu, a vécu les trois premières étapes des Alcooliques Anonymes. Et si son expérience est vraie, il se remettra en question, s'interrogera sur son passé, sur lui-même et sur son avenir. S'il a rencontré un Dieu d'amour, ses haines devront s'évanouir pour faire place à la compassion. Ce Dieu d'amour l'invitera au dépassement c'est-à-dire au pardon et à la réparation des offenses. Dieu sera devenu sa source de vie, son point de référence, son guide, son confident ; ce sera le dialogue, la prière. Et puisqu'une rencontre vraie avec Dieu produit nécessairement (nécessité philosophique) un changement, les autres voudront savoir ce qui est arrivé ; il témoignera. Saint Paul n'a pas agi autrement et le bon larron, s'il avait vécu, aurait suivi le même cheminement. Il en ressort donc que l'originalité du programme A.A. réside dans la forme, non dans le fond.

À la recherche d'une puissance supérieure.

Recherche vieille comme le monde ; nous n'avons rien inventé ! L'homme primitif, dépassé par les phénomènes de la nature, avait fini par croire que le tonnerre n'était rien d'autre qu'un dieu courroucé. Dieu de peur, les Grecs l'appelleront Zeus et les Romains, Jupiter. Partout s'élèveront des dieux d'intérêt et de peur. Jamais par amour, on priera pour qu'il pleuve ou qu'il cesse de pleuvoir ; on élèvera un temple à Diane pour que la chasse soit meilleure ; on offrira des sacrifices, souvent humains, afin d'apaiser la colère des dieux qui, toujours, auront raison des hommes ; c'est le Destin. Enfin, des milliers de dieux surgiront de la tête des humains qui en concevront encore et encore : des astres, des animaux, des hommes et des femmes — rois et reines, empereurs et pharaons — des montagnes, des rochers et des volcans ; tous se prendront un Dieu tel qu'ils le conçoivent. Plus près de nous, et les Hurons et les Algonquins et les Iroquois et les Apaches se tourneront, eux aussi, vers un Dieu tel qu'ils le conçoivent. Au besoin, on en fabriquera : le veau d'or, les totems. Les Grecs et les Romains, plus inventifs, non contents de concevoir des dieux en quantité, concevront avec un égal bonheur des demi-dieux. Et pourquoi pas des quarts ou des doubles ? Une grande partie du cosmos y est passé : le Soleil, la Lune, Jupiter et combien d'autres. Dieux des mers, du vent, de la guerre, des moissons ; autant de têtes, autant de conceptions. Et plus il y a de dieux, plus on s'amuse. Les plus cruels, il faut le dire, étaient les dieux humains. Cela n'a rien d'étonnant, car lorsqu'un homme se substitue à Dieu, il ne se substitue qu'à sa puissance et il devient tragiquement despote. Les pharaons enchaînèrent des centaines de milliers d'hommes parce qu'ils se croyaient supérieurs à ces derniers. Lorsque l'homme se fait Dieu, il divinise sa sottise. Lorsque l'homme se fait Dieu — quelle montée ! — il n'a plus rien d'humain. Je préfère de beaucoup un Dieu qui se fait homme — quelle descente ! — mais quelle humanité !

Les lettres, les arts et surtout la science n'ont pas rendu les temps modernes plus nuancés ; les veaux d'or sont les mêmes : voitures, visons, diamants, confort, prestige, intrigues, amants, maîtresses, voyages... « Heureux qui, comme Ulysse, a fait un beau voyage... » à bien y penser, nous n'avons dépassé ni les Grecs ni les Romains. Pis encore, les dieux ont disparu ; nous n'avons gardé que le voyage.

C'est donc un lieu commun de dire que depuis les temps les plus reculés, les hommes de partout s'adressèrent à « Dieu, tel qu'ils le concevaient ». Loin de relever de la sottise, cette recherche les honore. Sachant qu'ils n'étaient pas les auteurs de la nature, et voulant donner un sens à leur existence, ils se tournaient vers ils ne savaient ni qui ni quoi. Que pouvaient-ils faire de plus que de s'adresser à Dieu, tel qu'ils le concevaient ? Attitude humble de l'homme qui souffre, espère et attend.

À la lumière de ce que nous venons de voir, considérons maintenant comment, chez les Alcooliques Anonymes, la proposition d'une puissance supérieure ou « Dieu, tel que nous le concevions » est perçue. Faisons d'abord la distinction entre Alcooliques Anonymes en tant qu'association ayant émis les douze principes A.A. et « les membres » faisant partie de cette association. Ce sont là deux réalités bien distinctes qu'il faudra prendre garde de ne pas identifier l'une à l'autre si nous voulons éviter une regrettable confusion.

Il est inutile, au départ, de regarder de plus près le verbe concevoir qu'on a mis à l'imparfait : « Dieu, tel que nous le concevions ». Serait-ce à croire que A.A. suggère à ses membres de « revenir » au Dieu de leur enfance ? Pas du tout. Cet imparfait est historique, c'est-à-dire que les douze étapes racontent une histoire. C'est l'histoire du « comment » les premiers membres A.A. en arrivèrent à se dégager de l'alcool. Puisque ce «comment» les avait littéralement sauvés, ils ont voulu nous le retransmettre sous la forme de douze principes. À noter qu'au moment où ils formulèrent les étapes, les fondateurs et leurs amis étaient libérés de l'alcool depuis quelques années déjà. Les étapes A.A. répondent donc à cette question : « Comment en êtes-vous arrivés à vous libérer de l'alcool ? » La réponse pourrait se donner comme suit : « Au début, il y a quelques années, nous avons décidé de nous abandonner à Dieu, tel que nous le concevions À CE MOMENT-LÀ. Qu'il soit donc clair qu'il s'agit de Dieu, tel que nous le concevions « au moment » où nous avons franchi cette troisième étape. Il se peut fort bien qu'il se soit agi du Dieu de l'enfance, mais pas nécessairement.

« Dieu, tel que nous le concevions » ; cela respire un grand air de liberté ; cela repose et détend. C'est justement cette notion de liberté qui permit à A.A. d'offrir ses services dans plus de cent pays de culture, idéologie, religion, croyances différentes. Cette liberté totale quant au choix de la puissance supérieure est fondamentale dans A.A. et demeure sa plus belle expression d'accueil, de compréhension et de respect des personnes. C'est pourquoi l'association des Alcooliques Anonymes ne désire pas présenter Dieu à ses membres et Bill W., le regretté fondateur, a lui-même déclaré : « Jusqu'à quel point l'alcoolique réussira-t-il sa dépendance de Dieu, ce n'est pas l'affaire du mouvement A.A. Que ce soit dans une église ou non, que ce soit dans cette église-là ou dans celle-ci, ça ne concerne pas les A.A.[4] » Bill W. réfère ici à la structure verticale d'A.A., c'est-à-dire les services mondiaux à New York, les services généraux de chaque ville importante dans le monde, les intergroupes de ces mêmes villes et tous les autres services officiels de littérature ou d'information publique.

En effet, si quelqu'un s'avisait de téléphoner aux service mondiaux, à New York, dans le but de savoir « QUI » ou « QUOI » est Dieu pour l'association des Alcooliques Anonymes, il obtiendrait une réponse bien vague à savoir que A.A. n'est pas une association confessionnelle et qu'il appartient à chaque membre, dans une recherche toute personnelle, de déterminer son propre choix quant à l'adoption d'une puissance supérieure.

Cependant, il existe une autre dimension importante d'A.A., horizontale celle-là et au niveau des individus, dont le rôle consiste à « ajuster » les étapes A.A. selon le rythme, les aspirations, le milieu, l'éducation et les croyances personnelles de chacun : c'est le parrainage. Après un certain temps dans A.A., s'ils le désirent, les membres — masculins ou féminins — demanderont à une personne de leur choix de bien vouloir consentir à les parrainer. D'autres, plus rares, préféreront demander appui à plusieurs personnes et ne voudront pas être parrainés. La première pratique, de beaucoup préférable, est plus répandue. Quoi qu'il en soit, des questions seront posées, des inquiétudes seront exprimées et des éclaircissements sur les douze étapes seront demandés. À ce niveau plus personnel, « un ou des membres » A.A. répondront, n'engageant jamais l'association des Alcooliques Anonymes comme telle, celle-ci se contentant, dans sa littérature, d'élaborer des solutions plus générales, plus collectives et jamais spécifiques, en tout cas, pour ce qui a trait à la question de Dieu.

Désirant se conformer à la deuxième étape et soucieux d'atteindre « Dieu, tel que chacun le conçoit », il arrive fréquemment que des membres A.A. « se choisissent un Dieu dans leur tête », pour reprendre une expression de notre terroir. Cela vient d'un cœur humble et bon, ne désirant rien d'autre que de s'adonner au programme proposé. Ces membres ont généralement un parrain à qui ils feront part de ce qu'ils ont trouvé Dieu. Tout est parfait ! On ne posera pas de questions étant donné que cela est tellement personnel et qu'après tout, il s'agit de « Dieu, tel que chacun le conçoit ». Beaucoup n'oseront pas pousser plus avant la question, de peur de faire obstacle à une liberté qu'il serait monstrueux de brimer. Jusque-là, je suis tout à fait d'accord puisque le Dieu venant de la tête de l'un vaut bien le Dieu venant de la tête de l'autre. Dans les débuts d'A.A. surtout, cette liberté donna lieu aux plus hautes fantaisies. Par exemple, considérant qu'un autobus possédait une « puissance » supérieure à la sienne, un membre de New York avait fini par élire ce véhicule comme sa puissance supérieure. On voudrait aider un tel homme, et de tout cœur. C'est là un cas d'exception, il est vrai, mais j'ai plus d'une fois entendu dire : « Si une colonne en ciment fait votre affaire, prenez-la ! » L'on comprend bien que celui qui a déclaré cela ne voulait pas parler absolument d'une colonne en ciment ; mais il voulait affirmer qu'on peut prendre n'importe quoi comme Dieu.

Cette manière de voir — qui n'est pas A.A., nous le verrons plus loin — a fait place à beaucoup de dieux.

Pour les uns, Dieu est cosmos ; pour d'autres, une force. Certains diront encore que Dieu est quelque chose comme « électronique ». À la question « qui est Dieu pour toi », beaucoup, sans trop s'en rendre compte, répondront par « où » il se trouve : « Dieu est en moi » ou encore : « Dieu, c'est l'autre devant moi ». Il y a beaucoup de vérité dans ces deux dernières affirmations, mais sait-on vraiment pourquoi ? ou les répète-t-on sans comprendre ? On dit également dans A. A. que Dieu est amour ; ce qui est tout à fait juste. Mais réalise-t-on qu'il s'agit alors du Dieu révélé ? Du Dieu appris sur les genoux de sa mère ? Du Dieu des fondateurs des Alcooliques Anonymes ?

Sans doute afin d'éviter des égarements de toutes sortes, les Alcooliques Anonymes ont formulé douze autres préceptes considérés comme deuxième héritage ; les étapes étant le premier. Ce deuxième legs est très connu des membres A.A. : ce sont les douze traditions. Bien que ces traditions ne soient pas hors propos dans ce livre, mon intention n'est pas de les traiter toutes mais de m'y référer quand l'une d'elles pourra éclairer ce que je veux dire. La deuxième me sera ici très utile :

> Pour le bénéfice de notre groupe, il n'existe qu'une autorité ultime — UN DIEU D'AMOUR comme il peut se manifester dans la conscience de notre groupe. Nos chefs ne sont que de fidèles serviteurs, ils ne gouvernent pas. (*Alcooliques Anonymes*, p. 290.)

Cette tradition se rapporte au bon fonctionnement des groupes A.A. et il ne me semble pas utile d'en parler ici. Je ne veux retenir qu'une expression : « UN DIEU D'AMOUR ». Alcooliques Anonymes parle « d'un Dieu d'amour ». Est-ce si facile de trouver un Dieu d'amour ? C'est peut-être que quelqu'un l'aurait trouvé avant nous et que nous en parlions par habitude. Et aussi — cela a été dit — nous vivons dans un Occident fortement christianisé : la famille, l'école, la tradition nous parlait d'un Dieu d'amour dans la personne de Jésus, le Christ. C'est pourquoi nombreux sont les membres A.A. qui portent en eux le Christ qu'ils ont choisi comme leur Dieu tel qu'ils le conçoivent. Mais s'agit-il bien « d'un choix personnel » ? Ou croit-on « par héritage » ? Certains membres, venus chez moi pour discuter de la question de Dieu, croyaient au Christ... mais n'ont pas été capables de le nommer ! Laissez-moi vous rapporter un fragment de conversation que je n'invente pas :

— Qui est Dieu pour toi ?

— Bien... il est partout.

— Je ne demande pas où il est, je demande qui il est pour toi ?

— Bien... c'est difficile... c'est l'amour.

— Comment sais-tu que c'est l'amour ? Tu n'as pas découvert cela toi-même : on t'a dit que Dieu est amour. Pourquoi crois-tu ce qu'on t'a dit ?

— Je ne sais pas... mais je sais que Dieu existe...

— Je le sais moi aussi, mais dis-moi qui est Dieu pour toi ; qui peut bien être ce Dieu d'amour.

— Il ne m'est pas possible de le décrire, de lui donner un nom...

— Et le Dieu de ton enfance, le Christ, Jésus, ne te dit plus rien ?

— Oh ! Oui, le Christ fait plus que me dire quelque chose. N'y crois-tu pas toi-même ?

— Oui. Le Christ, pour moi, est Dieu tel que je le conçois.

— Alors pourquoi me demandes-tu qui est Dieu si tu le sais ?

— Je le sais « pour moi ». Je voulais savoir « pour toi ».

— Depuis toujours, Dieu, pour moi, c'est Jésus que j'ai connu dans mon enfance.

— Pourquoi ne le disais-tu pas ?

— Je ne sais pas... je n'y ai pas pensé... c'est bête !

— Alors tu vois, c'est simple : si le Christ est Dieu pour toi ; la prochaine fois qu'on te demandera « qui est Dieu pour toi », tu répondras que c'est le Christ ou Jésus, tout naturellement.

— Ah ! Bon... C'est vrai... c'est simple... c'est bien facile !

Et c'est tout heureux de pouvoir répondre si simplement à une question si importante que notre homme me demanda un café.

C'est extrêmement compliqué, vous savez, la question de Dieu. Il faut parfois parler longtemps avec quelqu'un avant de connaître les raisons de sa confusion. Voici un autre exemple : un filleul à moi, A.A., marié et père de deux enfants, se présente chez moi pour causer. C'est un gars intelligent, son épouse est charmante, il réussit fort bien dans les affaires et se sent assez à l'aise dans sa peau. Une question pourtant le trouble : il a beau chercher, il n'arrive pas à se faire une conception de Dieu. J'en demeure bouche bée ! Je suis tellement surpris que je n'ose pas croire ce qu'il vient de m'avouer ; je le soupçonne de vouloir me faire une blague :

— Mais Pierre, dis-je, nous sommes amis depuis des années ; tu es mon filleul et tu as passé tellement de temps avec moi ! Nous avons si souvent et si longuement parlé du Christ ensemble ; ne crois-tu pas en lui ?

— Oui, bien sûr que j'y crois. Mais tu dis que le Christ est ton Dieu « à toi ». S'il est à toi, je ne puis pas le prendre ; il me faut trouver une conception de Dieu « pour moi » !

Je n'aurais jamais pu prévoir ce genre de blocage chez cet homme que je considère très intelligent, croyez-moi. Vous devriez voir mon Pierre aujourd'hui, tout fier de porter son Dieu !

Mais, est-ce bien un choix personnel ? Quelles sont nos raisons profondes de croire que ce Dieu, Jésus-Christ, vaut mieux que le Dieu qu'un autre membre A.A. « aurait pris dans sa tête » ? Bref : tous les dieux se valent-ils ? Si vous répondez oui à cette question, je comprends que vous ayez choisi n'importe quoi. Pourtant, si votre enfant est malade ; choisirez-vous pour lui, au hasard, n'importe quel médecin ? Pour votre mariage ; pour devenir la mère de vos enfants, n'importe quelle femme fera-t-elle l'affaire ? Pour votre foyer, n'importe quelle maison ? Pour votre avenir, n'importe quelle profession ? Cependant, vous êtes libre de choisir qui ou quoi vous voulez ! Vraiment, la liberté quant au choix d'un Dieu, tel que chacun le conçoit, ne dispense pas d'une recherche sérieuse et sincère.

Dans cette recherche de Dieu, il m'apparaît essentiel d'examiner à fond toute l'éducation religieuse antérieure, afin de découvrir si le « Dieu présenté » n'était pas plus rebutant qu'invitant. Loin de moi l'idée de reprocher quoi que ce soit à nos éducateurs, du moins dans leurs intentions : ils transmettaient ce qu'ils avaient reçu et — je veux le croire absolument — ce faisant, essayaient de donner le meilleur d'eux-mêmes. Mais indéniablement, cette éducation religieuse, quand ce n'était pas les éducateurs eux-mêmes, a laissé chez beaucoup un goût amer. De plus, ceci n'arrange pas les choses, on confiait également toute l'éducation à des religieux ; ce qui entraîne que toute injustice était retenue contre la religion. On dira qu'il ne faut pas identifier les religieux à la religion, mais cela demeure difficile. Je veux bien qu'on n'identifie pas Dieu aux religieux qui nous parlaient de lui, mais quand les généraux se fourvoient, on dit que l'armée s'est fourvoyée. Lorsque dans des pensionnats, des enfants se sentaient tristes de l'éloignement de leur famille, on comprend. Mais lorsqu'ils se sentent effrayés, toujours surveillés, toujours punis, littéralement forcés d'avaler une nourriture les faisant vomir ; qu'ils étaient mis à genoux, les bras en croix durant des heures pour des peccadilles, jetés en enfer pour des stupidités, privés de la sortie du mois pour avoir parlé dans les rangs ; qu'ils ne pouvaient assister aux films présentés environ quatre fois l'an, pour on ne sait plus quoi tellement c'était insignifiant ; brimés, étouffés, troublés dans le mystère de leur sexualité parce que tout devenait honteux, effroyable, coupable ; gavés de prières, de messes, de vêpres, de saluts du saint Sacrement, de rosaires, de chapelets et de retraites obligatoires ; lorsqu'à table, où le silence était de rigueur, on leur imposait une lecture destinée à des hommes de cinquante ans et ânonnée sur un *recto tono* assommant ; qu'ils ne se rappelleront plus les mots de tendresse, tant ils étaient rares ; on est en droit de se demander quelle sorte de religion habitait les religieux qui les éduquaient. Religion mal comprise, si l'on veut ; mais la seule, à l'époque, qu'à travers eux on ait connue.

Mais tout cela est du passé. Combien plus ouverts et plus vrais sont les religieux maintenant ! Je suis allé, il y a quinze jours, rendre visite à une amie ursuline à Stanstead. Marie-Berthe y dirige une école secondaire où j'ai vu, dans les escaliers, descendre des jeunes fort bavards mais peu bruyants, légèrement dissipés mais non déchaînés. Dans cette maison où je suis resté quelques heures, j'ai senti toute la liberté qu'il fallait et toute la discipline qui s'imposait, un air de fête en même temps qu'un air de retenue, la joie plutôt que l'hystérie. Tout y était propre et rangé. On m'a présenté à quelques religieuses, femmes épanouies, intelligentes et sereines. Dans une maison comme celle-là me reviendrait le goût de l'enseignement. J'ai enseigné dans les écoles publiques et je crois sincèrement qu'elles devront en venir là où en sont les maisons d'enseignement dirigées par des religieux. Ceux-ci ont trouvé la formule.

Cependant — et combien regrettable — nombreux sont ceux qui ne veulent pas oublier une éducation chargée d'interdits et de tabous. N'ayant plus eu, depuis des années, aucun contact avec des religieux, ils ne sont pas à même de constater jusqu'à quel point ces derniers ont changé. Oui, l'Église a changé. L'Église a changé autant que nous, figurez-vous ! Tout a changé. Êtes-vous l'un de ceux qui sont restés en arrière ? Quoi qu'il en soit, je me demande souvent comment on a pu leur présenter le message du Christ pour que tant de personnes ne se sentent libérées qu'en ne prononçant plus son nom. Et si, les accompagnant dans leur recherche de Dieu, on leur parle du Christ qu'ils ont connu dans leur enfance ; la réaction sera souvent très vive :

— Ne me parle de rien de tout cela ! m'a-t-on souvent crié.

Le ton, agressif, révèle les blessures. Fermeture complète ! Il faut bien, quand on aime, les ramener en arrière et — pour consoler, apaiser, calmer — les écouter. Alors je continue, doucement, à questionner :

— Pourquoi refuses-tu d'en entendre parler ?

Les réponses sont toutes les mêmes :

— Parce que je ne suis pas intéressé ! Les frères, les sœurs, les curés : tous des cinglés ! Ils ne nous ont jamais compris ni même écoutés ! Des cinglés que je te dis ! Leur sale enfer... tiens, ils peuvent tous y aller ! Tout était péché, laid, honteux ! Tu crois que j'exagère ? Alors, pour ce qui est de leur Dieu, hein... tu peux toujours courir !

Je ne rapporte pas le centième de ce que j'entends si souvent et, bien sûr, j'omets tous les jurons. Mais comme ce n'est pas à moi qu'ils s'en prennent, je poursuis ; leur donnant raison :

— Je te comprends, allez ! Tout ce que tu dis est vrai. Tu m'as parlé des curés, des sœurs, de l'enfer... Mais tu ne m'as pas parlé du « Juif », de Jésus que tu as connu dans ton enfance. Que lui reproches-tu ?

Alors, le ton s'adoucit :

— À lui ? Je ne reproche rien... Non, je n'ai rien contre lui.

— Si tu veux, dis-je toujours, j'aimerais te parler de lui. Puis, par après, si le Christ ne te rejoint pas, tu le mettras de côté, tout simplement. Car je n'approuve pas que tu rejettes le Dieu de ton enfance « par ressentiment » contre des curés et des sœurs.

J'ose croire que tous comprendront le manque de logique de ce qui suit : rejeter le Dieu de l'enfance par ressentiment contre ceux qui nous en parlaient, c'est aberrant ! Qu'un filleul à moi refuse le Christ qu'il a connu dans son enfance ne me dérange nullement, à condition qu'il ait de vraies raisons de le faire. Et pour cela, il a le devoir de « connaître » ce qu'il rejette. Ce n'est pas un travail facile, mais il faut revenir en arrière et reprendre toute l'éducation religieuse passée. Il faut présenter à nouveau le Dieu de l'enfance — non pas en écoutant ceux qui nous parlaient de lui — mais en écoutant, cette fois, son message. Après cela — et seulement après — on décidera ce qu'on voudra. Mais avant même de regarder de plus près le message de Jésus de Nazareth et de considérer les raisons profondes qui pourraient nous amener à croire en lui, j'aimerais d'abord amorcer « la question de Dieu ». Cette démarche sera simple et exprimée dans des mots ordinaires.

La question de Dieu.

En premier lieu : est-il enfantin ou niais de croire en Dieu ? Il vous est arrivé, aussi bien qu'à moi, d'entendre affirmer que croire en Dieu soit le fait de sottes gens n'ayant pas su évoluer au rythme des idées modernes. Ou encore se contentera-t-on de sourire étant donné qu'on vous aime bien et qu'il est inutile de vous blesser. Ce qui précède tendrait à prouver que Pierre Teilhard de Chardin avait un petit quelque chose un tantinet niais ! Par ailleurs un génie, mais là... vraiment... ce n'est pas pour le critiquer ! Il en irait de même de Pascal, de Jean-Sébastien Bach, des Maritain, de Marc Oraison et de milliers d'autres grands esprits tous un peu « marteaux sur les bords » ! Cependant, que ces beaux esprits aient cru en Dieu ne prouve rien pour le moment : d'autres hommes ne croyaient absolument pas en Dieu et plusieurs parmi eux sont considérés comme des génies. Qu'on ne se laisse donc pas impressionner le moins du monde par l'assertion que croire en Dieu aurait quelque chose d'enfantin ou d'irrationnel. Rappelons-nous plutôt que d'innombrables grands hommes ont proclamé leur foi.

En deuxième lieu : avez-vous la foi ? Attention :

croire que Dieu existe n'est pas avoir la foi. Cela fait partie du processus menant à la foi, mais nous n'y sommes pas encore. En effet, celui qui admet l'existence de Dieu est plus près de la foi que l'athée. Cependant, avoir la foi n'est pas croire « à » l'existence de Dieu. Avoir la foi, c'est croire « en » Dieu. C'est tout autre ! Si vous dites que vous croyez « en » votre mari, « en » votre épouse. Croire « en » Dieu, c'est « avoir confiance » en lui. Et nous voilà dans un ordre de relation. Croire que Dieu existe est de l'ordre d'une constatation et ne fera rien pour vous. Mais vous abandonner à lui, parce que vous lui faites confiance, pourrait bien être une résurrection ! Dites-moi, vraiment, à qui peut-on faire confiance entièrement, s'abandonner totalement, si ce n'est à quelqu'un qu'on aime et qui nous aime ? Les fondateurs A.A. le savent très bien, eux qui nous parlent d'un « Dieu d'amour » (deuxième tradition) afin de pouvoir lui « confier » notre vie (troisième étape). Il ne s'agit tout de même pas de prêter sa voiture ; il est question de faire confiance pour « notre vie », de nous abandonner totalement ; ce n'est pas rien ! Et ce n'est pas tout : encore faut-il lui « confier » notre volonté ! Qu'est-ce à dire ? Voyons cela de plus près.

Il est en effet facile de confier sa vie si Dieu consent à agir selon « notre » volonté. Cela devient même très intéressant : Dieu étant tout-puissant, quel filon à exploiter ! Aussi, n'agissons-nous jamais autrement : « Mon Dieu, fais ceci ou cela pour moi, que je ne perde point ma maison, que je trouve l'amour, que j'aie une voiture, que je ne meure pas... » Il est rare que nous disions de tout cœur : « Que votre volonté soit faite ! » Pourtant, s'il existe un point commun entre Dieu et l'homme, c'est bien au niveau de la volonté. Je dirais que la volonté de Dieu et celle de l'homme sont si semblables qu'elles se confondent : l'homme tend de toutes ses forces vers le bonheur et Dieu ne désire rien d'autre pour l'homme. Mais là où les choses se gâtent, c'est que Dieu n'est pas du tout de notre avis quant au choix des moyens pour réaliser ce merveilleux programme ! Nous cherchons notre avancement dans l'argent, le confort, l'amour-passion, le prestige, la puissance et la gloire ; alors que Dieu voit notre avancement dans le détachement de toutes ces choses ! Elle est bien là notre résistance, n'est-ce pas ?

Mais il y a plus, beaucoup plus : nous avons peur de la volonté de Dieu. Cette peur, nous l'avons acquise, c'est-à-dire qu'on nous l'a inculquée. Un enfant mourait : « Chère madame, résignez-vous, allons... acceptez la volonté de Dieu ». Il aurait fallu dire autre chose comme : « Croyez que je souffre avec vous, je comprends votre peine. Dieu vous aidera à surmonter cette épreuve... » mais ne pas suggérer une « intervention spéciale » de Dieu à chaque catastrophe !

Jean-Luc Hétu, désirant une rencontre entre l'Évangile et la psychologie écrit dans son livre tellement merveilleux : « Si je suis obsédé par mon besoin de sécurité, je vais « lire » des interventions providentielles de Dieu dans tous les événements. Inversement, si je suis accablé par ma culpabilité, je vais « lire » dans tous mes malheurs des « punitions » de Dieu[5] ».

Le problème du mal dans le monde pose, en soi, assez de champ. On voudrait nous faire détester Dieu, qu'on ne s'y prendrait pas autrement : un incendie ? Volonté de Dieu ! Accident de voiture ? Volonté de Dieu! La récolte perdue ? Volonté de Dieu ! Mourait la mère de huit enfants ? Volonté de Dieu ! Par contre : Vous avez gagné le million ? Comme le hasard fait bien les choses ! Voilà comment — pour le million — on ratait une belle occasion de vous faire aimer Dieu ! « C'eût été susciter l'intérêt plutôt que l'amour », me direz-vous ? Soit ! mais, au moins, c'eût été une joie. Croyez-vous que la première manière a suscité plus d'amour ? Elle n'a présenté, de Dieu, qu'un visage détestable. Rien d'étonnant à ce que tant de membres A.A. aient si peur de laisser agir Dieu à leur place : « J'ai déjà bien assez de mal en ce moment, pensent-ils, s'il faut que Dieu s'en mêle par-dessus le marché ! » Je reçois, chez moi, assez de personnes voulant s'engager dans la voie spirituelle pour savoir de quoi je parle : on a peur de Dieu. La volonté de Dieu pour chacun de nous est de l'ordre du mystère et il n'appartient pas à tout venant de nous la révéler. Elle s'inscrit à l'intérieur d'un plan d'amour qui, à cause du problème de la souffrance, est loin d'être évident. La volonté de Dieu pour nous, c'est que nous soyons heureux malgré tous les « malgré » : malgré notre solitude et notre isolement, malgré les manques d'amour et de compréhension, malgré la maladie et la vieillesse...

Heureux les pauvres... ceux qui pleurent... » Pour accepter la volonté de Dieu, il faut être absolument convaincu de son amour. Alors, au besoin d'explications, qui ne sont rien d'autre que des tentations de justifier Dieu, se substitue un besoin d'abandon.

Qui est Dieu pour vous ? Quelles sont les raisons profondes qui ont motivé votre choix ? Toutes les conceptions de Dieu se valent-elles ?

Dieux de pierre, dieux de fer, dieux anciens des primitifs, dieux des Égyptiens, dieux des Grecs et des Romains, dieux du feu : feux de paille tous disparus !

Dieux que l'on invente, que l'on imagine, que l'on crée, dieux « qu'on se prend dans sa tête », Dieu des chrétiens — Fils de l'homme et Fils de Dieu — Jésus de Nazareth : tous ces dieux se valent-ils ? La réponse à cette question se trouve dans un mouvement menant à Dieu : démarche de l'homme ; ou dans un mouvement menant à l'homme : démarche de Dieu !

Bien que la philosophie ne fasse point de distinction entre « l'idée » ou le « concept » — elle emploie souvent l'un pour l'autre — je voudrais apporter tout de même une nuance au niveau de la « conception ». Le « concept » — « l'idée » de Dieu — est le même pour tous : puissance supérieure, cause et fin de toutes choses, auteur de la nature, intelligence créatrice de tout ce qui est. Mais la « conception » implique un mouvement, une recherche afin de répondre à des besoins lesquels justifieront la « forme » du « concept ». Par exemple, le concept — ou idée — de voiture chez Rolls Royce diffère grandement de chez Volkswagen, chacun de ces fabricants ayant à présenter un produit dans une « forme » pouvant combler des besoins différents : prestige et élégance raffinée d'une part, simplicité et économie d'autre part.

L'action de « chercher » — ou d'aller vers — veut aussi répondre à un besoin : je cherche un crayon afin de combler le besoin d'écrire ; une pomme afin de combler la faim. Chercher Dieu, aller vers lui, répond également à des besoins, à des appels au plus profond de nous-mêmes. Quels sont ces appels ? De quoi l'homme a-t-il si grandement besoin qu'il ne puisse le trouver que dans une puissance supérieure ? N'y a-t-il pas davantage à combler que la nécessité d'expliquer l'univers, exigence de l'intelligence ? Et les exigences du cœur ? Qui les comblera ? Parce qu'il admet ne pas être le commencement et la fin de tout, l'homme a-t-il jamais été plus heureux, plus compris, plus consolé, plus accueilli, plus rejoint ?

Le cœur de l'homme est esseulé dans son besoin infini d'aimer et d'être aimé ; besoin infini de tendresse, de compréhension, de douceur et de pardon. Même si vous avez réussi votre mariage et que vos enfants vous apportent affection et consolations, vous sentez bien qu'au plus profond de votre cœur, il existe encore un coin de solitude, un morceau d'isolement qui n'a pas été rejoint. C'est notre mal du pays, mélancolie des exilés, nostalgie de l'Éden !

Il y a aussi l'amour qui étouffe, l'amour possessif, l'amour dépendant, l'amour exigeant : amours de fusion, amours qui tuent ! L'amour de fusion voudrait posséder l'autre au point de se le promener, en soi, avec soi ! L'amour véritable est celui où chacun reste soi, ne perdant jamais son identité. C'est l'amour « côte à côte » où la solitude de l'un donne le bras à la solitude de l'autre, où la joie de l'un transfigure le visage de l'autre, où la souffrance rencontre l'accueil et où la dureté s'épuise dans un pardon. Il faut pour cela, en soi, avoir trouvé sa source. Que l'on souhaite, même très fortement, rencontrer quelqu'un ; rien de plus naturel. Mais que cela soit de l'ordre d'une exigence absolue pour arriver à respirer ; c'est trop ! Si votre bonheur, votre richesse tient uniquement en l'autre, vous êtes menacé : que cet autre disparaisse ; vous serez perdu, ruiné.

Mais combien plus solitaires les cœurs de ceux qui, désirant aimer, ne trouvent pas ! Les cœurs qu'on a quittés, les cœurs qui s'accrochent, les cœurs qui attendent, les cœurs si las de chercher qu'ils n'espèrent plus ! Je n'envie pas ceux qui, dans les amours humaines, trouvent une consolation ; c'est un rare bonheur qu'on a plaisir à contempler. Mais — je puis me tromper — je doute que beaucoup d'alcooliques y trouvent jamais de quoi combler leur besoin d'être aimés. Et je ne suis pas du tout certain que quoi que ce soit arrive jamais à cicatriser totalement les blessures causées par nos solitudes profondes. Il est possible d'anesthésier sa solitude : les voyages, les amis, l'amour, la télévision, le travail et même le don de soi et combien d'autres choses encore. Mais nous demeurons toujours déçus. Je crois que la libération de notre isolement réside dans l'acceptation même de cet isolement. Mais aucun humain ne semble capable de cette acceptation ; tout au plus est-il en mesure d'assumer une résignation. Et loin de faire éclater une joie, la résignation débouche sur une nostalgie intérieure qui à la longue aura besoin d'un autre anesthésique. Seul l'amour de Dieu pourra nous amener à accueillir notre solitude ; à consentir à vivre avec elle ; à comprendre qu'elle demeurera toujours. La solitude est inhérente à la condition humaine. Dieu ne comble pas cet isolement, car alors nous cesserions de nous tourner vers les autres. Même vis-à-vis de Dieu, il y a une certaine solitude à accueillir, l'union parfaite avec lui n'étant pas de ce monde. Dans le mariage comme dans les amitiés, il est essentiel d'accueillir sa propre solitude ; d'être conscient qu'elle demeurera et de ne pas espérer pouvoir entièrement la combler. C'est alors seulement qu'on s'engage à vivre « pour » l'autre, cessant de vouloir vivre « de » l'autre. L'Évangile nous invite à donner sa vie « pour » le prochain, et non à attendre la vie « du » prochain. Que de gens cherchent « en l'autre » leur bonheur ! Ils ont besoin de la présence des autres, alors que toute la question est d'apporter « sa présence » aux autres,

« son bonheur » aux autres. L'inverse n'est pas possible. Je reçois beaucoup de confidences de personnes malheureuses parce qu'elles sont seules et, me disent-elles, ne peuvent absolument pas reprendre le goût de vivre si elles ne rencontrent pas l'âme sœur. Parlons, si vous le voulez, de LUI et d'ELLE : LUI tellement malheureux d'être seul ; ELLE désespérée de n'avoir personne. Ni LUI ni ELLE, à ce qu'ils affirment, ne peuvent connaître le bonheur dans ces conditions. Alors LUI et ELLE font connaissance. ELLE se dit que LUI pourrait bien lui apporter le bonheur ; mais ELLE ignore que LUI ne le possède pas ! LUI se prend aussi à espérer qu'ELLE lui apportera le bonheur ; mais LUI ignore également qu'ELLE ne le possède pas ! Que peuvent-ils s'offrir mutuellement, que leur vide ? Que peuvent-ils partager, que leur misère ?

Il faudrait que chacun puisse « en soi » trouver sa source de vie, le baume à ses blessures, la force de s'accueillir avec ses propres limites ; une certaine forme de bonheur simple difficile à expliquer parce qu'il relève d'une mystérieuse présence nous incitant à continuer à CROIRE malgré tout, à ESPÉRER malgré tout, à aimer malgré tout. Alors, nos amours pourraient durer.

Mais qu'est-ce que l'amour ? Il n'est pas aisé de le définir, car on ne peut pas le montrer du doigt. En effet, nul n'a jamais vu l'amour s'engager, avec la douceur, dans une conversation à l'angle de la rue. L'amour n'est pas non plus une personne comme Jeannette, André, Thérèse ou Albert : on ne prend pas l'amour dans ses bras. C'est sans doute pourquoi tant de gens sont déçus. L'amour c'est peut-être tout ce que vous n'avez pas trouvé dans la personne que vous avez dernièrement quittée et aviez, un temps, serrée si fort dans vos bras. Pourquoi cela ne dura-t-il pas ? « Oh ! répondra-t-on, elle ne me comprenait pas, il n'était jamais là, elle était parfois dure avec moi, il ne m'a jamais offert une fleur. » Pourtant, c'est la même belle femme, c'est le même bel homme. Vous voyez bien qu'on ne peut pas tenir l'amour dans ses bras. L'amour, c'est exactement ce qui, entre vous, a manqué : l'accueil, la tendresse, la compréhension, le pardon, la sécurité, le calme, l'harmonie, la patience, l'humilité, la douceur... tout ce que nous désirons tellement du fond du cœur. L'amour se vérifie au niveau d'un vécu d'abord. Ensuite on peut prendre dans ses bras une personne que l'on sait pouvoir accueillir, pour toujours, avec les nôtres. Mais, les limites mêmes de l'autre en face de soi sont précisément à l'origine de ce sentiment que nous éprouvons de ne pas être assez aimés, assez accueillis, assez compris ; d'où notre nostalgie perpétuelle d'un amour plus comblant. Personne ne peut nous aimer comme Dieu. Si cela se trouvait, il serait Dieu à sont tour. Car Dieu, c'est l'Amour !

Ce qui appauvrit la relation à autrui, ce sont nos propres limites : nous ne sommes pas capables d'aimer l'autre au point de combler totalement, parfaitement son besoin d'être accueilli, compris, aimé ; nous ne sommes pas Dieu. Toute notre souffrance vient de ce que nous ne sommes pas capables d'aimer parfaitement comme des dieux ; ni que les personnes auxquelles nous nous sommes abandonnés n'ont été capables, elles non plus, de nous aimer parfaitement comme des dieux. Ce qui revient à dire qu'inconsciemment, en cherchant l'amour vrai, parfait, capable de nous rejoindre profondément en comblant notre besoin d'aimer et d'être aimés, c'est Dieu que nous cherchons du fond de notre misère. À condition que Dieu soit amour !

Il n'est pas facile — je le répète — de rencontrer le Dieu d'amour. Par exemple, si je dis à un alcoolique : « Mets Dieu dans ta vie, sinon tu recommenceras à boire » ; j'affirme une vérité maintes fois vérifiée dans A.A. Mais cela est une sorte de manipulation, car j'impose Dieu à l'autre dans un « crois ou meurs ». Je l'amène à Dieu pour mériter sa sobriété et éviter la rechute, comme pour mériter le ciel et éviter l'enfer. Dieu d'intérêt et de peur. Il est mille fois préférable de donner au filleul « le goût de Dieu ». Le goût de Dieu vient si facilement quand on peut trouver en lui l'accueil, la tendresse, la compréhension dont nous avons tellement besoin.

Mais quel Dieu l'homme est-il capable d'inventer ? Un dieu répondant à ses manies de grandeurs. Supposons que vous et moi inventions un dieu ; où croyez-vous que nous le placerions et de quoi aurait-il l'air ? Exactement à la même place où nous installons les plus haut placés : sur un trône. Il aurait l'air de nos grands magnats remplis de richesses à craquer, entourés de serviteurs toujours disposés à faire des courbettes. Nous aurions le goût de nous prosterner en répétant : « Ô Grandeur ! Ô Majesté ! Nous serions en pâmoison devant la puissance et la gloire ! Aussi n'avons-nous trop connu dans l'enfance que le Très-Haut et le Tout-Puissant. Quant à l'amour de Dieu, il fallait sans cesse le mériter de sorte que seuls les grands saints — espèces de choisis et de pré-élus — semblaient en être l'objet.

Il aurait fallu nous expliquer que l'amour n'est pas au niveau d'un mérite, mais au niveau d'un besoin ; que l'amour vrai est gratuit et que par conséquent on ne peut le mériter. Cependant, la notion même d'amour gratuit est difficile à saisir par les hommes qui ne peuvent pas vivre la gratuité. Dites à une femme : « Je t'aime et je veux t'épouser ». Elle vous demandera immédiatement « pourquoi ». Et vous feriez mieux d'avoir d'excellentes raisons ! Elle veut « mériter » cet amour ! Et plus vous lui en direz, plus elle sera contente ; plus elle aura cette impression bienfaisante pour son amour-propre d'être à la hauteur de votre amour. Ne vous avisez surtout pas de lui dire « qu'elle n'a rien », car vous risquez — sinon une gifle — qu'elle vous tourne le dos carrément. D'ailleurs, vous ne pourriez pas non plus l'aimer « pour rien ». En tant qu'humain, vous aussi ignorez l'amour absolument gratuit. Nous n'agissons pas autrement avec Dieu et nous ne pensons pas qu'il puisse agir autrement à notre endroit : nous croyons que de temps en temps Dieu nous aime et que de temps en temps Dieu ne nous aime plus, selon que nous agissons tantôt bien, tantôt mal. Il nous faudra donc recourir à tout un rituel de ré-apprivoisement de l'amour à condition que cela ne se reproduise pas trop souvent étant donné que Dieu aurait le pardon fragile et que, de plus, soupçonneux sur les bords, il aurait vite fait de nous classer parmi les insincères et les récidivistes. Comme si Dieu souffrait d'instabilité affective ! Si Dieu cessait « d'aimer » — même le criminel le plus endurci — ne serait-ce qu'une seconde, Dieu cesserait d'être Dieu ; car Dieu est amour. Ce n'est pas Dieu qui n'aime pas le criminel ; c'est le criminel qui ne se laisse pas aimer de Dieu. Nous reviendrons souvent sur cette idée, car elle constitue le cœur même de cet ouvrage.

L'amour ne se tient pas au niveau du « mérite » mais au niveau du « besoin ». Imaginons, lors d'une réception chez vous, l'arrivée d'un ami toujours fort aimable et fort dévoué. Connu de presque tous vos invités, sa venue cause une joie. Tout le monde l'aime, puisqu'il est aimable. Dix minutes plus tard, arrive en trombe un beau-frère ou un cousin agressif et « mal engueulé » ne se gênant nullement pour laisser entendre que vous n'êtes que des snobs ; vos invités, des parvenus ; et, s'il le voulait, il en raconterait des choses ! Son entrée fracassante ne suscite ni joie ni sympathie. Le premier arrivant est de beaucoup le plus aimable et le plus aimé. Cependant, lequel de ces deux invités aurait le plus besoin d'être écouté, accueilli, compris ? N'est-ce pas le deuxième qui, ignorant l'amour, aurait le plus besoin d'être aimé ? Bien sûr, l'intelligence du cœur perçoit ces subtilités ; mais spontanément, sommes-nous capables de les vivre ?

Imaginons encore que vous ayez trois enfants et qu'à la suite d'un accident grave, le plus jeune se voie condamné à vivre dans un fauteuil roulant. Étant père ou mère, votre inquiétude sera grande. La mère voudra peut-être abandonner le projet de cette piscine à douze mille dollars, étant donné que cette somme pourrait être mise de côté pour le cadet infirme. Sans doute aussi que vous, le père, hésiterez à jouer au golf tous les samedis, comme auparavant. À cause de votre enfant malade, vous ferez comprendre ne plus disposer aussi librement de votre temps ; que vous devez, au parc, amener le petit voir les animaux ; bref, vous consacrer à lui plus entièrement, n'est-ce pas ? Les aînés pourront se plaindre, vous reprochant vos attentions et votre amour excessif pour l'infirme. Vous répondriez que vous les aimez également, mais que l'infirme vit au niveau d'un « besoin plus grand ». Mais pourquoi, plus qu'aux deux autres, prodiguerez-vous au plus jeune vos attentions et vos soins ? Pourquoi donc vous pencher sur cet enfant, « dans un amour de tendresse spécial » ?

Certes pas parce que plus intelligent, plus aimable ou plus « méritant » ; mais parce que « déficient ». Retenons bien ce mot : « déficient ». En effet, quand viendra le temps de dresser l'inventaire moral, nous serons invités à y inscrire nos « déficiences ». Et il sera bon, alors, de nous rappeler que plus nous inscrirons de « déficiences », plus le Père sera penché sur nous « dans un amour de tendresse spécial » parce que nous serons au niveau « d'un besoin plus grand ». L'amour n'est pas « affaire de mérite », mais une affaire de cœur !

Serait-ce à dire que Dieu nous aimerait comme cela ? À la manière d'un père et d'une mère tendres et compatissants ? Très certainement. Et bien plus encore ! Car si Dieu ne répond pas à ce à quoi nous aspirons si profondément : être aimés, compris, sécurisés, bercés, consolés, pardonnés, je me demande bien pourquoi nous ferions cas de lui. Autant vaudrait nous tourner vers cet autre « je ne sais quoi ou quoi » capable de répondre à ces aspirations. Ne trouvez-vous pas ?

Comment en arriver à trouver un Dieu répondant à notre besoin fondamental d'être aimés ? Il y a, bien sûr, Jésus de Nazareth ; mais quelles sont les raisons nous poussant à croire que cet homme faible, en somme, puisqu'on a pu le tuer, représenterait une conception de Dieu plus valable qu'une autre ? Question plusieurs fois posée depuis le début de cet ouvrage, et à laquelle nous allons tenter de répondre maintenant. Voyons, pour commencer, la différence entre une réponse superficielle et une réponse en profondeur.

D'une part, les réponses partielles ou superficielles viennent de l'intellect — ou intelligence — et n'étant que partielles ou insuffisantes, elles engendrent la crainte, l'anxiété, la peur ; justement parce que ne répondant pas à la question posée. Cela sera clairement expliqué tout à l'heure. D'autre part, des réponses capables de calmer, apaiser, sécuriser ; sont celles « au niveau d'un vécu », ou « de l'expérience », ce qui revient à la même chose.

Afin de mieux illustrer ce qui précède, je veux me servir d'un dialogue. Puisque vous connaissez bien le problème de l'alcoolisme, nous allons imaginer que madame Tremblay — ne connaissant rien, ni des A.A., ni des Al-Anons, ni de quoi que ce soit en matière d'alcoolisme — veuille se confier à sa voisine et amie, madame Gendron. En effet, madame Tremblay est aux prises avec un problème « lui faisant bien peur » et « l'angoissant au plus haut point ». (Justement parce qu'elle ne possède aucun « vécu », aucune « expérience » de ce problème.) Son fils, Octave, marié et père de trois enfants, boit comme un trou ! Il s'est laissé entraîner par cet imbécile d'Albert, à ce qu'elle croit, et elle ne sait plus à quel saint se vouer pouvant sortir son fils de « son vice ». Son épouse, une sainte, n'en peut plus ! Madame Tremblay, ayant toujours gardé le secret sur cette conduite « honteuse » de son fils, court ce matin, n'y tenant plus, se confier à sa tendre et chère amie, madame Gendron :

— Madame Gendron, de commencer madame Tremblay, je dois vous confier un secret ; mais d'abord, promettez-moi de ne le répéter à personne.

— Mais de quoi s'agit-il, chère madame Tremblay ? Bien sûr que je promets !

— Il s'agit de mon fils Octave. Il boit... vous savez... il a perdu son emploi... depuis quatre jours, personne ne l'a vu... c'est effroyable ! (Elle pleure.)

— Juste ciel ! madame Tremblay ! Qu'allez-vous faire ? Comme je vous comprends ! À votre place, je deviendrais folle ! C'est à peine croyable ! Seigneur !

Ce que je veux faire saisir ici, c'est « le ton d'affolement, de peur, de honte » résultant du fait que, ni l'une ni l'autre ne faisant partie d'A.A. — n'ayant donc aucun « vécu », aucune expérience — ne peuvent par conséquent parler avec calme et assurance d'un problème d'alcool. Aucune d'elles « ne parle avec profondeur » ou compétence de la question, étant au niveau superficiel de ce qu'elles « voient » (une évidence). Leur intelligence interprète les faits tels qu'ils se présentent : en effet, un problème d'alcool, au sein d'une famille de cinq personnes, n'offre rien de réjouissant ; c'est au contraire très grave, mais c'est tout ce qu'elles savent !

Supposons maintenant que madame Tremblay se soit adressée à un ami qu'elle savait faire partie des Alcooliques Anonymes. Elle aurait eu d'abord moins de crainte à exposer son problème, convaincu que cet ami pouvait lui apporter des réponses « à partir d'un vécu ». Effectivement, la réponse eût été rassurante, pacifiante :

— Mais oui, madame Tremblay... je me doutais bien un peu que votre Octave avait un problème d'alcool. Mais il n'est pas le seul vous savez... tenez : moi, par exemple... Il y a beaucoup d'espoir, madame Tremblay, il se pourrait bien que votre Octave accepte de me rencontrer...

Comme on le voit, cet ami A.A. ne répond pas sur le même ton que la voisine. Il « sait » combien le problème est grave — qui mieux que lui le saurait ? — mais il « sait » aussi autre chose : comment on peut s'en sortir. Le « vécu » de cet ami, son expérience donnent « de la profondeur » à ses réponses.

C'est que le niveau du vécu ou de l'expérience nous amène au niveau de l'« être ». Par niveau de l'« être », j'entends tout simplement ici le niveau du « verbe être » : je suis, tu es, il est, etc. Cet ami A.A. de madame Tremblay — dont il a été question plus haut — « est » un alcoolique réhabilité ; il «sait » de quoi il parle. Pour parler avec « profondeur » d'un sujet, mieux vaut « être » ce dont on parle. Pour bien parler de médecine, mieux vaut « être » médecin. Pour bien parler des difficultés techniques que pose le piano, mieux vaut « être » pianiste ; ou alors, si l'on « n'est pas » médecin ou pianiste, il faudra rapporter avec soin les propos d'un médecin ou d'un pianiste ; sinon, on dira n'importe quoi. Il me semble que cela est clair : je préfère de beaucoup obtenir un conseil en plomberie d'un plombier que d'une danseuse de ballet ! Donc, nous pouvons conclure qu'un alcoolique parle bien d'alcoolisme parce qu'il « est » alcoolique ; qu'un plombier parle bien de plomberie parce qu'il « est » plombier. Quand on n'est pas plombier, on ne peut pas longtemps discourir sur la plomberie, à moins d'avoir beaucoup appris d'un plombier.

Nous comprenons mieux maintenant pourquoi les hommes — « n'étant pas Dieu » — disent tant de sottises sur Dieu ! Certains grands esprits — dont Platon et Aristote — eurent une approche beaucoup plus rationnelle, beaucoup plus vraie de Dieu. Mais en général, on disait n'importe quoi : « C'est le Soleil », criaient les uns. « C'est le pharaon », proclamaient les autres. « C'est César », affirmaient les Romains.

Quant au peuple juif, sa connaissance de Dieu lui venait d'une révélation directe. En effet, Yahvé avait parlé aux prophètes dont deux des plus célèbres sont Abraham et Moïse. Mais la venue du Christ révélera de façon plus claire et plus précise un amour jusque-là demeuré caché. Qui pourrait parler mieux que Dieu de

Dieu ? Cela nous mène droit à la proposition suivante : Si Dieu était venu chez nous ? Si Dieu, contemplant notre misère et nos souffrances, avait décidé de nous apporter un message : la « parole » de consolation et d'accueil ? Si Dieu était venu respirer l'air que nous respirons, partager nos humbles joies et nos misères ? Si Dieu était venu nous parler de Dieu ? Il me semble qu'il aurait su de quoi il parlait, puisqu'il « est » Dieu ! « Le Verbe se fit chair, et il habita parmi nous. »

Il faut ici parler de la PAROLE. Entendons « parole » comme nous entendons « message ». La parole, c'est le message. Et la parole — ou le message — c'est la personne. Ce n'est pas « comme » la personne ; « c'est » la personne. Prenons un exemple : Bill W., fondateur des Alcooliques Anonymes était appelé à mourir, à disparaître. Son « message » — les douze étapes capables de réhabiliter les alcooliques — le garde vivant parmi nous. Que Bill W. ait eu les cheveux gris, les yeux verts... qu'il ait habité dans l'état de l'Ohio sont des faits intéressants, mais ils n'apportent rien. Car le message, la parole, c'est l'esprit. L'esprit qui ne meurt pas tant qu'il y a quelqu'un pour transmettre le message. Bill W. est plus présent, plus vivant aujourd'hui qu'il ne l'était de son vivant. Pourquoi ? Parce que beaucoup plus de groupes A.A. se sont formés au fil des années, permettant à plus de membres de profiter de son message. Bill est donc présent à un plus grand nombre de personnes. Le message, la parole, c'est la personne.

Dieu nous a entourés d'une œuvre colossale : toute la nature ! Celle-ci nous parle de puissance, d'ordre, d'harmonie et de beauté. Mais lorsque je dis que Dieu seul parle bien de Dieu, je veux référer à cette révélation d'un Dieu nous aimant comme un père avec toute la tendresse d'une mère, d'un Dieu capable de nous aimer jusqu'à la folie. Bien sûr, il y a le dieu des philosophes... mais : « ...celui qui est de la terre est terrestre et parle en terrestre. Celui qui vient du ciel témoigne de ce qu'il a vu et entendu... » (Jn 3 : 31-32). Regardez, contemplez, démontez et remontez une horloge tant que vous voudrez, celle-ci vous parlera de l'habileté et de la compétence de l'horloger ; vous n'apprendrez rien de plus sur ce dernier. Mais si cet horloger frappait à votre porte et passait trois années de sa vie avec vous, ne serait-ce pas une magnifique occasion de le connaître ? C'est exactement ce que fit Dieu dans la personne de Jésus de Nazareth. Le Christ, c'est Dieu incarné dans un homme afin de parler à des hommes ne comprenant qu'un langage d'homme : « Nul ne va au Père que par moi. Si vous me connaissez, vous connaîtrez aussi mon Père... Qui m'a vu a vu le Père ». (Jn 14 : 6-9) Enfin, il est certain que si Dieu s'est fait Homme, ce n'est pas uniquement pour nous apporter un message ; c'est aussi pour nous racheter par sa mort et nous mériter la vie éternelle. Cependant, je veux davantage ici m'attarder au « message » qu'au mystère de la Rédemption.

Le Dieu de Bill et de Bob.

Qui était donc le Dieu de Bill et de Bob, les fondateurs des Alcooliques Anonymes ? Cette réponse ne présente aucune difficulté à quiconque sait observer. Bill et Bob, tout le monde le sait, étaient américains ; et le plus grand nombre des Américains sont chrétiens. Au risque de vous surprendre, je me suis rendu compte, au cours de mes entretiens, qu'on ne savait pas toujours ce que signifie le mot « chrétien ». Le mot « chrétien » vient du latin « chritianus » contenant le mot « Christ » et veut dire : rattaché au Christ. Les catholiques ne sont pas les seuls à confesser le Christ ; d'autres dénominations — dont les sectes protestantes — y croient également. Aux États-Unis — pays de Bill et Bob — catholiques et protestants parleront avec le même respect religieux de *The Lord*, correspondant en français à « le Seigneur », désignant Jésus ou le Christ. Bill étant protestant et Bob, catholique romain, leur Dieu aurait été *The Lord* (le Seigneur Jésus-Christ). Mais cela ne suffit pas pour déclarer que Bill et Bob fussent demeurés fidèles à cette conception de Dieu ; ils auraient pu, au cours des années, en changer. Pourtant, si vous avez assisté à une seule réunion A.A. — à condition qu'elle fût présidée selon la tradition la plus répandue — vous pouviez reconnaître, de façon évidente, la conception de Dieu des fondateurs. En effet, l'usage traditionnel veut qu'à la clôture de chaque réunion A.A., le Notre Père soit récité. Cette même prière enseignée par Jésus à ses apôtres qui lui avaient demandé ce qu'il fallait dire en priant (Lc. 11 : 1).

Afin de m'assurer que cette récitation du Notre Père ne résultait pas de l'enthousiasme de quelque membre entiché de christianisme, je résolus de savoir si Bill et Bob eux-mêmes la faisaient réciter quand ils présidaient. Si tel était le cas, cette tradition viendrait donc des fondateurs. Je décidai de m'adresser à Dave B., fondateur des Alcooliques Anonymes au Canada. Dave avait certainement vu et entendu Bill W. présider une réunion A.A., soit à New York ou ailleurs. Dave me raconta comment, à chaque réunion présidée par Bill, ce dernier disait toujours, avant de clore : « Ceux qui le désirent peuvent se joindre à moi dans la récitation du Notre Père ».

Ce qui précède indique bien que Bill W., fondateur des A.A., croyait au Christ, que par conséquent sa conception de Dieu était le Christ, *The Lord*, mais que par ailleurs, ne voulant pas imposer cette conception, il laissait les assistants tout à fait libres de se joindre à lui dans la récitation de cette prière. Il est à noter cependant que si le fondateur n'imposait guère sa conception de Dieu, il ne s'en cachait pas non plus.

Le paragraphe précédent comporte des implications profondes pour un chrétien. L'on se plaît à dire que les fondateurs, Bill et Bob, ont été des hommes inspirés de Dieu. Si les fondateurs, en troisième étape, se sont abandonnés à leur Dieu, ils se sont abandonnés au Seigneur Jésus-Christ *(The Lord)* et ont donc été inspirés par le Christ. Ce qui revient à dire que le Christ, à travers Bill et Bob, fondait Alcooliques Anonymes en 1935. Cette dernière assertion ne gêne nullement des chrétiens qui se rappelleront l'une des dernières paroles de Jésus : « Et moi, je suis avec vous pour toujours, jusqu'à la fin du monde ». (Mt 28 : 20)

Dieu et les commandements.

Dans un « vécu », dans une « rencontre », Jésus de Nazareth nous transmet une parole, un message. Que nous apporte-t-il de neuf ou de tellement original ? Vient-il répéter avec véhémence les commandements ? Doit-on voir en Jésus un moraliste au sens strict ? Je ne le pense pas. Nous n'avons pas besoin d'une religion pour savoir qu'il ne faut pas tuer, qu'il ne faut pas voler ; tout homme bien né consent à ces lois lesquelles, pourrait-on dire, vont de soi. C'est la loi naturelle. Le Christ apporte une dimension nouvelle et originale : Que Dieu est amour ! Si vous savez que Dieu est amour, c'est que vous l'avez appris sur les genoux de votre mère et avez grandi dans un Occident fortement christianisé. Si les membres A.A. parlent d'un Dieu d'amour, c'est que les fondateurs étaient fortement imprégnés de christianisme. La morale chrétienne en est une, avant tout, de l'amour. On devait reconnaître les premiers chrétiens à l'amour qu'ils avaient les uns pour les autres.

Jésus reconnaît et respecte la Loi ou les commandements, mais il nous apprend quelqu'un de plus grand, de plus important que les commandements. Ce quelqu'un, plus grand que les commandements, c'est Dieu lui-même avec son amour et son pardon. Le message de Dieu sur terre, c'est que même si nous sommes en faute, même si nous avons enfreint la loi ; dès lors que nous le reconnaissons et nous tournons vers Dieu-Amour, nous sommes pardonnés et toujours aimés. Dieu est amour. Si Dieu est amour, il n'est que pardon.

Car le pardon, voyez-vous, c'est la mesure exacte de l'amour. Il n'y a pas beaucoup moyen de savoir si vous êtes aimé, tant et aussi longtemps qu'on ne vous aura pas pardonné. Que quelqu'un vous ait offert un manteau de vison, ou n'importe quel autre somptueux cadeau, ne prouve pas qu'il vous aime. Voulez-vous savoir si quelqu'un vous aime ? Faites-lui une vacherie ! S'il vous flanque à la porte, vous aurez compris ! Mais s'il vous pardonne, que concluerez-vous ? Qu'il vous aimait. Et plus la faute sera grande, plus grand sera l'amour qui la pardonnera. L'amour se mesure au pardon. Sans doute pour cette raison nous permettons-nous d'être durs avec ceux qui nous aiment : forts de leur amour, nous sommes assurés de leur pardon. On est toujours poli et courtois avec les personnes dont on a peur de perdre l'estime. Mais avec son mari, avec son épouse, avec ses parents, on peut toujours y aller ; cela finit immanquablement par s'arranger.

Comme on le sait, l'Église, il y a vingt-cinq ou trente ans, n'était pas accueillante pour les marginaux, y compris les alcooliques. De sorte qu'en général — ce fut aussi mon cas — ces derniers se sont éloignés de l'Église et de toute pratique religieuse. Pas toujours par ressentiment, mais à cause des problèmes inextricables que pose l'alcoolisme sur le plan moral et d'une incompatibilité certaine entre la vie d'un alcoolique actif et les exigences de la religion. Beaucoup d'entre nous sommes demeurés quinze ou vingt ans sans nous soucier de savoir comment évoluait la pensée religieuse. De sorte que plusieurs croient encore que l'Église n'a guère évolué elle non plus. C'est dommage. Les années, le temps comporte toujours quelque souffrance. Si les années nous ont changés, elles ont aussi changé l'Église. Oui, l'Église a changé.

Quoi qu'il en soit, revenons maintenant en arrière. Le temps est venu d'aller « voir » si dans le message de Jésus, ne se trouvait pas quelque chose pour nous, les alcooliques ! Quelque chose qui nous eût parlé d'amour, pour reprendre le thème de la célèbre chanson : « C'est à notre tour de nous laisser parler d'amour ! » Pour ce faire, nous contemplerons le vécu de Jésus ; mais auparavant, jetons un regard sur la mentalité, l'approche et le climat de notre éducation de jeunesse.

Cette éducation fut extrêmement « étroite » comparée à celle des jeunes aujourd'hui ; cela se vérifie dans tous les pays du monde. Est-ce à dire que la formation actuelle produira des hommes meilleurs ? Je n'en suis pas du tout certain, mais il n'est pas de notre propos de débattre cette question. Une chose demeure, cependant : il n'existe pas d'éducation parfaite.

Il sera sans doute utile de souligner ici l'influence marquante du jansénisme, vision extrêmement étriquée de la morale, ainsi que celle des puritains débarqués en Nouvelle-Angleterre, à qui nous devons sans doute la modestie exagérée avec laquelle les dames devaient se vêtir jusqu'à l'éclatement de la Deuxième Guerre mondiale en 1939. Je me souviens très bien qu'au pensionnat Louis-de-Gonzague, vers les années 1940, une affiche à l'entrée prévenait sérieusement les dames de ne pas se présenter au parloir affublée d'un costume dont les manches ne descendraient pas au moins au-dessous du coude. Je dois ajouter que les religieuses dirigeant ce pensionnat étaient intelligentes, fort aimables, et « n'avaient rien de dérangé ». Il semble que toute la morale, toute la qualité d'être de cette époque portait uniquement sur la décence dans le vêtement et par conséquent, sur le comportement sexuel dont, par ailleurs, on se gardait bien de parler de façon claire, tant le sujet était honteux et déplacé. Se décolorer les cheveux, pour une femme, devenait suspect : une blonde décolorée étant tenue pour une pécheresse, comme si les brunes naturelles eussent été de glace ! Dans une église, une femme en pantalon faisait scandale. On rapportait tout manquement à la modestie au professeur, au curé, à mère supérieure qui prenaient grand soin de faire savoir votre conduite à tout le monde afin de protéger les âmes innocentes. Divorcer dépassait l'entendement et il fallait jouir d'une indépendance de fortune peu commune pour se permettre un tel défi. Heureusement, la guerre dont notre génération est issue allait élargir les mentalités. Mais si l'on était devenu plus libéral dans la façon de se vêtir, pour plusieurs années à venir, la question de la sexualité demeurerait taboue.

Cette éducation des années 1940 mettait aussi l'accent sur la prière, l'assistance à la messe, l'obligation de faire maigre les vendredis, de faire ses Pâques, de faire carême, de payer scrupuleusement la dîme et de se plier à d'autres préceptes du même genre ne s'inspirant pas de l'essentiel du message d'amour du Christ. Enfin, ceux qui ont connu la vie de pensionnat se rappelleront certainement avec quelle emphase on soulignait la nécessité de suivre les règlements. À un point tel, que parler dans les rangs devenait une faute vénielle. « Répondre » à un professeur aurait relevé de la pure hystérie ; nous ne nous le permettions pas.

Je vous ferai remarquer cependant, que je ne suis pas contre les principes plus haut mentionnés ; j'aurais souhaité plus de souplesse et de nuances, c'est tout. Mais ce que je veux faire ressortir, c'est qu'il ne me souvient pas d'avoir entendu dire que Dieu nous accueillait et nous aimait tels que nous étions et qu'à partir de cet amour nous pouvions espérer devenir meilleurs. Il était rare aussi — pour ne pas dire jamais — que nos éducateurs nous aient confirmés dans notre manière d'être. Ainsi, on ne nous disait pas que nous étions de bons enfants, dociles et soumis. On ne reconnaissait pas nos efforts, notre patience, notre persévérance ; on ne voyait bien que nos travers. Il fallait nous dresser. Nos éducateurs ont eu beaucoup de veine à s'occuper d'enfants tels que nous : nous étions des anges ! J'aimerais bien les voir à l'œuvre dans les collèges aujourd'hui.

S'il m'a semblé bon d'écrire les quelques pages précédentes ayant trait à l'étroitesse de notre éducation passée, ce n'est guère pour faire des reproches. Je ne cherche pas à dramatiser et à faire croire que nous étions éduqués à la manière de Jane Eyre ou de David

Copperfield ; loin de là. Au contraire, sur quantité de points, je préfère de beaucoup la formation que j'ai reçue à celle qu'on offre maintenant ; surtout quant à la discipline et à l'enseignement des matières académiques. Nos professeurs, qui travaillaient pour cent cinquante dollars par année, se dévouaient beaucoup et se consacraient entièrement à nous. Cela, il faut le reconnaître. Nous travaillions sérieusement, nos études et nos progrès étaient suivis, et nous obtenions des résultats.

Ce que je déplore, c'est que tout ce qui touchait à la religion — donc à Dieu — ait eu un goût si amer, tellement déprimant et aussi négatif. Les premiers à souffrir de cet état furent sans doute nos éducateurs eux-mêmes ; leurs principes religieux les écrasant autant que nous, sinon davantage. Dieu, au cœur d'une vie, n'apportait aucune joie, aucune fraîcheur, aucun souffle de libération, aucune tendresse, aucun repos, aucun répit. Loin de prodiguer l'amour et l'accueil dus au prochain en même temps qu'à soi-même, la religion ainsi mal comprise invitait le plus souvent à montrer du doigt, à juger, condamner, mépriser et faire souffrir. Cela étonne quand on écoute parler le Christ : « Ne jugez pas, pour n'être pas jugés ». (Mt 7 : 1) Et : « Pour que ma joie soit en vous et que votre joie soit parfaite ». (Jn 15 : 11)

Il y a une explication à cette manière de voir, à cet égarement : c'est que nous n'avons jamais reçu le message de Jésus ; que le Nouveau Testament n'avait guère pris le pas sur l'Ancien et que nous en étions restés à la mentalité du Temple de Jérusalem. Ce même Temple où l'étroitesse et le manque de compréhension de ceux qui y enseignaient avaient scandalisé Jésus. Ce qui a tant impressionné le Christ, ce ne sont pas les fesses de

Marie-Madeleine, mais les combines des grands de ce monde, le pouvoir de l'argent sur la justice, l'exploitation des pauvres par les riches ; le manque d'amour. Et je suis parfois effrayé à l'idée que si le Christ revenait aujourd'hui parmi nous, dénonçant les mêmes injustices, prenant le parti des faibles contre les forts, des Noirs contre les Blancs, des pauvres contre les riches, des exploités contre les exploitants, il serait si vivement exécuté, en secret et sans procès, que sa mort ferait tout au plus l'objet d'une mention aux nouvelles télévisées. Il est plus facile de s'en prendre à Marie-Madeleine qu'aux grands de ce monde. Le mal que Jésus est venu combattre, c'est l'esprit de Satan. L'esprit de Satan est aussi celui de Mammon, c'est-à-dire l'argent et le pouvoir qu'il achète. On tue pour de l'argent, on exploite pour de l'argent, on fait semblant d'aimer pour de l'argent, on ne donne pas aux pauvres pour de l'argent, on ment pour de l'argent. Les faux procès politiques, les assassinats commandés, la fausse information, la manipulation des masses sont motivés par le pouvoir et l'argent. L'esprit de Satan est bien davantage international qu'individuel. Bien sûr, il reste Marie-Madeleine. Mais le Christ, sans approuver la pécheresse, lui pardonna d'emblée et ne fit pas de cette affaire tout un plat.

Toute notre éducation religieuse est à reprendre. Par exemple, rien de plus beau ni de plus vrai que cette histoire d'Adam et Ève, de la pomme et du serpent, à la condition de ne pas en rester là. Il faut dépasser les symboles de l'arbre et du serpent pour constater que chacun de nous, un jour, mordit aussi dans la pomme. Le Seigneur avait fait comprendre à l'homme qu'il pouvait profiter de tout ce qu'il voyait, que toute la nature lui était un don. Cependant, devait ajouter Dieu, les humains n'avaient pas assez de lumières pour décider de ce qui serait bon ou mauvais pour eux. C'est-à-dire que nous n'avions pas assez de lumières pour savoir où se trouvaient notre véritable épanouissement et notre vrai bonheur. Dieu avait alors bien prévenu « de ne pas manger du fruit de l'arbre du Bien et du Mal », ou si l'on comprend mieux, « de ne pas mordre à cette idée » que nous pouvions nous passer de ses lumières pour diriger notre destinée ; que nous courions à un désastre. Mais en créant l'homme libre, Dieu encourait un risque ; celui du refus de ses enfants d'obéir, de rester attachés, de s'en remettre au Père pour leur bonheur. Cette liberté est presque regrettable ; on souhaiterait avoir été créé sans elle. Mais Dieu est amour et il n'y a pas d'amour sans liberté. Voulez-vous savoir si votre chien vous aime ? Détachez-le ! C'est dans cette notion même de liberté que se situe le problème du mal dans le monde. En effet, ce qui donne une valeur à « je reste avec toi », c'est le droit de dire : « Je ne reste pas, je pars ». Et ainsi, ce qui donne de la valeur à la douceur, c'est le privilège de pouvoir se mettre en colère. Car, si nous ne pouvions pas nous mettre en colère, quelle vertu y aurait-il à être doux ? Si nous n'avions pas la liberté de garder fermée notre porte à un pauvre, quel bien y aurait-il à la lui ouvrir ? Nous serions promis au royaume des agneaux ! Toujours est-il, pour continuer notre histoire, qu'une idée insidieuse et sournoise (comme un serpent) commença à se glisser dans la tête et le cœur d'Ève (cela aurait bien pu germet dans la tête d'Adam, mais le texte étant écrit par des hommes...) : « Voyons donc ! Dieu, Dieu, Dieu, il faut en revenir ; nous ne sommes pas des nouilles ! Assez de bondieuseries ! nous pouvons juger et décider par nous-mêmes ; nous sommes bien capables de diriger nos vies ». Cela ne vous rappelle-t-il pas quelqu'un ? À moi, cela me rappelle quand je décidai de diriger ma propre vie ; j'arriverais bien tout seul à trouver le bonheur, allez ! Je pouvais me passer de Dieu. D'ailleurs, ce serait bien plus facile sans lui.

Puis Ève avait fini par convaincre Adam. Comprenons : la plupart d'entre eux tombèrent d'accord. Je ne crois pas qu'il s'agissait d'un seul homme et d'une seule femme, mais bien des premiers hommes. Jacques Cartier, dit-on, fut le premier homme à mettre le pied sur le sol canadien ; ce qui n'implique pas absolument qu'il fût seul et qu'il n'y mît jamais l'autre pied ! Donc, ayant décidé de leur vie, les plus forts enchaînèrent les plus faibles pour les faire travailler ; on commença à se détester, à s'entretuer ; l'amour n'étant plus. Au commencement, les hommes vivaient dans la conscience de Dieu ; ils vivaient de, par, en, pour, avec Dieu. En se séparant de Dieu, on se sépare de l'amour, de l'harmonie, de l'accueil, de la tendresse. Cette conscience de Dieu est si difficile à retrouver. Demandez aux amoureux qui ont entre eux tout gâché, s'il est si facile de se retrouver ! Ayant perdu le chemin du cœur de Dieu, nous avons été projetés dans un monde sans cœur. Parce qu'encore sans expérience de ses limites, l'homme, plein de prétention, ressemblait à l'adolescent ayant quitté la maison et à qui on demande de revenir : « Non jamais, crie-t-il, je n'ai besoin de personne ! » Car Adam et Ève ont été rappelés : Dieu leur a demandé ce qui se passait, ce qu'ils avaient avalé de travers ! Mais leur prétention, leur orgueil cachait l'amour qu'ils ne voyaient plus. Au lieu de dire « nous regrettons », ils présentèrent des excuses : « Ce n'est pas moi, c'est Ève ; ce n'est pas moi, c'est le serpent... » (Ce n'est pas ma faute, c'est ma femme... ce n'est pas ma faute, c'est la société...) On dit que si Adam et Ève avaient répondu : « Nous regrettons », la face du monde aurait été changée. Il ne faut pas en vouloir à Adam et Ève : combien de temps vous a-t-il fallu — à vous — pour dire : « Mon Dieu, je regrette » ? Et combien de temps encore faudra-t-il, croyez-vous, avant que toute la Terre, tous les gouvernements, tous les puissants, toutes les nations élèvent leur regard en disant : Nous regrettons » ? J'aime mieux ne pas y penser !

L'histoire du Paradis perdu est celle de l'homme désirant une complète autonomie ; Dieu étant « une aliénation » ou sorte « d'opium du peuple ». Plus tard, le Christ nous reparlera de cette malheureuse aventure du Paradis perdu. Il nous invitera à y revenir en affirmant, dans la parabole du fils prodigue, que la porte n'a jamais été fermée, qu'elle est toujours ouverte, et que le Père, les bras tendus vers nous, nous y attend encore. Quelles sont, maintenant, nos excuses ? En attendant, il faudra sortir de la bêtise humaine. Ce sera long !

Il y eut aussi, qui nous ont beaucoup impressionnés, les anges dotés de grandes ailes garnies de plumes d'oiseau, que nous trouvions si beaux, et les diables à cornes, poilus, dont nous avions si peur, aux doigts des mains et des pieds munis de griffes ; sans oublier l'étonnante queue ! Sans vouloir ici me lancer dans une explication sur le monde des anges et des démons, il faut bien reconnaître, en nous, cette dualité de bonnes et mauvaises tendances ; notre côté ange s'exprimant par notre tendresse, et notre côté diable, par notre dureté. Nous pourrions aussi appeler anges, tous ces messagers, ces vrais amis qui nous ont voulu du bien, et diables, tous les messagers nous incitant à trouver notre bonheur dans les futilités éphémères et mensongères. Cependant, les anges n'ont ni ailes ni plumes, pas plus que les démons n'ont de cornes ni de griffes. C'est l'adorable Louis Evely qui, au cours d'une conférence, insistant beaucoup sur le fait que les anges n'ont guère de plumes, disait avec humour : «Tant que vous croirez à toute cette volaille céleste... » Je trouve l'expression exquise. Mais ce à quoi je veux en venir, c'est qu'il n'est pas idiot de représenter les anges avec des plumes et les démons avec des cornes. Voilà bien le sens artistique d'un autre âge. En effet, le Moyen Âge fut une époque où le visuel joua un grand rôle. La nôtre n'attache-t-elle pas une grande importance à l'audiovisuel ? On avait demandé aux artistes, peintres et sculpteurs, de raconter par l'image toute l'histoire du monde, depuis la Création jusqu'au Jugement dernier. Si vous preniez un crayon et essayiez de dessiner d'abord le Bien, puis le Mal, vous verriez que ce n'est pas chose si facile. Ces deux réalités n'existant pas comme telles (il serait étonnant de voir le Bien et le Mal se promenant ensemble dans la rue !) les artistes ont pensé les personnifier en leur donnant les allures que nous connaissons. Or, on peut dire d'un homme de bien que ses pensées sont « élevés » ; qu'il est de Dieu, donc d'en haut. Et l'ange, si gracieux avec ses ailes élancées — il me vient à l'esprit la Victoire de Samothrace — traduit admirablement cette idée du Bien. Par contre, un homme à cornes, sorte de bête poilue et hideuse, représente fort bien l'intérieur de celui dont on dira que ses pensées sont « basses », ignobles, abjectes. Mais de là à croire, absolument, que les anges sont porteurs de plumes ou, que si vous n'avez pas été sages, un affreux démon cornu et poilu viendra durant la nuit vous tirer les orteils, il y a un monde.

Cette idée d'un affreux démon vous tirant les

orteils vous fait sourire, n'est-ce pas ? Elle ferait également sourire les religieux aujourd'hui. Tout cela est du passé. On s'attache maintenant bien davantage à la Parole de Jésus et à sa façon de vivre exprimées dans le Nouveau Testament.

Le Nouveau Testament nous mène droit au Temple. C'est là d'ailleurs que les choses se sont gâtées entre Jésus et le clergé. À Jérusalem, on réservait les activités du Temple à la bonne société — aux gens bien, pourrait-on dire — ces derniers se conformant à la lettre aux exigences de la Loi : les commandements de Moïse. N'étant pas considérée comme une personne, la femme n'y avait pas droit de parole. Ne vous souvient-il pas : « Il y avait deux mille personnes, sans compter les femmes et les enfants » ? En effet, le christianisme se révéla, pour les femmes, un formidable *women's lib* (mouvement de la libération de la femme), surtout lors de l'évangélisation de pays où celle-ci devait se voiler la face en public.

Puis, il y avait « les autres » : les pécheurs montrés du doigt, ceux que Dieu poursuivait de sa colère. Qu'on se rappelle Job, un homme autrefois prospère et respecté de tous qui, gravement malade, avait perdu sa fortune au point de se retrouver « sur la paille ». Que disait Job ? Qu'il avait grandement péché et le Seigneur l'avait justement puni. Donc les malades, les pauvres, les infirmes étaient maintenus dans leur état, à cause de leurs péchés dont Dieu les punissait. Cette mentalité nous est restée. Ne vous est-il jamais arrivé de vous demander ce que vous aviez bien pu faire pour qu'un tel malheur vous tombe dessus ? Beaucoup croient encore que s'ils sont éprouvés, ils ont dû se permettre quelque chose de pas très catholique. Passé maîtres dans l'art d'amener les malheureux à reconnaître une culpabilité honteuse, les gens du Temple avaient reproché ses fautes à un aveugle-né. Ce dernier s'était défendu en alléguant ne pouvoir se trouver fautif, puisque infirme de naissance. On lui avait spontanément répondu que ses parents, alors, s'étaient rendus coupables de bien grandes fautes ! On ne s'en sortait pas : il fallait des coupables ! Et, bien entendu, Dieu les punissait toujours.

Mais si nous regardons autour de nous, il n'est pas si facile de vérifier que Dieu punisse tellement les « gros méchants ». Combien de notoires bandits ne possèdent-ils pas des villas en Floride ou sur la Côte d'Azur ? Et beaucoup d'entre eux conduisent des Rolls Royce. De plus, si nous agissions en vue d'éviter une punition, quel amour pourrait-on déceler dans notre agir ? Nous en serions toujours au Dieu de peur et d'intérêt. Non, Dieu ne punit pas. Dieu ne se venge pas non plus. J'ai rencontré tant de personnes qui, sous prétexte de s'éloigner du Dieu vengeur — comme elles l'appellent — se sont éloignées en même temps du Dieu d'amour de leur enfance. Jésus a enseigné qu'il ne faut pas se venger ; alors comment parler d'un Dieu vengeur ? La lecture du texte que voici est convaincante :

> Vous avez appris qu'il a été dit : Œil pour œil, dent pour dent. Eh bien ! moi je vous dis de ne pas tenir tête au méchant : au contraire quelqu'un te donne-t-il un soufflet sur la joue droite, tends-lui encore l'autre ; veut-il te faire un procès et prendre ta tunique, laisse-lui ton manteau. Vous avez appris qu'il a été dit : Tu aimeras ton prochain et tu haïras ton ennemi. Eh bien ! moi je vous dis : Aimez vos ennemis, priez pour vos persécuteurs ; ainsi serez-vous

fils de votre Père qui est aux cieux, car il fait lever son soleil sur les méchants comme sur les bons, et tomber la pluie sur les justes et les injustes. Car si vous aimez ceux qui vous aiment, quelle récompense méritez-vous ? Les publicains eux-mêmes n'en font-ils pas autant ? Et si vous réservez vos saluts à vos frères, que faites-vous d'extraordinaire ? Les païens eux-mêmes n'en font-ils pas autant ? Vous donc, vous serez parfaits comme votre Père céleste est parfait. (Mt 5 : 38-48)

La perfection du père résiderait donc dans l'amour inconditionnel de tous les hommes. Encore faut-il que l'homme, libre, ouvre son cœur à cet amour.

Enfin, parmi les gens très mal vus du Temple, se trouvaient encore, évidemment, les voleurs, les gueux et les misérables, les prostituées. Quant à la femme adultère — non pas les hommes — elle était passible de la peine de mort par lapidation. Chose fort étrange, c'est de tous ces gueux, ces pauvres, ces malades, ces infirmes ; de tous ces punis du ciel, de Marie-Madeleine, de la femme adultère, dont Dieu-fait-Homme prendra le parti. À ceux du Temple s'acharnant contre ces misérables, Jésus dira qu'ils sont des hypocrites, des engeances de vipères, des sépulcres blanchis. Puis, se retournant cette fois vers la horde des rejetés et des méprisés, Il leur déclarera avec une bonté et une tendresse tellement touchantes : « Vous êtes le sel de la terre... vous êtes la lumière du monde ! » Et cela, croyez-moi, me console de bien des choses. Il y a chez le Christ une telle tendresse qu'il n'est pas toujours facile de la découvrir. Un homme merveilleux — que je n'ai pas le bonheur de connaître personnellement — nous y aide grandement par ses écrits ; c'est l'extraordinaire Louis Evely. J'ai tout lu ce que j'ai pu trouver de cet auteur que je considère comme un père spirituel, un ami, un « ange » dans mon cheminement. Je m'inspire beaucoup de sa pensée en écrivant ce livre. Combien extraordinaire et profonde l'expression de Louis Evely ! Lisez-le, vous verrez bien.

Il n'y a pas à en sortir : si nous voulons avoir une idée de Dieu, de son amour et de sa tendresse pour nous, il nous faut, non seulement écouter parler Jésus, mais Le regarder vivre.

Le Dieu tout-puissant.

Il est tout à fait juste de dire que Dieu est tout-puissant. Qu'il suffise de regarder l'univers. Mais la puissance n'a pas été retenue par Jésus comme valeur importante. S'il a consenti quelques miracles à des malheureux — toujours dans l'amour afin d'apaiser leurs souffrances — Jésus ne s'est nullement servi de cette toute-puissance pour se sauver lui-même. Il est également clair que si le haut savoir eût été une valeur sûre, le Christ se fût fait valoir comme grand savant ou philosophe de son temps. Pourquoi n'est-il pas né d'une grande et noble famille ? Parce que c'eût été accorder bien trop d'importance à la noblesse. Jésus n'a retenu qu'une valeur : l'amour souffrant.

N'avez-vous pas remarqué que l'amour est toujours souffrant ? Du côté de celui qui aime le plus ? Généralement ce sont les parents qui souffrent le plus, qui s'ennuient toujours des enfants, qui se plaignent sans cesse de ne les voir pas assez. Mais les enfants, plus préoccupés de bonheurs futiles, trouvent les parents plutôt embarrassants. Alors, ceux qui aiment le plus se taisent et souffrent en silence de peur d'éloigner davantage l'objet de leur amour. Quant on aime moins, on est plus indépendant, on est plus fort ; on claque les portes.

Quand il nous arrive de voir, au cinéma, une vie de Jésus, nous souhaitons de tout cœur que celui-ci enfin se défende, qu'il leur fasse voir à ces crétins qui il est ! Alors, au fond, que cherchons-nous ? Le Dieu tout-puissant. Comme nous avons du mal à coller au Dieu d'amour ! Il fallait bien plus de tendresse pour ne pas Se défendre et consentir jusqu'au bout à son sacrifice. Si aimer c'est accueillir l'autre avec toutes ses limites, Jésus a accueilli l'humanité avec toute sa bêtise, sa violence, son inqualifiable crétinisme. Voilà l'amour ! J'ai dit plus haut que la mesure exacte de l'amour était le pardon. En effet, tout juste avant de remettre son âme au Père, Jésus n'a-t-il pas supplié : « Père, pardonnez-leur, car ils ne savent ce qu'ils font ». Oh oui ! Le pardon mesure exactement l'amour.

À regarder un Dieu mourant sur une croix, on est en droit de se demander où est sa puissance. Celle-ci a été mise en échec par l'amour. C'est toujours celui qui aime le plus qui se laisse écraser.

> ...et je pense que le passage où un Dieu mourant repose sur les genoux d'une mère humaine indique le point le plus bas où la divinité a pu descendre, et c'est probablement le sommet le plus élevé que peut atteindre l'humanité[6].

Je pense que si Dieu ne s'était pas laissé tuer par les hommes, nous nous chercherions un autre Dieu d'amour. Car, que pourrait-on dire de Jésus ? Qu'il nous a supporté un moment, qu'il a bien voulu partager notre humanité, nos rares joies et nos innombrables misères, nos insolences, aussi ; mais qu'à un moment donné, il a estimé que nous exagérions drôlement ! Et Jésus nous aurait dit alors : « En voilà assez ! Allez vous faire voir ! Moi, je démissionne ». Et Dieu eût démontré sa puissance ! Cela eût été le fait d'un Dieu incapable de nous accueillir totalement dans toute notre bêtise. Nous serions en droit d'attendre un amour plus grand, capable de nous porter jusqu'au bout.

S'il n'est pas possible l'expliquer la souffrance, celle de Jésus vient au moins donner un sens à la nôtre. Si la souffrance de Dieu a sauvé le monde, je puis au moins comprendre que ma souffrance me sauve de moi-même. À condition qu'elle soit accueillie. Car une souffrance non acceptée peut détruire ; mais dès lors qu'elle est accueillie celle-ci peut mener droit au Royaume. La puissance de Dieu, c'est la puissance de l'amour. En regardant le Christ en croix, on voit bien quelle a été la puissance de l'homme sur Dieu.

Dieu est à mon service ; il est mon serviteur.

Que Dieu soit à mon service, qu'il soit mon serviteur ; cela étonne beaucoup. Pourtant, comment pourrait-il en être autrement ? Comment pourrais-je servir Dieu directement ? Quel service pourrais-je bien lui rendre ? Dieu possédant toutes les lumières ; lui seul peut venir à mon aide. Lorsque vous êtes en difficulté, dites-vous à Dieu : « Je vais venir t'aider » ou bien : « Mon Dieu, aide-moi » ? Si c'est Dieu qui nous vient en aide, qui nous rend service, c'est lui notre serviteur ; non ? Si nous avons du mal à spontanément comprendre que Dieu soit à notre service, c'est sans doute que nous avons dévalorisé la notion même de service. Être au service de quelqu'un ne veut pas dire « être son esclave ». C'est madame Menuhin qui, à la télévision, déclarait que l'amour, c'est le service : « Je suis entièrement au service de mon mari », affirmait-elle fièrement. Un vrai père, une vraie mère sont au service de leurs enfants ; ne trouvez-vous pas ? Celui qui possède le plus de structure doit servir. Ainsi, le professeur n'est-il pas au service de ses élèves ? Puisqu'il possède la science, c'est donc lui qui peut les servir. Jésus alla plus loin que servir par son enseignement. Il se fit le cuisinier de ses amis, s'agenouilla pour leur laver les pieds et se plaça souvent, vis-à-vis des siens, dans des attitudes propres à des serviteurs. Enfin, le Christ pouvait-il s'exprimer plus clairement : « Aussi bien, le Fils de l'Homme n'est pas venu pour être servi, mais pour servir... » (Mc 11 : 45) Si nous désirons servir Dieu, nous ne pouvons que servir nos frères. La deuxième tradition des A.A. déclare en effet : « ...nos chefs ne sont que de fidèles serviteurs, ils ne gouvernent pas[7] ».

Les couleurs de l'amour, les couleurs de Dieu.

Si Dieu est amour, il doit présenter les couleurs de l'amour. Quelles sont donc les couleurs de l'amour ? L'amour n'est-il pas accueillant, patient, doux, généreux, indulgent, compréhensif, humble, calme harmonieux, gratuit, tendre et quoi encore ? Si Dieu est amour, nous devrons donc trouver en lui l'accueil, la tendresse, la douceur, la compréhension, la sécurité, la générosité, la gratuité, le pardon, la patience, l'humilité, la fidélité, le courage, le calme, l'harmonie, la paix. Voilà les couleurs de Dieu, Sa manière d'être, ses dispositions à notre égard. Mais je ne dois pas « qu'imaginer » cela ; je dois pouvoir retrouver cette tendresse au niveau d'un « message », au niveau d'un « vécu ».

Par exemple, il peut paraître extravagant d'affirmer que Dieu soit « humble », n'est-ce pas ? Pourtant, je n'invente pas cette manière d'être de Dieu! Jésus lui-même n'a-t-il pas déclaré : « ...car je suis doux et humble de cœur... » (Mt 11 : 29)

Mais, attention, ce sont là les couleurs « de Dieu » ! Lui seul les possède parfaitement ; de façon illimitée. On m'a plus d'une fois confié : « Je suis incapable d'aimer ; je n'arrive pas à toujours accueillir mon mari, ou mes enfants. Je manque de tendresse et de douceur, d'accueil et de compréhension... » Et comment donc ! Vous n'êtes pas Dieu que je sache ! Ni moi non plus ! Dieu est amour infini, c'est-à-dire illimité. Chez lui, les couleurs de l'amour sont donc illimitées. Malheureusement, nous sommes limités. Si aimer quelqu'un c'est l'accueillir avec toutes ses limites, il est certain que nous sommes incapables d'aimer jusque-là. S'aimer soi-même serait aussi de s'accueillir avec toutes ses propres limites ; je crois que nous en sommes incapables également. Dieu seul peut offrir cet amour total, gratuit, inconditionnel. Il ne faudrait pas nous sentir outre mesure peinés, chagrinés de ne pouvoir toujours aimer de façon idéale. C'est déjà beaucoup d'en être conscient et de le reconnaître. Dieu nous fera grandir dans cette direction.

Dieu est amour. Si l'amour est une joie, Dieu est une joie !

« Pour que ma joie soit en vous et que votre joie soit parfaite », affirme encore Jésus (Jn 15 : 11). Comment se fait-il que notre joie soit si rarement parfaite ? C'est que nous la cherchons sans cesse en dehors de Dieu ! Nous continuons à courir après le bonheur que nous identifions encore et toujours aux dollars, au grand amour, aux beaux voyages... est-ce bien nécessaire de répéter ? Mais oui, il faut répéter, tant cette idée est ancrée en nous que le bonheur peut venir de l'extérieur. Mais regardons et écoutons Jésus afin de découvrir s'il reflétait la joie.

Nous savons, par exemple, que le Christ rendait la vue à des aveugles et nous sommes émerveillés d'un tel pouvoir. Nous n'en sortons pas ; nous ne voyons bien que le Dieu de puissance ! Le Christ n'est pas obligé de guérir ; s'il le fait, c'est par amour et non pour prouver sa puissance, car il n'a de cesse de recommander « de n'en souffler mot à personne ». Et la joie procurée à ces aveugles en même temps que leur guérison, il ne faudrait pas l'oublier. Il est facile de se représenter la fête au sein de la famille des miraculés ; la joie délirante de l'aveugle lui-même guéri, de son épouse, de ses enfants, de ses frères et sœurs, de ses père et mère, de ses amis ; la joie du quartier quoi !

Le Christ était constamment rempli de tendresse à la vue des pauvres et des miséreux : « À la vue des foules il en eut pitié, car ces gens étaient las et prostrés comme des brebis qui n'ont pas de berger ». (Mt 10 : 36) C'est pourquoi Jésus avait consenti à la fête des pains, des poissons et du vin.

En ce temps-là, on ne mangeait pas tous les jours à sa faim. Or une grande foule s'était réunie afin d'écouter Jésus. Puis, l'heure du repas étant venue, on s'aperçut qu'on ne disposait que de quelques pains et poissons pour des milliers de personnes. C'est alors que Jésus multiplia ces pains et ces poissons. Croyez-vous que le Christ l'ait fait pour sa propre gloire, afin de démontrer sa puissance ; ou croyez-vous qu'il l'ait fait par amour ? Toute la question est là ! Si Dieu était venu parmi nous pour démontrer sa puissance, pourquoi donc s'est-il laissé écraser sur deux planches ? Et tous ces gens mangèrent tout leur soûl ! Il y eut trop de pain et trop de poissons. On a dû s'amuser comme des fous ; on ne devait pas en revenir d'une telle abondance. À cette époque, le peuple, pauvre et misérable, réclamait toujours du pain. Cette question était devenue si importante que Jésus ne jugea pas artificiel d'inclure, dans son enseignement de la prière : « ...donne-nous chaque jour notre pain quotidien ». (Lc 11 : 3) Il n'est pas interdit de croire que beaucoup, parmi ces pauvres, durent bourrer leurs poches de morceaux de pain. Pourtant, les restes remplissaient encore douze corbeilles. Tous devaient être dans l'émerveillement et dans la joie ; assurément. Quel contraste entre cette abondance de Dieu et cette misère des hommes ! Oui, Dieu, quelle joie ! Quel amour ! Dieu n'aimait pas qu'on voie en lui plus de puissance que d'amour. C'est pourquoi il dira plus tard : « ...vous me cherchez... parce que vous avez mangé du pain tout votre soûl ». (Jn 6 : 26)

À Cana, c'était la fête au village, car on préparait une noce à laquelle on allait bien boire, bien manger, bien danser et bien s'amuser. Était-ce vraiment une bonne occasion d'inviter Dieu ? N'allait-il pas faire l'effet d'une douche froide ? Dieu, vous comprenez, c'est du sérieux ; il ne faut pas trop boire ni trop s'amuser quand Dieu est présent. Mais puisqu'on l'avait invité, Dieu était alors venu. Encore une fois, pour faire plaisir, par amour, Jésus changea l'eau en vin ; il y en eut beaucoup et du bien meilleur que le premier. C'est que Dieu offre toujours le meilleur ! Cependant, cette intervention ne lui avait pas plu : « Mon heure n'est pas encore venue », avait-il répondu à sa mère. Mais celle-ci ne s'était pas laissée arrêter pour si peu ; elle connaissait trop bien le cœur de son fils : on pouvait toujours l'avoir à l'usure ! « Tout ce qu'il vous dira, faites-le », avait-elle lancé aux servants. » (Jn 2 : 4 et 5) Et Jésus, divisé entre « cette heure qui n'était pas encore venue » et son besoin de faire plaisir, S'était laissé fléchir ; Il changea l'eau en vin. Bien sûr, tout le monde remarqua sa puissance ; mais combien y virent-ils son geste d'amour ? Là encore, loin d'être un trouble-fête, Dieu se révélait une source d'abondance et de joie. Non pas cette joie sensible, exubérante, provenant de l'acquision de quelque bien ; mais cette prise de conscience de la bonté et de la tendresse ayant prodigué ce bien.

La zone profonde de l'amour nous rend capables de transformer en joie n'importe quel geste banal ou insignifiant de l'éternel quotidien. Quitter cette zone profonde d'accueil, de tendresse et de joie revient à perdre « le contact conscient avec Dieu en soi ». Alors s'installent la tristesse, l'inquiétude, l'agressivité. « Nous avons cherché par la prière et la méditation à améliorer notre contact conscient avec Dieu... » (Onzième étape.) C'est toujours dans un moment d'arrêt, de prière, de réflexion que nous retrouvons le calme, la paix, la joie. L'amour seul peut donner un sens « joyeux » à la vie. Alors, toute offrande dans l'amour devient une vraie joie, un sacrifice vrai.

Qu'un sacrifice soit une joie peut surprendre. Néanmoins, pour qu'il soit vrai et dans la manière de Dieu, un sacrifice doit être une joie, puisque Dieu est joie. Mais nous avons appris que nos sacrifices devaient avoir un goût amer de renoncement et plus ils comportaient quelque chose de déchirant, plus grande était leur valeur. Un sacrifice est une offrande, un cadeau. Si nous devons offrir nos cadeaux avec des visages contrits, dans des attitudes affligées et mortifiées, mieux vaudrait nous abstenir. D'ailleurs, celui qu'on voudrait gratifier d'une telle offrande n'en éprouverait aucune joie. Imaginons que votre voisine et grande amie ait dû quitter brusquement sa maison. Victime d'une attaque, on l'a transportée à l'hôpital et confié ses enfants à leur tante. Possédant une clef de sa maison, vous vous rendez chez cette voisine pour y constater un désordre accablant. Tout y est à faire : la vaisselle, les lits, l'époussetage, le rangement, le nettoyage des tapis, le lavage du plancher de la cuisine et le reste. Vous vient un élan du cœur : « Attends un peu qu'elle revienne ; elle ne reconnaîtra plus sa maison ! » Vous vous mettez à la tâche. Et vous n'y allez pas de main morte ! Vous en faites plus qu'il ne faut, car vous voulez absolument que votre amie soit stupéfaite. Vous imaginez la tête qu'elle fera, sa mine réjouie, sa surprise. Quelle hâte de contempler sa joie ! Vous êtes dans la joie de sa joie ! Rien ne vous arrête. Vous courez chez vous avaler quelque chose et revenez toute ragaillardie : « Tu parles si elle sera contente ! » Ce travail, en soi, n'est pas réjouissant ; il y a plus affriolant que laver un plancher. Mais vous connaissez depuis des années cette amie charmante que vous avez appris à aimer. Quand vous étiez tellement malade et déprimée, n'est-ce pas elle qui prit si bien soin de vous ? C'est cet amour qui donne tant de charme à « laver un plancher ». Un sacrifice peut, en soi, s'avérer difficile, et dans certains cas, héroïque ; mais l'amour le transformera en joie. Les membres A.A. possèdent un extraordinaire sens du don, de l'offrande, du « sacrifice vrai » offert dans l'amour et la joie. Arrive enfin ce jour où votre amie revient de l'hôpital. La voyant descendre de voiture, vous vous précipitez dehors afin de franchir en même temps qu'elle le seuil de sa maison ; ce sera l'instant de votre offrande, le moment de sa joie : la vôtre !

Cet amour de la voisine ne suffit pas cependant pour que votre offrande devienne « sacrifice » ; cette dernière demeure « une offrande ». De son sens premier *sacrum facere*, sacrifice signifie « faire du sacré d'un geste ordinaire ». Les athées sont parfaitement capables de laver un plancher par amour pour des amies. Toutefois, demeurant au niveau de l'humain, ce genre d'amour, de dévouement fort valable ne peut qu'humaniser les personnes. Mais en plus d'agir par amour pour l'autre, si nous ajoutons une autre dimension et agissons par amour pour Dieu, nous faisons plus que nous humaniser ; nous arrivons à nous « sanctifier », et nous risquons de devenir... des saints ! Et pourquoi pas ? « Un verre d'eau donné en mon nom... » Tout dépend de ce que nous entendons par «être un saint ». Si nous tenons la sainteté au-dehors de l'homme, la voyons si haut placée qu'elle n'est accessible à personne, cette idée de devenir des saints nous paraît alors déraisonnable, extravagante. Croyez-vous qu'un saint François d'Assise fût tellement différent d'une mère Teresa ? Cette dernière est pourtant bien humaine, nous l'avons vue et entendue, en chair et en os, à la télévision. Ce qui rend la sainteté inaccessible, c'est qu'elle a été figée dans des statues. Il importe, afin d'humaniser la sainteté, de lire au moins une vie de saint. Si vous n'en avez pas lu au moins une, je vous recommande fortement de le faire. Rien de plus intéressant. Tout comme à la télévision, et tel un roman, cette vie se déroulera sous vos yeux. Vous comprendrez le personnage auquel vous vous attacherez comme à un ami, et la sainteté deviendra vivante, humaine. Assurément, nous n'avons pas tous la possibilité de devenir des François d'Assise ou des mère Teresa ; il suffit d'aller au bout de ce que nous pouvons donner. Mère Teresa ne fera rien de plus ; elle aime le visage de Dieu dans celui des pauvres dont elle s'occupe. L'amour seul du visage des pauvres l'humaniserait ; mais puisqu'à travers eux, c'est aussi le visage de Dieu qu'elle aime, cela la sanctifie. Le christianisme, c'est la religion des visages ! Et nous pouvons conclure, sans nous tromper, que malgré les difficultés énormes rencontrées, toute la vie de mère Teresa éclate à la joie !

Mais joie aussi pour une autre femme toute différente : la femme adultère qui, si Dieu ne s'était pas trouvé sur les lieux, aurait payé de sa vie pour n'avoir pas respecté l'un des dix commandements. Une loi du Temple, en effet, voulait qu'une femme adultère soit punie de mort par lapidation. On accordait en ces lieux plus d'importance à un commandement, à un principe, qu'à une vie humaine. Rendant le pardon — donc l'amour — impossible, cette manière de voir devait nécessairement se heurter à la désapprobation de Dieu qui est amour, donc pardon. Or : « Les scribes et les Pharisiens lui amenèrent alors une femme surprise en adultère et, la plaçant bien en vue, ils disent à Jésus : « Maître, cette femme a été surprise en flagrant délit d'adultère. Moïse nous a prescrit dans la Loi de lapider ces femmes-là. Et toi, qu'en dis-tu ? Ils disaient cela pour lui tendre un piège, afin de pouvoir l'accuser ». (Jn 8 : 3-6) Fin piège en effet, car pour Jésus, consentir à la lapidation viendra en contradiction avec son enseignement d'amour et de pardon. Par ailleurs, se déclarer contre viendra en contradiction avec la Loi et lui vaudra des ennuis. « Comme ils insistaient, il se redressa et leur dit : « Que celui de vous qui est sans péché lui jette la première pierre ! » (Jn 8 : 7) L'on sait comment tous, les uns après les autres, se retirèrent en s'abstenant de lancer la première pierre.

« Que celui de vous qui est sans péché... » Ce défi de la part de Dieu ne laisse-t-il pas à penser que, comme une autre faute, ce péché-là de la femme adultère doit être considéré avec miséricorde et beaucoup d'amour, pour finalement se diluer dans un pardon ? Ne serait-ce pas que, bien mieux que nous, Dieu sonde les reins et les cœurs ? Dans le cœur de Marie-Madeleine, le cœur de la Samaritaine et le cœur de la femme adultère, Jésus n'a vu qu'une souffrance ; il n'y perçut aucun plaisir vrai, aucune vraie joie. « Ne jugez pas, pour n'être pas jugés ; car, du jugement dont vous jugez on vous jugera, et de la mesure dont vous usez, on usera pour vous. » (Mt 7 : 1-2) Sans cette intervention de Dieu, chacun — voulant se conformer à un précepte religieux, voilà bien l'inconcevable ! — n'aurait eu de cesse de lancer des pierres que cette femme ne fût morte.

Il est dangereux de placer les principes au-dessus des personnes : « Le sabbat a été fait pour l'homme et non l'homme pour le sabbat... » (Lc 2 : 27) Quelqu'un me faisait remarquer : « Dans sa douzième tradition, A.A. ne parle-t-il pas de placer les principes au-dessus des personnes ? » Mais non ! A. A. entend placer les principes au-dessus des PERSONNALITÉS ; ce n'est pas du tout la même chose[8] !

Comment c'est fait, Dieu ? De quoi cela a-t-il l'air ?

Il semble bien que ceux entourant Jésus se soient préoccupés des mêmes questions que nous : « Comment c'est fait Dieu ? De quoi cela a-t-il l'air ? » Alors Jésus leur répondait toujours que cela avait l'air d'un père très doux et très aimant. Car pour nous qui avons tellement besoin d'amour, les considérations théologiques sur les attributs de Dieu importent moins que la connaissance de ses dispositions à notre égard. « Mais encore ? » demandaient-ils. Et, afin de leur décrire Dieu au mieux, Dieu lui-même leur avait parlé de « l'enfant prodigue ». (Lc 15 : 11-32)

Il s'agit bien d'un fils plutôt que d'un enfant, puisqu'il s'en allait dépenser son héritage avec les femmes. Quoi qu'il en soit, il est question d'un père très à l'aise ; Dieu le Père, évidemment. Pas question pour Jésus de Le présenter démuni, car Dieu, c'est l'abondance et la joie. Ce père avait deux fils. Or, le plus jeune dit à son père : « Père, donne-moi la part de fortune qui me revient ». Et le père leur partagea son bien. Peu de jours après, le plus jeune fils, rassemblant tout son avoir, partit pour un pays lointain... » Il faut croire qu'il s'ennuyait, qu'il en avait assez d'être avec le père, qu'il en avait par-dessus la tête des choses du père ! Il allait trouver le bonheur dans la grande ville, là où ça bouge, là où il y a de la vie ! Ne trouvez-vous pas que ce fils nous ressemble ? N'avons-nous pas comme lui tout tenté, pour trouver en dehors de Dieu notre bonheur ? Puisque nous sommes des fils libres ; le père avait laissé partir le sien. En langage moderne, sitôt arrivé à la ville ce fils prodigue avait loué un appartement luxueux, s'était acheté une impressionnante voiture, passait ses soirées dans les plus élégants cabarets où il rencontrait toutes les femmes dont il est question et pour lesquelles il avait fini par se ruiner. Il se retrouva donc, sans travail et sans le sou, à la rue. Le pays connaissait, par surcroît, une crise économique (on parle dans le texte d'une grande famine). C'est ici que Jésus va se montrer fin pédagogue. En effet, le porc n'étant pas du tout prisé des Juifs, c'est donc de « cochons » dont le fils prodigue devra s'occuper. Enfin, ce dernier tombe dans une telle indigence, qu'on lui refuse même les caroubes que mangent ces vulgaires cochons. C'est le bas-fond ! Dans cette défaite totale, le fils songera finalement à revenir vers le père. Cela ne vous rappelle-t-il pas quelqu'un ? Et cette phrase du texte : « Rentrant alors en lui-même... » ne nous indique-t-elle pas que c'est « en soi » qu'on peut trouver Dieu ; que c'est « en soi » que se trouvent les vraies valeurs ? Cependant, le fils prodigue n'espère plus être aimé comme avant ; il ne s'attend plus à être appelé fils. Croyant ne plus « mériter » l'amour, il se croit trop « indigne » de la bonté du père. Tout au plus espère-t-il être toléré comme journalier. N'est-ce pas ainsi que, vers Dieu, beaucoup d'entre nous sommes revenus ? Bien que nous trouvant « indignes », nous nous sommes quand même engagés sur le chemin du retour, la tête bien basse et le cœur bien lourd. Nous espérions si peu, si peu ! Rien qu'un peu d'amour, un rien de tendresse, un semblant de sourire à peine esquissé. Et si cela était trop demander ; juste le droit de pouvoir regarder de très loin, les soir de fêtes, les fenêtres s'illuminer ; de pouvoir à peine entendre, de si loin, les voix familières et si chères à notre enfance. Promettre de ne pas nous montrer jamais, de ne rien dire jamais, de ne rien demander jamais. Promettre encore de ne pas nous plaindre, de ne pas pleurer ;

d'être bien sages comme des images. Pourvu qu'on nous permette de rester là, à attendre nous ne savions plus quoi, tant nous étions désespérés. Qu'une brise légère nous apporte un air d'autrefois ; presque rien, mon Dieu. Si peu ! Je pense que c'est cela « être pauvre ». Être pauvre, c'est que sachant ne plus avoir droit à rien, ne plus mériter rien, on arrive à retrouver tout au fond de soi, juste assez de FOI, juste assez d'ESPÉRANCE, juste assez d'AMOUR pour nous donner le courage du retour !

« Comme il était encore loin, son père l'aperçut et fut touché de compassion ; il courut se jeter à son cou et l'embrassa longuement. » Puis le père dit à ses serviteurs : « Vite, apportez la plus belle robe et l'en revêtez, mettez-lui un anneau au doigt et des chaussures aux pieds. Amenez le veau gras, tuez-le, mangeons et festoyons, car mon fils que voilà était mort et il est revenu à la vie ; il était perdu et il est retrouvé ! Et ils se mirent à festoyer ». On imagine facilement la surprise et l'émerveillement du fils perdu. C'est que Dieu n'est jamais comme on l'avait prévu. Dieu, c'est toujours une surprise car, s'il était comme nous nous l'étions imaginé, il ne serait pas Dieu. C'est toujours son amour qui nous dépasse. Si Dieu nous dépasse, nous ne pouvons pas l'imaginer.

Mais voici revenu des champs le fils aîné qui, comme il fallait s'y attendre, des largesses du père ne manquera pas de se plaindre : « ...et puis ton fils que voilà revient-il, après avoir dévoré ton bien avec les femmes, tu fais tuer pour lui le veau gras ! » Mais le père lui dit : « Toi, mon enfant, tu es toujours avec moi, et tout ce qui est à moi est à toi. Mais il fallait bien festoyer et se réjouir, puisque ton frère que voilà était mort et il est revenu à la vie ; il était perdu et il est retrouvé ! » Et l'aîné n'en revient pas lui non plus de sa surprise : « Voici tant d'années que je te sers, sans avoir jamais transgressé un seul de tes ordres, et jamais tu ne m'as donné un chevreau, à moi, pour festoyer avec mes amis... »

Comme tout cela est étrange ! Celui qui n'est pas parti regrette d'être resté, tandis que celui qui n'est pas resté regrette d'être parti. Mais parce qu'il est allé souffrir, le plus avancé est celui qui n'était pas resté. La souffrance nous apprend toujours quelque chose ; elle vient toujours nous instruire quant à nos aptitudes à trouver seuls le vrai bonheur. Ne craignez rien ; le fils prodigue le sait bien que le royaume est dans les bras du père. Il a assez souffert pour l'avoir appris. Quant à l'aîné, il croit que le bonheur est dans une fête que le père ne lui a pas offerte. Il ne sait pas encore que le royaume, c'est justement demeurer auprès du père. Comme nous avons donc du mal à voir en Dieu notre bonheur !

D'ailleurs, ni l'un ni l'autre des deux fils ne connaissaient vraiment le père. Ils s'imaginaient un homme à principes, rigide, et avec lequel il valait beaucoup mieux filer droit. Puis, l'un comme l'autre fils se rendirent compte, à leur grande surprise, que le père avait les idées bien plus larges qu'ils ne l'avaient pensé. L'aîné — comme tant de bigots — devant un père aussi faible, se mettra en colère. Le cadet — comme ceux qui ont souffert et qui ont tant besoin d'être aimés — devant un père aussi tendre, sera profondément rejoint. Il reste, cependant, que l'un est aimé et ne l'apprécie pas ; que l'autre est aimé et ne s'en remet pas. Vous voyez bien que nous avons du mal à reconnaître l'amour ! Un seul pensa à organiser une fête — ni l'aîné, ni le cadet, ni vous ni moi n'y aurions songé — c'est le père ! Dieu, c'est vraiment, profondément l'accueil, la tendresse, la compréhension, le pardon, la sécurité, la paix, le calme, l'harmonie, la générosité, la gratuité, la patience, la fidélité, la douceur, l'humilité, la force, la vérité, le chemin, la vie. Car Dieu, voyez-vous, est amour. Mais encore faut-il s'ouvrir à cet amour et s'y abandonner afin qu'il fasse de nous des fils et des filles de lumière.

Un Dieu d'amour, avons-nous dit, « comme il peut se manifester dans la conscience de notre groupe[9] ». Comment cet amour de Dieu se manifeste-t-il dans la conscience de nos groupes A.A. ? Ce que je vais dire ici est strictement personnel et n'engage en rien le mouvement des Alcooliques Anonymes comme tel ; cela doit être très clair. Je dirais que l'amour de Dieu dans nos groupes s'exprime par cet accueil inconditionnel dont nos membres sont l'objet. Il n'y a en effet aucune condition ségrégative pour faire partie d'A.A. ; on demande que le néophyte ait au moins un désir d'arrêter de boire car, s'il éprouvait un sincère désir de continuer, nous perdrions notre temps. Cependant, aucune condition de bonne conduite morale n'est exigée. Son passé ne nous dérange nullement et sa vie privée ne nous intéresse pas : c'est vraiment l'accueil inconditionnel. Cette forme d'accueil total me rappelle toujours un autre accueil : « Et il disait : Jésus souviens-toi de moi, quand tu viendras dans ton royaume. Il lui répondit : En vérité, je te le dis, dès aujourd'hui tu seras avec moi dans le Paradis ! » (Lc 23 : 42) Étant décédés environ à la même heure, je me plais toujours à imaginer leur arrivée presque ensemble dans les bras du père ; l'un dans une éclatante auréole de gloire ; l'autre, se faisant tout petit derrière, croyant à peine à son pardon !

Parmi les membres que nous rencontrons, quelques-uns deviennent des amis, des confidents. Il se peut que parmi ces derniers, nous choisissions notre parrain — notre marraine — à qui une plus entière confiance sera accordée. Sans doute vous est-il arrivé d'accueillir des confidences et, bien que votre interlocuteur se soit senti assez libre face à vous, vous avez compris que certaines blessures n'étaient pas faciles à révéler. Souvent, une hésitation, un long soupir, des yeux mouillés, des paroles bredouillées vous ont fait sentir un grand besoin d'être compris, accueilli, consolé, aimé. Alors, qu'avez-vous fait ? Vous avez essayé de comprendre, accueillir, consoler et aimer. Vous avez encouragé : « Voyons ! ne te fais pas un tel chagrin de toutes ces erreurs du passé ; tourne-toi vers l'avenir. Nous t'aimons tous et ta présence est si réconfortante... » Vous ne grondez pas ; vous ne condamnez pas. Est-ce que le Dieu que vous avez choisi vous accueille aussi bien que vous savez accueillir ? Votre Dieu vous aime-t-il avec la même tendresse que celle dont vous êtes capable ?

Certaines personnes se sont imaginé un Dieu incapable de les accueillir, de les comprendre, de leur pardonner et de les sécuriser elles-mêmes avec autant de tendresse qu'elles arrivent à accueillir les êtres dont elles sont à l'écoute. C'est dommage. Combien plus grande que la nôtre est la tendresse de Dieu ; combien plus ouvert son cœur ; combien plus vaste son amour ; combien plus humaine sa divinité ! Mais, objectera-t-on, la justice de Dieu, qu'en faites-vous ? Nous sommes humains et sans doute avons-nous l'esprit trop large, le pardon trop facile. Notre façon d'accueillir ne sent-elle pas trop l'humanité ? Tranquillisez-vous ! l'humanité de Dieu est infiniment plus grande que la nôtre : elle fut élevée jusqu'à la divinité !

Justice de Dieu et justice des hommes.

Quant à la justice de Dieu — vous m'en voyez fort aise — elle n'a rien de commun avec la justice humaine dont voici un édifiant échantillon : « C'est vous qui avez fait cela ? Fort bien. Voici une médaille, une augmentation, de l'avancement ». Et encore : « C'est vous qui avez fait cela ? Fort bien. Huit jours de prison ». Aucune chance pour un veau gras ! Cela est correct, mais froid, lucide, légal... humain ! Cependant, il n'y a pas de quoi se pâmer d'admiration devant l'extraordinaire, le merveilleux, la transcendance de tels jugements. Rien à faire, je n'en démords pas ; je préfère le veau gras !

Il aura fallu des millénaires pour que, dans un peu plus d'amour, on en arrive à abolir la peine de mort. Jusqu'à très récemment, prévalait la loi du talion : œil pour œil, dent pour dent. C'est ainsi qu'après avoir obtenu les preuves de la culpabilité d'un assassin ; on demandait sa tête. En effet, tuer est extrêmement grave ; c'est l'injustice suprême faite à autrui et à ceux qui l'aiment. Aussi, l'avocat de la Couronne préparait-il un plaidoyer très convaincant afin d'obtenir, pour le coupable, la peine de mort. Il n'avait de cesse de répéter — et avec raison — combien il est grave de tuer, combien il est effrayant, effroyable, épouvantable, horrible, terrible, monstrueux de tuer ; alors on amenait le coupable et on lui disait : « Nous allons te tuer ! » Reconnaissant sans doute l'absurdité d'un tel raisonnement, des législateurs obtinrent l'abolition de la peine capitale. D'autres, certainement très sincères, et pour des motifs qu'ils jugent valables, demandent qu'on la réintègre. Je ne veux en rien débattre cette question, n'ayant ni les données nécessaires, ni la compétence pour le faire. Je m'appuie tout simplement sur la parole de l'amour : « Vous avez appris qu'il a été dit : Œil pour œil et dent pour dent. Eh bien, moi je vous dis... » (Mt 5 : 38)

La justice de Dieu ni ne récompense ni ne punit; elle pardonne toujours. À condition d'ouvrir ce pardon, à cet amour (Dieu) ; cela est essentiel. Il n'y a pas de « justice » de Dieu dans le sens où nous entendons, nous, le mot justice. La seule justice de Dieu est la « justice de l'amour ».

La justice de Dieu « justifie », c'est-à-dire qu'elle ramène l'homme injuste au rang du juste et, dès lors, les deux hommes sont conviés à la fête. Toute la justice de Dieu se joue sur le pardon. Et Dieu ne commet pas d'injustices puisqu'il pardonne à tous ceux qui le lui demandent. Je cite encore une fois : « Jésus, souviens-toi de moi quand tu viendras dans ton royaume. Il lui répondit : En vérité, je te le dis, dès aujourd'hui tu seras avec moi dans le Paradis. » C'est vraiment le Royaume gratuit ; car on ne peut pas dire que si le bon larron ne retomba jamais, il en avait tellement la liberté. Toute la justice de Dieu tient en ceci : son amour et son pardon ouvrent toutes grandes à l'assassin les portes du Royaume en même temps qu'à sainte Thérèse de l'Enfant-Jésus. Injustice ? Pas du tout. Amour ? Que si ! Et cela n'enlève rien à sainte Thérèse. Je ne serais nullement étonné de voir cette dernière en train de converser avec un célèbre malfaiteur afin de prendre de ses nouvelles. Car Thérèse ne peut pas être jalouse — la jalousie est une déficience ! — puisqu'elle partage la plénitude de l'amour de Dieu ; elle ne connaît donc plus que le pardon.

Ceux qui seraient condamnés sont ceux qui ne voudraient pas de ce pardon et, partant, se condamneraient eux-mêmes. Dieu ne condamne jamais. Mais si quelqu'un n'en veut pas de son pardon ? S'il n'y croit pas en ce pardon ? Pour accueillir le pardon de Dieu, il faut d'abord croire en Dieu ; en son amour. Comment voulez-vous que Dieu fasse comme s'il en voulait de cet amour, de ce pardon ; s'il n'en veut pas, s'il n'y croit pas ? Voulez-vous mettre Dieu en boîte ? Refusez son pardon. Et Dieu sera bloqué ! Pensez au fils prodigue ; s'il n'était pas revenu, comment Dieu aurait-il pu lui préparer une fête ? Dites-moi ?

Sans doute le Christ avait-il deviné de sourdes jalousies lorsqu'il sentit le besoin de raconter la parabole des ouvriers envoyés à la vigne. Dans cette parabole, il est question d'un propriétaire embauchant des ouvriers à raison d'un denier pour la journée de travail. Comprenons le denier comme étant le symbole du Royaume. Or, quelques-uns travaillèrent toute la journée ; d'autres enfin ne travaillèrent qu'une heure à peine. Cependant, quelle ne fut pas la surprise lorsque, le soir venu, le propriétaire avait remis à chacun sans distinction, le plein salaire convenu d'un denier. Dieu, c'est toujours une « surprise ». Vous voyez bien que la justice de Dieu ne ressemble en rien à la justice des hommes : n'oubliez pas de poinçonner votre carte ! Le propriétaire de la vigne, donc, avait eu droit au sempiternel radotage : « Ces derniers venus n'ont travaillé qu'une heure, et tu les as traités comme nous, qui avons porté le fardeau de la journée, avec sa chaleur. Alors il [le maître] répliqua en disant à l'un d'eux : Mon ami, je ne te lèse en rien : n'est-ce pas d'un denier que nous sommes convenus ? Prends ce qui te revient et va-t'en. Il me plaît de donner à ce dernier autant qu'à toi : n'ai-je pas le droit de disposer de mes biens comme il me plaît ? ou faut-il que tu sois jaloux parce que je suis bon ? Voilà comment les derniers seront premiers, et les premiers seront derniers ». (Mt 20 : 12-16) La justice de Dieu ne s'arrête pas à la justice « tout court », elle dépasse toujours cette dernière dans un élan de bonté : dans « la justice de l'amour ».

Est-ce à dire qu'on peut faire n'importe quoi ?

Est-ce à dire qu'on peut faire n'importe quoi ? Étant donné que nous serons toujours pardonnés, pourquoi donc ne pas en profiter ? Comme voilà une étrange conception de l'amour ! Croyez-vous que Dieu connaisse si peu le fond de nos cœurs que nous puissions si facilement le manipuler ? Celui qui pense de cette façon n'a pas été profondément rejoint par l'amour. L'amour n'est pas un calcul. Saint Paul a écrit des pages sublimes où il nous confie que l'amour « excuse tout, croit tout, espère tout, supporte tout » (1 Co 13 : 1) ; mais où il ne dit pas que l'amour calcule tout de manière à profiter de tout. Comment pourrait-on penser que le fils prodigue, connaissant l'extrême bonté du père, serait revenu soutirer la même somme pour retourner la dilapider dans les mêmes circonstances ? Dans cette démarche égoïste, aucune ouverture au père ; mais un retour sur soi.

N'en va-t-il pas ainsi chez les Alcooliques Anonymes ? En effet, ne pouvant s'abstenir d'alcool, même des années durant, un alcoolique sera toujours accueilli, toujours compris — toujours « pardonné » si l'on peut dire — et sa liberté de participer au groupe ne lui sera jamais enlevée. À ce compte-là, s'il n'existe aucune punition, aucun renvoi, pourrait-on objecter, on se demande bien pourquoi le bonhomme arrêterait de boire ! Pourtant, cette liberté, ce « pardon assuré », demeure certainement l'une des plus grandes forces des Alcooliques Anonymes. L'amour, c'est aussi la liberté. Malgré toute cette latitude qu'ont les membres de boire, près d'un million n'ont jamais repris un verre d'alcool depuis cinquante-quatre ans d'existence de ce mouvement (1935-1989).

A.A. ne fait pas confiance qu'aux alcooliques eux-mêmes, mais compte surtout sur l'aide de Dieu. L'alcoolique véritable, laissé à lui-même, recommencera à boire. Ce dernier, en rechute — « parce qu'il n'était pas ouvert » — ne connaît qu'un retour sur lui-même ; retour à son état dans des conditons souvent plus pénibles encore. Qu'il ouvre à l'amour de Dieu ; il sera accueilli au banquet de la sobriété et de la sérénité.

Croyez-moi : quand quelqu'un lui ouvre son cœur et se laisse aimer de Dieu, il ne peut plus vivre comme avant. Il change nécessairement. C'est Dieu qui opère ce changement, cette transformation, cette transfiguration. Car, si je puis me transformer tout seul, qu'ai-je alors besoin de Dieu ? Le mieux vient du meilleur ; non pas du pareil au même.

D'autre part, parce que nous nous sommes abandonnés à Dieu et ouverts à son amour, il serait tout aussi déraisonnable de croire qu'il ne nous faudra jamais plus de pardons. Ne concluons pas trop vite que le fils prodigue en ait terminé de toutes ses folies ; que le père en soit au bout de ses peines. Vous avez des enfants ? Alors vous comprenez ce que je veux dire. Le fils prodigue est bien jeune encore ; si nous essayions de le voir vieillir ? Il suivra le chemin normal de n'importe quel humain : sans doute se mariera-t-il et aura-t-il des enfants, des petits-enfants, de la parenté, des amis, des serviteurs, et des voisins. Or, parce que vingt-cinq ans plus tôt il était revenu se jeter dans les bras du père, nous ne pensons pas qu'il lui était interdit de faire des bêtises ; que lui étaient fermés les autres pardons dont il aurait besoin. J'imagine, cependant, qu'à force de vivre avec le père, de le regarder, de le contempler, de l'écouter, on doit bien finir par lui ressembler tous les jours davantage. Comment, au contact de Dieu, ne pas devenir un peu plus doux, un peu plus confiant, un peu plus ouvert, un peu plus heureux ! Si cette transformation n'est que progressive, c'est sans doute que le père, par amour, respecte nos peurs, nos hésitations, nos limites. Si nous nous jetions « tout entiers » dans ses bras, nous serions tout de suite entièrement transformés. Mais nous ne consentons à nous y jeter que furtivement en nous raidissant très fort afin qu'il ne nous arrache pas trop vite aux choses de ce monde, à nos illusions de bonheur, à nos vieilles amours. Dieu mettra aussi longtemps à nous transformer que nous mettrons de temps à totalement nous abandonner. C'est difficile pour Dieu de pouvoir nous parler, de pouvoir nous atteindre, de pouvoir nous instruire, nous éduquer, nous former ; nous ne sommes jamais à la maison ! Nous cherchons toujours ailleurs notre bonheur. Comme nous nous ennuyons à la maison du père, nous courons, à la ville, les marchands d'illusions. Ce ne sont que les soirs de grands orages, de grandes tempêtes quand nous avons trop de chagrin, que nous sommes trop effrayés, que nous consentons à rester. Ce sont les seuls instants où le père puisse nous bercer et nous apprendre l'amour. Viendra sans doute ce jour où, lassés des choses du dehors, rien ne nous semblera meilleur que demeurer dans la maison du père à nous reposer. Dieu, alors, aura tout son temps pour nous apprendre à devenir fils.

Nous voilà donc arrivés au terme de cette « recherche d'une puissance supérieure ». Puissiez-vous avoir reconnu, dans ce Dieu de notre enfance, tout l'amour dont vous rêviez, tout l'accueil et toute la compréhension dont vous aviez tant besoin.

Puisque nous avons découvert l'amour, il est temps maintenant de nous mettre en route sur le chemin du retour. Fils et filles ! Allons ! Plaçons-nous sur deux rangs ! Prenons sacs et bâtons ! Dépêchons, voyons ! Car nous savons que le père nous attend pour une fête. Courons-y joyeusement, le cœur plein d'allégresse : c'est enfin à notre tour de nous laisser parler d'amour !

Le lieu de Dieu.

La parabole du fils prodigue « revenant à la maison » veut surtout faire comprendre la bonté, la tendresse du Père pour ses enfants que nous sommes. Évidemment, Dieu n'habite pas une maison située dans un endroit déterminé. Cependant, la question demeure : Dieu étant pur Esprit, comment pourrons-nous L'atteindre sur terre tous les jours et à chaque instant de notre vie ? Comment servir Dieu que nous ne pouvons pas rejoindre directement ? Dieu est partout, bien sûr, mais comment le rencontrer de façon sensible, tangible, concrète ?

Le lieu privilégié de Dieu, c'est l'homme. Quand Il a voulu se révéler à nous, Dieu s'est fait homme pour que nous puissions comprendre son message et puissions le retrouver derrière un visage. Puis, son visage a voulu se continuer, se prolonger derrière le vôtre, le mien, les nôtres : « Voici que je me tiens à la porte et que je frappe ; si quelqu'un entend ma voix et ouvre la porte, j'entrerai chez lui... » (Ap 3 : 20) Autre image de la maison, mais la nôtre cette fois ; celle de notre intérieur. Dieu donc, désire, escompte, espère s'installer en chacun de nous. « Le lieu de Dieu », c'est nous... à condition de l'avoir accueilli.

En ouvrant la porte de notre cœur, Dieu y entre afin d'y demeurer. Ainsi installé, devenant un compagnon constant, un ami fidèle, un guide intérieur et un parrain très proche, Dieu nous habite. N'étant plus seuls, «nous sommes habités».

Cette prise de conscience d'être habité par Dieu réalise en nous l'unité de l'être. Si Dieu se trouvait « quelque part dans les airs », en d'autres lieux fort lointains, nous aurions tendance à lui expédier notre vie en même temps que tous nos problèmes. Cependant, c'est bien ici-bas que nous devons vivre et faire face à toutes sortes de difficultés. Et je ne vois pas trop bien comment nous pourrions vivre « une vie expédiée dans les airs ». Dieu nous propose un accompagnement, une présence de tous les instants, se traduisant davantage par « le courage de vivre » que par des solutions magiques élucidant les problèmes de vie. D'ailleurs, Jésus nous déclare : « Dans le monde vous aurez à souffrir. Mais gardez courage ! J'ai vaincu le monde ». (Jn 16 : 33)

Si Dieu nous habite ; qu'il envahit notre être dans la mesure de notre néant intérieur, c'est qu'il aura pris la couleur de nos yeux et la longueur de nos pieds. Cela semble extravagant ? Sans doute ! Cependant, Dieu n'a plus guère de bouche pour parler, ni de mains pour s'exprimer, ni de pieds pour aller vers les autres ; que les nôtres ! Comment Dieu pourra-t-il atteindre les alcooliques souffrant encore, si ce n'est à travers nous ? Et les Al-Anons, les Alateens, les esseulés, les désespérés ? Car, « le lieu de Dieu », c'est aussi l'autre face à nous. Dieu a besoin d'hommes et de femmes comme nous afin d'annoncer à tous que nous avons été accueillis; qu'on nous a préparé une fête ; que cette fête se continue et qu'ils y sont tous eux aussi invités.

Nous ne pourrons servir Dieu qu'en servant les autres. Cela n'implique pas que l'autre en face de moi soit Dieu, mais que les services rendus, par amour pour lui, seront retenus par Dieu comme des faveurs personnelles. « Venez, les bénis de mon Père... Car j'ai eu faim et vous m'avez donné à manger... Alors les justes lui répondront : « Seigneur, quand nous est-il arrivé de te voir affamé et de te nourrir ? » « En vérité je vous le dis, dans la mesure où vous l'avez fait à l'un de ces plus petits de mes frères, c'est à moi que vous l'avez fait. » Ces belles paroles d'amour où Dieu aime tellement les pauvres, les désespérés, au point de considérer comme des faveurs personnelles les moindres gestes de compassion à leur endroit sont celles-là mêmes du Jugement dernier dont tant de chrétiens ont si peur (Mt 25 : 31-40). Dieu se cache derrière tous les visages rencontrés. Accueillir un visage, c'est accueillir Dieu ; le refuser, c'est aussi refuser Dieu.

Venez les bénis de mon Père, car j'ai frappé à la porte des Alcooliques Anonymes et vous m'avez accueilli ; je me suis présenté aux Al-Anons, et vous m'avez ouvert. Mais, dirons-nous, étonnés, tu n'es jamais venu ni chez A.A. ni chez Al-Anon ! Nous ne t'y avons jamais reçu ! Certes oui, répondra Jésus ; chaque fois que vous avez accueilli un nouveau venu, que vous l'avez écouté, encouragé, compris, consolé ; c'est moi que vous avez accueilli.

— Alors, ce grincheux qui nous donna tant de mal... c'était toi ?

— Oui, c'était moi. Et pour cela, venez les bénis de mon Père...

Notes

1. *Alcooliques Anonymes*, Les éditions Françaises A. A., 1963. p. 78.
2. *Alcooliques Anonymes*, *op. cit.*, p. 79.
3. *Alcooliques Anonymes*, *op. cit.*, p. 64.
4. *Alcooliques Anonymes*, *op. cit.*, p. 357-358.
5. Jean-Luc Hétu, *Quelle Foi ?*, Montréal, Leméac, 1978, p. 200.
6. Causerie du R.P.E. Dowling, s.j., *Alcooliques Anonymes*, p. 359.
7. *Alcooliques Anonymes*, *op. cit.*, p. 290.
8. *Alcooliques Anonymes*, *op. cit.*, p. 340.
9. *Alcooliques Anonymes*, *op. cit.*, p. 290.

TROISIÈME PARTIE

Faire confiance : s'abandonner

Nous avons décidé de confier notre volonté et nos vies aux soins de Dieu, tel que nous le concevions.

TROISIÈME ÉTAPE, *GROS LIVRE*, p. 79.

Voilà la troisième étape des Alcooliques Anonymes, certainement la plus riche dans le cheminement spirituel. Pourtant, elle n'est qu'un départ ; faire confiance pour tout ce que je ne comprends pas, pour tout ce que je n'arrive pas à expliquer : les épreuves, le problème de la souffrance et du mal dans le monde, le sens de ma vie, de ma maladie et de ma mort. Pourquoi suis-je sur terre ? Que dois-je y accomplir ? Quelle est ma mission ? Comment la réaliser tout en me réalisant pleinement ? Les réponses à ces questions ne vont pas de soi. Néanmoins, il importe de pouvoir nous situer face à une mission qui serait, pour chacun de nous, particulière. Dieu seul peut donner à notre vie un sens, une direction, une inspiration que nous ne saurions découvrir à la lumière de notre propre lanterne. Il est nécessaire que Dieu nous révèle à nous-mêmes « qui » nous sommes et « ce pour quoi » nous sommes venus en ce monde. Le Petit Catéchisme parlait juste en disant que nous avons été créés pour aimer Dieu, l'adorer et le servir. Cela seul posède une valeur éternelle. Tout le reste n'est-il pas passager, périssable, mortel, éphémère ? Il faut bien vivre aussi pour ces valeurs passagères, périssables, mortelles, éphémères ; ne le sommes-nous pas nous-mêmes ? Notre malheur et notre misère est de leur accorder la première place, quand nous ne la leur accordons pas toute ! Ainsi, l'amour humain est une vraie et très belle valeur, avons-nous dit, mais il ne suffit pas ; il ne comblera jamais. Quel époux, quelle épouse, quel enfant, quelle mère, quel ami nous suivra au tombeau ? Ses bras ne pourrons non plus nous retenir et si nous ne nous jetons alors dans ceux du Père, vers qui ou quoi irons-nous ? Notre mission à tous, c'est de nous retrouver dans les bras du Père ! Comment devons-nous réaliser cette union finale avec le Père ? Quel chemin nous faut-il suivre ? Quelles sont les vérités propres à chacun de nous ? Quel état de vie convient-il mieux ? Seul le Christ peut indiquer la voie : « Je suis le chemin, la vérité, la vie... » (Jn 14 : 6) Ce qui revient à dire : Je suis ton chemin, ta vérité, ta vie. Je pense que la véritable connaissance de soi, la révélation de ce qu'il y a de meilleur en nous ne peut venir que de Dieu.

Nous connaissons tous cette histoire de Marie-Madeleine qui, méprisée de tous, était devenue une amie très liée au groupe de Jésus. Marie-Madeleine ne pouvait pas prévoir cela. C'est le Christ qui lui révéla «qui» elle était au fond ; ce qu'il y avait de généreux et de vrai en elle. N'en pouvant plus d'être rejetée, humiliée, montrée du doigt, elle s'était jetée à ses pieds en pleurant. Touchant « un bas-fond », il ne lui restait d'autre refuge que la tendresse de Jésus. Et lui, a fait d'elle une sainte ! Je suis ton chemin, ta vérité, ta vie ! La connaissance de Dieu conduit inévitablement à la connaissance de soi.

N'y avait-il pas ce riche Zachée discrédité et raillé de tous parce que mesquin et dur pour les pauvres ?

Voici donc qu'un jour, le Christ exprima le désir de s'installer chez lui ; ce que Zachée accepta. Parmi la foule, on murmurait. « Il est allé loger chez un pécheur ! » C'est lors de cette rencontre que Jésus révéla à l'usurier « qui » il était profondément : beaucoup plus généreux et ouvert aux autres qu'il ne le croyait. Zachée fera don de la moitié de sa fortune aux pauvres et de plus, promet-il, s'il a causé du tort à quelqu'un, il rendra au quadruple. Ni Zachée lui-même, ni sa mère, ni ses amis, personne enfin ne pouvait prévoir ce bon fond, cette capacité de don. Seul Jésus pouvait révéler à Zachée qu'il était généreux lui aussi, qu'il n'était pas plus mauvais qu'un autre, qu'on pouvait l'aimer autant que n'importe qui. Marie-Madeleine, Zachée, comme tant d'autres, portaient en eux des possibilités de don, de tendresse, d'ouverture aux autres, que l'incompréhension et la dureté de cœur avaient fermées. En allant vers le Christ, ils s'engageaient sur un autre chemin : découvrir leur propre vérité pour éclater à la vie.

La troisième étape comporte une décision ; celle de faire confiance, de croire absolument que dès la rencontre avec le Christ accueilli, le meilleur de soi a commencé de grandir. Dieu révèle toujours ce qu'il y a de meilleur en chacun de nous. Jésus n'a-t-il pas vécu ce qu'il y a de meilleur en l'homme ? Mais, si nous avons sincèrement accueilli Dieu, qu'avons-nous donc accueilli ? Nous avons accueilli l'amour avec toutes ses couleurs : accueil, tendresse, compréhension, douceur, générosité, gratuité, patience, fidélité, pardon, courage... Reste à suivre ce modèle ! Par exemple, vous vous demandez : « Qu'est-ce que le Christ ferait à ma place ? » La réponse vient vite ! N'est-ce pas ? Ainsi, il nous arrive souvent — je ne dis pas toujours —

Couleurs de l'amour

d'accorder, par amour pour le Christ, ce que nous aurions refusé par manque d'amour pour l'autre. Et avec les années, les couleurs grandissent ! Mais il manquera toujours beaucoup, même aux meilleurs des humains, pour atteindre la perfection. Un long bout de chemin ne sera jamais parcouru. Ce long bout de chemin, Jésus, par ses souffrances, sa mort et sa résurrection est venu le parcourir pour nous. C'est la Rédemption.

Confier sa vie, c'est consentir à vivre selon un certain plan d'amour que Dieu, de toute éternité, avait conçu pour nous. Confier sa volonté, c'est faire taire la nôtre pour nous en remettre à celle de Dieu et consentir enfin à devenir heureux à sa manière. C'est aussi apprendre à simplifier le bonheur ; apprendre le détachement. Il faut longtemps. Je pense que dans une vie donnée, dans un ensemble, la volonté de Dieu à notre égard serait que nous vivions debout, avec courage ; comme des hommes, des femmes et non comme des lavettes. Quant à l'immédiat ; quant à savoir ce que Dieu attend de nous, il faut rien moins que la prière et souvent de longs moments d'attente avant que n'émerge la lumière. C'est en tout cas l'avis d'Alcooliques Anonymes affirmant dans sa onzième étape que par la prière et la méditation, nous pourrons connaître la volonté de Dieu à notre égard et y puiser en même temps le courage nécessaire à la vie.

QUATRIÈME PARTIE

Puiser à la source

> *Nous avons cherché par la prière et la méditation à améliorer notre contact conscient avec Dieu tel que nous Le concevions, Le priant seulement pour connaître Sa volonté à notre égard et pour obtenir la force de l'exécuter.*
>
> *GROS LIVRE*, P. 80.

Nous voici donc à la prière et à la méditation. Onzième étape des Alcooliques Anonymes, elle prolonge la troisième et favorise la pratique quotidienne de cette dernière. En fait, les neuf premières sont des étapes de recherche et d'hésitation d'abord, de décision ensuite, pour se continuer dans la réflexion et le travail personnel. Les trois dernières, dix, onze et douze, sont des étapes pour toute la vie. Ainsi, la onzième s'accroche automatiquement à la troisième. En effet, personne n'attendra, pour prier, d'avoir franchi les quatrième, cinquième, sixième, septième, huitième, neuvième et dixième étapes ; ce serait beaucoup trop long. Il est naturel, tout juste après la rencontre avec Dieu, de lui parler, de lui confier des secrets, des joies, des chagrins, enfin de prier afin d'améliorer ce premier contact, cette première rencontre, cette décision initiale de la troisième étape.

On ne prie pas qu'à genoux. Prier, c'est d'abord et par-dessus tout le sentiment profond d'être présent à une présence ; c'est se croire accompagné et savoir, dans son cœur, qu'on n'est plus seul. Tout le champ de la conscience devient envahi par cette pensée que Quelqu'un « au cœur de soi » est accueilli ; que Dieu nous habite. Prier, c'est sentir que nous sommes dans la maison du père, convaincus, sans même parler, de sa présence, là, tout près... à la maison, au travail, au volant de la voiture, dans la rue, partout. Ce que je me plais à appeler « mon obsession magnifique ». Rien de contraignant ou d'obsessionnel, cependant. Cela demeure très libre et très doux. Mais on y pense constamment !

Prier, c'est aussi accorder des instants privilégiés à cette présence ; s'arrêter pour prendre le temps de parler et d'écouter. La prière incite à bien davantage que « demander ». Pourquoi ne pas parler avec Dieu, bavarder avec lui : raconter des choses, se dire, se plaindre, exprimer des joies, des peines, des angoisses et aussi des mécontentements ? Ne vous souvient-il pas de ces religieux et religieuses des temps passés qui, pour manifester leur insatisfaction, retournaient toutes les statues face au mur ? Prier, c'est dire à Dieu tout ce qui pèse sur le cœur ; se confier comme on éprouverait le besoin de le faire avec son parrain ou un ami très cher. Il ne faut pas avoir peur de blesser Dieu, de le contrarier avec nos récriminations, nos plaintes, nos gémissements ; n'est-il pas notre meilleur ami ? le plus patient, le plus compréhensif, le plus compatissant ?

Il m'arrive, lorsqu'ils ont assez cheminé, de proposer à mes filleuls : « Tout ce que tu viens de me confier, si maintenant tu voulais le raconter à Dieu ? » Encore faut-il consentir un peu de temps à la prière. Pas étonnant que nous ne sachions jamais ce que Dieu attend de nous ; nous prions si peu ! Une amie à moi, Mariette, sœur de Sainte-Croix, me confiait que pour développer l'habitude de la prière, il est nécessaire de déterminer une heure fixe, toujours la même. Choisir un moment de la journée plus propice au silence, au recueillement. Mariette disait aussi qu'au début, quelques minutes suffisent. En effet, on peut s'ennuyer dans la prière ; nous sommes plutôt habitués à converser avec des personnes bien en chair. La prière étant une activité du cœur et de l'esprit, il faudra quelque temps pour arriver à la goûter vraiment. Quoi qu'il en soit, nous devons prier ; cela est essentiel. Ne croyons pas toujours « que Dieu se tient au bout d'un numéro de téléphone ! » N'oublions pas que s'il est bon de partager nos difficultés ou nos joies avec des amis, il importe davantage de les partager avec Dieu.

La prière n'est pas un monologue où Dieu serait muet, inactif, absent de cette rencontre. En effet, nous avons l'habitude de parler sans arrêt en expliquant longuement à Dieu ce qu'il devra faire et comment il devra s'y prendre pour bien diriger notre vie. Comme le dit quelque part Louis Evely, nous demandons toujours que notre volonté soit faite ; il est rare que nous disions : que ta volonté soit faite ! La plupart de nos prières tendent à amener Dieu à nous éviter les difficultés inhérentes à toute vie. Puis, après avoir longuement expliqué à Dieu tout ce qu'il devra faire pour nous, nos devoirs sont accomplis ; nous pouvons dormir bien tranquillement. Quelle fut la part accordée à Dieu dans cette émouvante conversation ? Zéro !

Il est bon d'exprimer à Dieu ce qui nous préoccupe, mais il ne nous appartient pas de lui révéler ce qu'il doit faire ni comment il devra le faire : qu'il suffise de raconter ce qui nous tient à cœur, nous chagrine ou nous effraie. Quand nous en avons terminé de nos soucis, il est temps de nous taire et de demeurer à l'écoute de ce que Dieu veut nous faire savoir. Dieu ne parle pas avec une voix et des mots qu'on pourrait entendre ; nous serions effrayés si cela était. Imaginez que vous entendiez une voix dans la nuit prononçant distinctement des mots répondant à vos questions ; vous seriez si troublé que vous devriez faire appel à quelqu'un pour vous rassurer. Les réponses de Dieu à nos prières sont des changements de climat intérieur : de la peur, il nous fait passer au calme de l'abandon ; du refus à l'acceptation ; du ressentiment au pardon ; de l'inertie à l'action. Ce que Dieu peut faire pour nous, dans un temps de prière, c'est de nous calmer, nous apaiser et nous amener à accepter à l'avance ce qui arrivera, que cela soit ou non selon nos vœux ; le voilà bien le miracle ! Ces moments de silence, pendant lesquels nous demeurons à l'écoute de Dieu, donnent de l'efficacité à la prière. Être à l'écoute de Dieu, ne signifie pas attendre de lui des paroles, mais une transformation au niveau du cœur. Écouter ce que Dieu veut nous apprendre, c'est lui faire confiance en acceptant de nous laisser diriger « sans savoir ». Quelle foi, quel abandon, dites-moi, à faire confiance seulement après avoir reçu la certitude que tout se passera selon nos vœux ? Nous ne pouvons être certains que d'une chose : Dieu, dans le temps — cela peut prendre des années — nous prépare lentement mais sûrement pour un bonheur à sa manière. Comment cela se fera-t-il ? Je ne sais pas. Serons-nous plus riches ou plus pauvres, malades ou en bonne santé, seuls ou follement amoureux ? Je ne sais pas. Je sais seulement que Dieu peut nous rendre heureux n'importe comment. Tout le reste n'a pas d'importance.

Prier, c'est aussi vérifier si nous sommes dans la zone de Dieu ; dans ses couleurs. Pourquoi avons-nous peur ? Parce que la peur n'étant pas de ses couleurs, nous avons quitté la zone de Dieu. Dieu est amour, et l'amour, sécurisant. « Pourquoi avez-vous peur, hommes de peu de foi ? » Parce que nous manquons de confiance en Dieu. N'étant pas de ses couleurs, si un ressentiment revient à la charge, il faudra réintégrer, en nous, la zone de Dieu. Dieu est pardon. Nous consentirons avec lui à pardonner, et le calme en nous reviendra. Sommes-nous en colère ? Changeons de zone ! Dieu étant douceur, nous sommes habités par la douceur. Immédiatement notre colère tombera. À force, par la prière, de puiser à la source d'amour, nous finirons bien avec les années par ressembler un peu plus à l'amour. L'amour nous transformera à son image et à sa ressemblance. Ainsi soit-il !

Prier, c'est encore réentendre la parole de Dieu après deux mille ans. Ayant vécu chez nous, il a répondu à toutes nos questions, car ceux qui vivaient près de lui en son temps les lui ont également posées. Le message, les réponses données par Jésus sont toujours actuelles. Imaginons un alcoolique s'adressant à Bill lui-même pour lui demander des conseils ; ce dernier renouvellerait ses dires : qu'il faut admettre, en venir à croire, confier sa vie... Donc, réentendre le message. Ceux dont le Dieu habite quelque part dans les airs, un Dieu n'ayant jamais parlé, jamais vu ni connu, auront bien du mal à lui faire dire quoi que soit. Mais heureusement pour nous qui croyons en Jésus, Dieu a vécu, Dieu a parlé. Rien n'est plus enrichissant — pour des chrétiens — que de méditer une parole, une parabole, une tranche de vie du Seigneur. Méditer, c'est réfléchir profondément sur le sens que peut prendre pour chacun, dans sa situation propre et en ce moment, la parole de Dieu. « Vends tous tes biens, disait-il au jeune homme riche, donne l'argent aux pauvres et suis-moi. » Que faut-il comprendre exactement de cette phrase pour l'appliquer à chacun de nous ? Il importe de la méditer d'abord. Jésus désire-t-il nous inciter à vendre sur-le-champ tous nos biens et en distribuer le produit aux pauvres ? Certainement pas avant d'avoir trouvé un « suis-moi », une raison valable pour le faire. Nous pourrions tous, certainement, donner une somme d'argent aux pauvres. Mais il serait inconsidéré de vendre ses meubles, sa voiture et tout ce que l'on possède pour se retrouver à la rue et sans but, n'ayant rien de mieux à faire que retourner dans les magasins racheter ce qu'on a vendu parce qu'il faut bien un lit pour dormir et des chaises pour s'asseoir. Si quelqu'un se sent appelé à donner sa vie pour une cause, qu'il s'assure, par exemple, une place auprès de Jean Vanier ou de mère Teresa ou dans une communauté ; que sais-je ? Après quoi il pourra vendre ses biens ; il le fera pour une cause, pour un « suis-moi ». Le Christ n'a pas invité le jeune homme riche à vendre tous ses biens, à en donner le produit aux pauvres et à rester planté là ! À cette invitation au détachement s'attachait un sens, un appel, une mission : « suis-moi ». D'ailleurs, l'appel lancé au jeune homme riche compte sans doute parmi les plus exigeants de l'Évangile. Certaines paroles, plus faciles à vivre pour le moment, présentent un risque moins grand !

« Je suis venu pour que votre joie soit parfaite. » Cette déclaration de Jésus conduit à examiner pourquoi notre joie n'est jamais ou n'est que si rarement parfaite. Ne serait-ce pas que nous cherchons trop rarement notre bonheur en Dieu et la plupart du temps ailleurs ? L'on peut ainsi méditer, réfléchir sur la tendresse de Dieu dans l'extraordinaire parabole du fils prodigue, l'accueil fait à Marie-Madeleine, les mises en garde contre la poursuite de l'argent, des honneurs, du prestige : « Car là où est ton trésor, là aussi est ton cœur ». Des paroles comme « Je vous donne ma paix, je vous laisse ma paix » sont remplies d'amour et de consolation. Enfin, on voit ce que je veux dire par réentendre le message de Dieu après deux mille ans : des paroles d'amour, d'accueil, de compréhension et de pardon.

Les paroles dures de l'Évangile ne sont pas pour vous. Jésus les prononça contre ceux qui se durcissaient, ne voulant « rien voir ni rien entendre », refusant de s'ouvrir et à l'amour de Dieu et à l'amour du prochain ; contre les superbes, les Pharisiens ; contre ceux qui s'obstinaient à ne pas le reconnaître. Allez en paix et dormez bien profondément ; car je sais sans vous connaître, combien votre cœur est bon et assoiffé d'amour. Ne seriez-vous pas, vous aussi « parmi les pauvres » ?

Des différentes formes de prière proprement dite, considérons celles de demandes, de gratitude, de contemplation.

Que faut-il demander à Dieu ? Pour le savoir, il faudrait savoir aussi ce qui peut nous rendre heureux. Le savons-nous vraiment ? Le savez-vous, vous ? Quant à moi, je me suis si souvent trompé sur le véritable bonheur que je préfère maintenant m'en remettre à Dieu en lui laissant le choix. À bien y penser, si l'on attend TOUT de Dieu, que reste-t-il donc à lui demander ? Rien que le courage de vivre selon sa volonté à notre égard. Jésus enseignait que le Père connaît bien mieux que nous nos besoins. Alors ? Personnellement, je me borne à demander de faire grandir en moi le meilleur de moi ; de m'indiquer, à travers les personnes, les événements et le temps, ce que je dois faire et où je dois aller. C'est tout. Le reste importe peu. « Ne vous inquiétez donc pas en disant : Qu'allons-nous manger ? qu'allons-nous boire ? de quoi allons-nous nous vêtir ? Ce sont là toutes choses dont les païens sont en quête. Or votre père céleste sait que vous avez besoin de tout cela. Cherchez d'abord le Royaume et sa justice, et tout vous sera donné par surcroît. Ne vous inquiétez donc pas du lendemain : demain s'inquiétera de lui-même. À chaque jour suffit sa peine. » (Mt 6 : 31-34) Mais, s'écrie parfois quelqu'un, il faut toujours bien travailler pour assurer le lendemain ! Bien sûr ; cela relève du discernement, du sens commun. Cependant, celui qui ne trouve pas de travail, finira bien, avec l'aide de Dieu, par en trouver ; s'il persiste à en chercher.

La prière de gratitude, merveilleux remontant contre l'apitoiement, la peur et l'ennui, se pratique sous forme de méditation ou de réflexion sur toutes les grâces reçues depuis notre rencontre avec Dieu. Nous remercions pour toutes ses bontés : nous n'avons plus soif, n'avons manqué ni d'un toit ni de nourriture ; nous avons noué de nouvelles amitiés, bref, de quoi avons-nous tellement sujet de nous plaindre ? N'avons-nous pas toujours reçu au moins l'essentiel à la vie ? Dieu ne nous a-t-il pas protégés jusqu'à ce jour ? Pourquoi cesserait-il tout à coup de le faire ? Et à la lumière de ce passé, nous devenons plus rassurés pour l'avenir.

La prière de contemplation nous tient, face à Dieu, silencieux. Instant d'émerveillement durant lequel nous nous laissons aimer de lui, tels que nous sommes ; baignant dans sa lumière, dans sa joie, dans son amour. Rien de plus vivifiant, reposant, rafraîchissant.

Voilà donc, sur la prière et la méditation, quelques réflexions bien brèves qui, il va sans dire, n'épuisent pas le sujet. Des ouvrages entiers y sont consacrés ; on voudra sans doute s'en procurer. Il est rare aussi de ne pas connaître quelque religieux ou religieuse qui nous prodiguerait avec joie les plus précieux conseils. Certains ont beaucoup aimé se joindre à des groupes de prière. Quiconque désire en apprendre davantage n'a que l'embarras du choix. Retenons cependant que la prière constitue une étape importante dans un cheminement spirituel ; c'est par elle que nous apprendrons à découvrir le cœur de Dieu et à nous en rapprocher tous les jours de plus en plus. Je ne crois pas me tromper en affirmant que, de façon générale, nous ne prions pas assez. Jésus attachait beaucoup d'importance à la prière ; demandons-lui de nous en donner le goût ; cela viendra. Il s'agit de commencer en disant : Père...

CINQUIÈME PARTIE

Un regard sur soi, l'inventaire moral

Nous avons courageusement procédé à un inventaire moral, minutieux de nous-mêmes.

GROS LIVRE, p. 79.

Nous voici donc au chapitre de l'inventaire moral. Il se pourrait bien qu'en parcourant la table des matières, vous ayez été accroché par le titre de ce chapitre. Peut-être aussi vous a-t-on recommandé ou prêté ce livre en vous disant que la cinquième partie pourrait vous aider à rédiger un inventaire moral. Cependant, je ne saurais trop vous inciter à lire d'abord les chapitres précédents afin de créer en vous un climat intérieur d'amour et d'accueil sans lequel la pratique de la quatrième étape risque la froide rigueur cérébrale. À noter que l'inventaire vient en « quatrième » lieu dans le cheminement des douze étapes et une réflexion sur les trois premières pourrait se révéler fort précieuse. Je n'écarte toutefois pas l'idée que vous possédiez — beaucoup plus que moi — la préparation intérieure nécessaire et, dans ce cas, je vous invite à poursuivre à partir d'ici votre lecture.

Quoi qu'une explication de cet inventaire soit présentée à la page 84 du *Gros Livre* des Alcooliques Anonymes, il faut bien admettre qu'à peu près personne n'en voit clairement la présentation matérielle et que cette dernière pose une difficulté certaine. (Un membre — préparant un doctorat en psychologie — vient tout juste de me téléphoner pour me confier sa confusion totale face à la présentation matérielle de cette étape.) À l'exception d'un modèle d'une liste des ressentiments, tout le reste, présenté dans une prose où rien n'est ordonné ni méthodiquement classifié, concède une grande liberté quant à la marche à suivre.

La présente partie exposera clairement tout ce qui concerne cette quatrième étape. Nous verrons ensemble ce qu'elle est, ce qu'elle n'est pas, ainsi que les raisons devant en motiver la pratique. Enfin je proposerai, à partir du *Gros Livre* des A.A., un modèle très précis, extrêmement net afin de guider, point par point, celui ou celle désirant procéder à un inventaire moral complet.

Les membres A.A., Al-Anons et Alateens ainsi que O.A. *(Overeaters Anonymous)* et G.A. *(Gamblers Anonymous)* sont en général très conscients de l'importance de cette quatrième étape. Même s'ils ne l'ont pas encore franchie, ils en ont entendu parler et la plupart d'entre eux se proposent de la mettre en pratique. Mais je voudrais, tout d'abord, glisser un mot au lecteur qui ne serait membre d'aucune des associations précitées.

Si l'on fait exception des religieux et religieuses — et, évidemment, des personnes appartenant à des groupes où les douze étapes sont proposées — il devrait être assez rare que dans un cheminement spirituel, on prenne un crayon et du papier dans le but de dresser un inventaire moral. Sans doute les gens pratiquants s'adonnent-ils à un examen de conscience avant de se présenter au confessionnal, mais l'inventaire dont nous parlerons ici se veut beaucoup plus élaboré, plus complet, plus méthodique. Quiconque désire évoluer psychologiquement et spirituellement devrait répondre aux exigences des quatrième et cinquième étapes des Alcooliques Anonymes. Qui que vous soyez : ouvrier, professionnel, prêtre, religieux ou monarque, vous pourriez en tirer un bienfait tel qu'on aurait du mal à s'expliquer pourquoi vous ne voudriez pas en profiter. Après tout, est-ce tellement plus compliqué pour vous que pour nous ? J'invite donc le lecteur non membre — je n'oublie pas la lectrice — à lire attentivement le présent chapitre et, crayon en main, à bien vouloir suivre les indications données.

De quoi s'agit-il au juste ? Tout simplement de prendre un crayon et du papier afin de « regarder », « voir », « faire des prises de conscience » incitant à réfléchir sur nous-mêmes, nous remettre en question, découvrir que, sur certains points, nous serions plus heureux si nous parvenions à changer d'attitude, à évoluer, progresser, laisser grandir en nous ce qu'il y a de meilleur plutôt que de bloquer la source de vie par nos ressentiments, nos peurs, nos entêtements, nos certitudes, nos éternels regrets, notre manque de confiance, notre fermeture aux autres et j'en passe.

Il ne s'agit pas d'un genre d'étude permettant de découvrir nos aptitudes, nos goûts, nos possibilités mais bien d'un inventaire « moral ». Par exemple, le courage, l'indulgence, la douceur, la capacité de pardonner et d'accueillir... sont d'ordre « moral ». Sans doute avez-vous reconnu les couleurs de Dieu selon lesquelles nous devrions tous essayer de vivre. Il s'agit donc, dans ce genre d'inventaire, « d'examiner en nous les choses qui nous avaient empêchés d'avancer[1] » ou, si l'on préfère, nous empêchent de vivre dans la zone de Dieu.

Il est d'une extrême importance de comprendre que la quatrième étape des A.A. n'a pas pour but « la connaissance de soi » mais « d'une partie de soi », d'un aspect de ce que nous sommes. À remarquer aussi que l'inventaire ne propose pas la recherche des qualités de la personne ou de ce qu'on pourrait appeler « le positif de l'être ». Nous ne nions pas l'utilité d'une prise de conscience de tout ce qu'il y a de bon, de positif en nous ; nous procédons à cette quatrième étape justement pour en arriver à demander à Dieu de déraciner ce qui étouffe ce « meilleur de nous-mêmes », de séparer l'ivraie du bon grain. En fait, ce ne sont pas nos qualités que nous trouvons embêtantes pour le moment, ce sont bien plutôt nos déficiences ou défauts de caractère ! Étant donné que l'inventaire propose d'examiner la dimension négative de l'être, ce travail ne peut en aucun cas — il est bon de le répéter — aboutir à la connaissance de soi. Cette recherche éclairera des coins obscurs de notre personnalité, des zones négatives que nous nous sommes gardés d'explorer, bloqués que nous étions par la peur de nous surprendre en faute. Il est vrai qu'autrefois nous nous sentions très seuls et que nous avions un tel besoin d'être aimés et de sauvegarder un tant soit peu d'estime de nous-mêmes, que si nous avions basculé, par surcroît, dans la zone négative de notre être, nous n'aurions peut-être pas eu la force de survivre. Mais nous avons maintenant trouvé un Dieu d'amour tout à fait disposé à nous aider et nous encourager ; nous ne sommes plus seuls. C'est pourquoi mieux vaut procéder à cet inventaire seulement après avoir rencontré un Dieu capable de nous accueillir tels que nous sommes ; un Dieu qui ne condamne pas mais qui pardonne ; un Dieu qui au lieu de rabâcher sans cesse que nous nous sommes mal conduits dans les passé se tourne avec nous vers l'avenir, sa main dans la nôtre afin de nous montrer le chemin d'une vie meilleure et plus heureuse. Marie-Madeleine, le bon larron, la femme adultère n'ont pas présenté, pour être accueillis, un inventaire de cinquante pages. De même, bien avant la rencontre avec Dieu et bien avant la rédaction d'un inventaire moral, chacun de nous « connaissait déjà », du plus profond de son cœur, ses misères, ses déficiences, ses pauvretés douloureuses.

N'était-ce pas, en effet, exactement à cause de ces misères intérieures, de ces pauvretés, des ces déficiences que nous nous sommes crus si longtemps indignes de l'amour du Père ? Quiconque — en troisième étape — s'est abandonné à Dieu sait qu'il a été accueilli avec toute sa pauvreté, toutes ses déficiences. Nous ne procédons pas à un inventaire moral afin que Dieu nous accueille, nous pardonne et nous aime davantage : nous sommes accueillis, pardonnés et aimés depuis avant même la création du monde. Croyez-vous que c'est Dieu qui refuse de pardonner, ou nous qui ne croyons pas en son pardon ? Tout est là ! Il n'est pas interdit de penser que prenant conscience en elle de bien d'autres déficiences — plus subtile mais non moins réelles — Marie-Madeleine en parla avec Jésus et les siens, et qu'avec la grâce et le temps elle aurait été progressivement transformée. L'inventaire moral nous invite, comme Marie-Madeleine, à aller plus loin, à grandir avec l'aide de Dieu dont l'amour nous est déjà tout acquis.

Cette étape, donc, ne sera pas entreprise pour savoir « qui je suis », mais « où j'en suis ». On m'excusera de tant insister, mais je ne voudrais pas que cette recherche prenne l'allure d'un « Va voir qui tu es ! Regarde comme tu es sale et crotté ! » Dieu ne nous invite pas à l'humiliation mais à l'humilité ! La nuance est grande. Rien de plus pénible à voir qu'un homme

« humilié », battu, écrasé. Notre défaite dans l'alcool, notre abattement, notre écrasement ne prennent de valeur et de sens que dans un « relèvement » que la bonté du Père a suscité en nous. Que l'alcool nous ait rabaissés, je le veux bien ; qu'une des étapes des A.A. nous rabaisse, je ne le conçois pas : je ne mets guère les deux sur le même pied. Que la quatrième étape nous enseigne l'humilité ? Sans doute, mais si peu ! Cette étape nous fera voir que nous sommes orgueilleux mais elle ne nous rendra pas tellement plus humbles ; c'est Dieu qui parviendra à nous rendre plus vrais, c'est-à-dire plus humbles quand nous en serons à la septième étape : « Nous Lui avons humblement demandé de faire disparaître nos déficiences[2] ». Voilà bien l'étape où nous serons, dans le temps, transformés. Nous parlerons, dans un autre chapitre, de cette septième étape. Un inventaire moral nous fera « voir » nos déficiences, il ne les corrigera point.

Beaucoup, en effet, attendent trop et trop vite de cet inventaire que l'on fait suivre de la cinquième étape (se raconter à quelqu'un) après quoi, l'on se croit totalement transformé. Une amie à moi, membre des A.A. remplie d'humour, me disait tout à l'heure au téléphone : « Eh oui, mon cher ! Il y a quelques années, après avoir terminé la quatrième étape et l'avoir racontée à quelqu'un, je me croyais toute transformée ; vraiment, je me voyais parfaite ! » Cette étape en est une de cheminement qui, en passant par les cinquième et sixième, nous amène à demander à Dieu — en septième — la transformation que nous souhaitons. Il semble qu'on ait fait de la quatrième étape une sorte de miracle dont l'importance dépasserait la rencontre avec Dieu. Lorsque quelqu'un ne va pas bien, on lui déclare, assez souvent, que sa première étape n'est pas comprise ou qu'alors il s'agit de la quatrième. Cela est parfois vrai, mais pas à tous les coups ! Il est plus rare qu'on lui dise que sa rencontre avec Dieu n'est pas assez profonde, sa confiance assez grande, son abandon assez total.

Pourquoi donc un inventaire moral ? Pourquoi est-il si important d'admettre telle ou telle déficience ? Parce que si je n'admets pas, par exemple, être un colérique, je ne pourrai pas demander à Dieu de me débarasser de la colère ! Si Léontine « ne voit pas », « n'admet pas » être menteuse parce qu'elle ne prend jamais la peine de se regarder, l'idée ne lui viendra pas de demander à Dieu de lui inculquer la franchise elle « ne se voit pas » menteuse. Cette quatrième étape est à nos déficiences ce que la première est à l'alcool. Un homme « ne voyant pas », « n'admettant pas » avoir un problème d'alcool ne sera pas porté à demander à Dieu de l'aider pour ce problème d'alcool qu'il n'a pas ! Voilà. Il en va exactement de même pour nos déficiences. Certaines personnes sont absolument inconscientes de leurs défauts de caractère, ce qui les rend presque toujours insupportables. Par exemple, madame Critiquetout n'a jamais un mot aimable pour personne, se plaint sans cesse de son mari, de sa fille, de son fils, des voisins, de l'époque, de la température... vous voyez le genre ! Dites-lui qu'elle est négative ; elle répondra que vous ne savez que la critiquer comme vous critiquez tout le monde d'ailleurs. Elle ne se « voit pas ». Un autre exagère tout, déforme tout, amplifie tout et vous vous permettez de le lui faire remarquer. Réponse : « C'est ça ! traite-moi de menteur tant qu'à y être ! » N'ayant jamais pris un crayon et du papier dans le but « de se regarder » pour « se voir » ; il ne se voit pas. Pour voir, il faut regarder : « Avez-vous vu filer cet ours vers la rivière ? — Non, je ne regardais pas ! »

Cet inventaire servira d'aide-mémoire lors d'une rencontre avec une personne de notre choix — cinquième étape — et à laquelle nous en confierons le contenu : « Nous avons avoué à Dieu, à nous-mêmes et à un autre être humain la nature exacte de nos torts[3] ». Pour les avouer, il faut les avoir reconnus, nécessairement. Enfin, cet inventaire — nous l'avons déjà dit — nous permettra de savoir pertinemment ce que nous demanderons à Dieu d'éliminer en nous.

Cette quatrième étape franchie, nous nous sommes rendu compte qu'elle n'était pas si terrible. Cependant, pour la personne qui s'y engage, elle n'a rien d'affriolant. Au contraire rebutante, elle exige du courage : « Nous avons courageusement... » Dieu nous donnera ce courage ; et nous sachant accompagnés de lui, tout ira bien. Le parrain ou la marraine joue également un rôle de soutien et d'encouragement face au filleul procédant à cette étape.

Dernière considération avant de commencer l'inventaire : ne croyez pas qu'une heure ou deux suffiront, ce travail exige beaucoup plus de temps. La méthode suggérée plus loin se divisant en points précis, on pourra donc dresser l'inventaire point par point en travaillant une demi-heure, une heure ou davantage à la fois pour ne reprendre que le lendemain ou quelques jours plus tard. Aucun inconvénient, en travaillant peu à la fois, à prendre par exemple un mois avant de compléter l'inventaire. Rien ne presse tellement. D'autres préfèrent se retirer dans un endroit calme et y consacrer deux, trois ou quatre jours s'il le faut. Les deux façons sont bonnes ; ce n'est qu'une question de préférence. Pour une personne ne pouvant écrire, quelqu'un devrait suivre la méthode point par point et poser les questions pertinentes. Dans tous les autres cas, cette manière de procéder devrait être évitée. Car l'écrit, comme nous l'allons voir, possède des avantages certains.

De plus en plus — je dirais de façon générale — les membres consentent, sans discuter, à « écrire » leur inventaire. Mais encore quelques-uns ne comprennent pas l'utilité « d'écrire », disent-ils, ce qu'ils possèdent si bien « dans leur tête ». Cette manière de voir vient sans doute du fait qu'autrefois on avait l'impression de pratiquer la quatrième étape « en racontant sa vie ». Il ne s'agit nullement de raconter l'histoire de sa vie à la manière d'un roman ; cela devient évident quand on vérifie la façon de procéder indiquée à la page 84 du livre *Alcooliques Anonymes.* À l'intention de ceux qui ne seraient pas convaincus de dresser un inventaire « écrit », voici des références :

On peut relever, dans le livre des A.A., onze indications précises demandant « d'écrire » ou d'inscrire sur papier ce que nous découvrons. De plus, un modèle de la liste des ressentiments, présenté sur trois colonnes, porte à douze le nombre de ces indications. Les voici :

1. « Quand nous nous attaquons aux ressentiments, nous en faisons d'abord **une liste sur papier.** » (p. 84)
2. « **Sur notre liste** de ressentiments, nous ajoutons... » (p. 85)
3. « D'habitude, nous avons indiqué autant de précisions que dans l'exemple suivant : » (Cet exemple est celui d'une liste de ressentiments présentée sur trois colonnes.) (p. 85)
4. « Nous sommes retournés à notre **liste...** » (p. 86)
5. « Nous avons étudié de nouveau notre **liste...** » (p. 87)

6. « Quand nous avons découvert nos fautes, nous en avons fait la liste. » (p. 87)
7. « Nous les avons placées **en blanc et noir** devant nos yeux. » (p. 87)
8. « Nous les avons **inscrites sur papier...** » (Nos craintes.) (p. 88)
9. « Nous avons **tout inscrit sur papier**, et nous avons **étudié ce document.** » (p. 89)
10. « **...nous avons écrit** beaucoup de choses. » (p. 91)
11. « Nous avons **fait la liste** de nos ressentiments et nous les avons analysés. » (p. 91)
12. « Nous avons **fait la liste** des personnes... » (p. 91)

Voilà, je crois, de quoi dissiper tous les doutes !

Les avantages de l'écrit sont incontestables ; il fixe la pensée sur papier dans un ordre tel que ce qui a été vu n'est plus à revoir. N'oublions pas que la mémoire est une faculté qui oublie ! Les personnes prévoyantes dressent, au fur et à mesure, la liste des emplettes à effectuer. L'homme d'affaires méthodique inscrit sur un agenda le programme de sa journée. Pourquoi l'inventaire moral échapperait-il à cette règle de prudence en même temps que de commodité ?

La méthode : présentation matérielle de l'inventaire moral.

Nous y sommes : c'est le temps de vous munir d'un stylo et de papier. Il vaut beaucoup mieux utiliser un papier d'une grandeur d'environ 21 x 28 cm plutôt qu'un format de tablette de sténographie n'offrant guère l'espace suffisant.

Ayez aussi près de vous votre exemplaire du livre des Alcooliques Anonymes que les membres appellent le plus souvent le *Gros Livre* (de l'anglais : *Big Book*). Il faudrait y lire lentement le texte se rapportant à la quatrième étape depuis le deuxième paragraphe de la page 84 jusqu'à la fin de la page 91. Cette lecture vous permettra de constater la confirmité aux exigences A.A. de la méthode présentée plus loin.

Ceux qui ne possèdent pas le *Gros Livre* des Alcooliques Anonymes pourront se contenter de suivre les indications données ici. Car, du *Gros Livre* A.A., j'ai voulu suivre le texte — mieux : « l'esprit » — aussi fidèlement que possible. Voici donc, à titre de références, les phrases-clés justifiant le modèle d'inventaire présenté sitôt après :

1. « Quand nous nous attaquons aux ressentiments, nous en faisons d'abord une liste sur papier. » (p. 84)
2. « ...nous nous sommes rendu compte que les gens qui avaient des torts envers nous étaient peut-être spirituellement malades. » (p. 87)
3. « Rejetant de notre esprit les torts des autres envers nous, nous avons examiné résolument nos propres fautes. » (p. 87)
4. « Nous avons passé en revue avec soin toutes nos craintes. » (p. 88)
5. « Nous avons tous des problèmes sexuels. Nous serions difficilement des êtres humains si nous n'en avions pas. » (p. 89)
6. « ...et si vous avez fait un inventaire de vos principaux défauts... » (p. 91) (Seront alors considérées les grandes déficiences universelles : orgueil, colère, envie et jalousie, médisance et calomnie, etc.)
7. « ...et alors nous nous sommes apitoyés sur nous-mêmes. » (p. 86)

Premier point de l'inventaire moral : dresser une liste de nos ressentiments.

D'abord, voyons ce mot : ressentiment. Un ressentiment très vif, très marqué, sera accompagné de colère et parfois même d'un désir de vengeance. Cependant, un ressentiment moins profond pourrait être le fait de « re-sentir » ou « sentir à nouveau ». Ainsi, chaque fois que le nom d'une personne est mentionné ; qu'il arrive de penser à elle ou de la rencontrer ; « re-sentir », sentir à nouveau une blessure, une injustice, une injure, sans pour autant la détester au point de désirer exercer contre elle une vengeance. Un ressentiment s'exprime parfois ainsi : Je ne lui veux aucun mal, mais je préfère ne pas le (la) rencontrer ni en entendre parler. Cette dernière attitude ne présente pas trop d'inconvénients pour les étrangers, mais pour un proche parent elle peut devenir fort incommodante et embarrasser beaucoup de monde. Quoi qu'il en soit, il n'est pas question, pour le moment, de savoir si nous devrions ou non changer nos attitudes envers telle ou telle personne ; mais bien de dresser une liste de celles contre lesquelles nous éprouvons du ressentiment.

Nous n'insisterons jamais assez sur l'extrême importance de se débarrasser des ressentiments. Ceux-ci, étant contraires à l'amour, nous tiennent dangereusement en dehors de la zone de Dieu, à l'écart du message évangélique et dans des dispositions de cœur telles que nous nous fermons à la source de vie. « Le ressentiment est le coupable « numéro un ». Il détruit plus d'alcooliques que n'importe quelle autre chose[4]. » « Il est évident qu'une vie remplie de ressentiment profond ne mène qu'à la futilité et au malheur. Précisément dans la mesure où nous permettons l'existence de ces ressentiments, nous gaspillons les heures qui auraient pu avoir de la valeur. Mais pour l'alcoolique, dont l'espoir est de conserver et d'améliorer une expérience spirituelle, cette rancune est infiment grave. Nous nous sommes rendu compte qu'elle est fatale. Car, lorsque nous entretenons de tels sentiments, nous empêchons les rayons de soleil de l'Esprit de venir jusqu'à nous[5]. »

Avant de commencer à écrire la liste des ressentiments, bien vouloir diviser la feuille en trois colonnes, en tirant deux traits de haut en bas.

Dans la colonne de gauche on inscrira LES NOMS des personnes contre lesquelles nous éprouvons du ressentiment. Dans la colonne du centre, on inscrira LA BLESSURE ayant provoqué — ou provoquant encore — ce ressentiment. Quant à la COLONNE DE DROITE, de beaucoup la plus importante, elle servira à inscrire ce qui, en nous, fut blessé : blessures à notre ORGUEIL, notre SÉCURITÉ, NOS AMBITIONS, NOS RELATIONS PERSONNELLES (y compris le sexe). « Dans la plupart des cas, nous découvrons que notre estime de nous-mêmes, notre porte-monnaie, nos ambitions ou nos relations personnelles (y compris le sexe) ont été blessés ou menacés. C'est pourquoi nous étions amers. Nous étions « en feu ». » (*Gros Livre*, p. 84-85.)

Un ressentiment actuel peut remonter à la plus tendre enfance. En effet, il est possible qu'un éducateur vous ayant blessé, vous en ayez gardé un très mauvais souvenir. Bien plus, cet éducateur étant, par exemple, un religieux ou une religieuse, il n'est pas exclu que vous ayez conservé un goût amer contre tout le clergé et tout ce qui touche à la religion. C'est pourquoi nous étendrons notre recherche aux ressentiments depuis l'enfance jusqu'à ce jour.

Un point important à retenir : il n'est pas du tout

question de « se creuser » les méninges afin de trouver le plus de noms possible à inscrire. Un ressentiment, s'il existe, « monte » très vite ! Certaines personnes sont moins portées que d'autres au ressentiment ; si vous êtes de celles-là, vous inscrirez beaucoup moins de noms. Cependant, il est rare que toute une vie se soit passée sans ressentir quelque amertume ou agacement qui ne dure encore contre quelqu'un. Réfléchissez ! Nous ne disons pas « détester », mais « re-sentir ».

Il est temps maintenant de commencer à dresser la liste des ressentiments, laquelle, afin de rendre le travail plus commode, sera divisée en six parties :

Première partie : l'enfance.
Deuxième partie : l'adolescence.
Troisième partie : depuis que nous sommes indépendants... que nous avons commencé à vivre seuls...
Quatrième partie : depuis que nous sommes mariés.
Cinquième partie : au travail.
Sixième partie : avec les Alcooliques Anonymes (ou associations semblables).

Première partie : l'enfance (à la maison : les parents, frères et sœurs, oncles et tantes, serviteurs... à l'école : professeurs, compagnons...)

J'ai du ressentiment envers :	*La cause :*	*J'ai été atteint dans :*
1. Sœur Saint X	Professeur à tel couvent, m'avait humilié en classe, j'ai eu peur de passer pour un idiot... on a ri...	Mon amour-propre a été blessé (ORGUEIL) CRAINTE qu'on se moque de moi (PRESTIGE PERSONNEL)
2. Tante Rosa	Acariâtre et grincheuse, exagérait mes fautes et me faisait punir injustement...	Amour-propre blessé (ORGUEIL) et peur d'être toujours puni à cause d'elle (CRAINTE et INSÉCURITÉ).

En considérant la colonne de droite, on se rend compte que la CRAINTE, la PEUR, l'INSÉCURITÉ ainsi que l'ORGUEIL, l'AMOUR-PROPRE sont toujours en cause. À remarquer que dans le cas 2 (tante Rosa), on a tout à fait raison de lui tenir grief étant donné l'injustice commise. Cela n'a aucune importance : il y a du ressentiment, il faut l'inscrire. (L'injustice demeure le problème de tante Rosa !) Considérant maintenant la colonne du centre, on voit que peu de mots suffisent : il n'est pas question d'écrire un roman. Ces feuilles serviront plutôt d'aide-mémoire quand viendra le temps d'aller se raconter à une autre personne (cinquième étape). À ce moment-là, nous pourrons dire avec plus de détails ce qui est arrivé.

Deuxième partie : l'adolescence (à la maison... à l'école... les professeurs... les amis... la famille... la parenté...)

J'ai du ressentiment envers :	*La cause :*	*J'ai été atteint dans :*
3. Jeanne X...	Elle avait quinze ans, ne voulait jamais danser avec moi... refusait même de me parler... Elle préférait le grand insignifiant de XY,	Me suis senti rejeté (ORGUEIL). Amour-propre blessé.
4. Un élève	Était grand et fort... Premier de classe admiré des professeurs... je le jalousais...	(JALOUSIE). CRAINTE de ne pas être aussi aimé et admiré. (PRESTIGE PERSONNEL...)

Le cas n° 4 présente — dans la colonne de droite — la JALOUSIE. Il faut transformer JALOUSIE en CRAINTE et AMOUR-PROPRE (ORGUEIL) blessé. En effet, la JALOUSIE exprime la PEUR de ne pas paraître aussi bien qu'un autre, la peur de perdre un être cher... ce qui, évidemment, blesse notre AMOUR-PROPRE (ORGUEIL).

Troisième partie : (depuis que nous sommes indépendants, que nous avons commencé à vivre seuls...)

J'ai du ressentiment envers :	*La cause :*	*J'ai été atteint dans :*
5. Madame Sansgénie	Elle est folle, me regarde de haut, parle contre moi à mes amis et m'a brouillé avec l'un d'eux...	RELATIONS PERSONNELLES. Mon AMOUR-PROPRE (ORGUEIL) a été blessé... et CRAINTE qu'elle ne continue...

Encore une fois : même si des personnes ont « mérité », par leur conduite déplaisante, que nous nous en prenions à elles ; nous inscrivons leur nom sans nous soucier du fait qu'elles avaient tort envers nous. Ce que nous voulons étudier ici, ce sont nos réactions et nos blessures ; rien d'autre.

Quatrième partie : (depuis que nous sommes mariés : l'épouse... beaux-parents... beaux-frères et belles-sœurs... amis... serviteurs...)

J'ai du ressentiment envers :	*La cause :*	*J'ai été atteint dans :*
6. Mon épouse	Me critique sans cesse... Elle a sans doute une liaison avec Dupont... veut que j'enregistre la maison à son nom...	AMOUR-PROPRE blessé (ORGUEIL). RELATIONS PERSONNELLES et SEXUELLES menacées (CRAINTE) (INSÉCURITÉ) (PORTE-MONNAIE)
7. Mon beau-père	____________	____________

Cinquième partie : au travail. (Patrons, gérants, compagnons, etc.)

J'ai du ressentiment envers :	*La cause :*	*J'ai été atteint dans :*
8. Le patron	______________	______________
9. Le comptable	______________	______________

Sixième partie : Alcooliques Anonymes (ou autres associations semblables).

J'ai du ressentiment envers :	*La cause :*	*J'ai été atteint dans :*
10. Albertine X	Elle veut diriger le groupe. S'est permis de critiquer mon message...	CRAINTE qu'elle ne fasse du tort au groupe. Mon AMOUR-PROPRE (ORGUEIL) a été blessé...
11. Théophile G.	Parle trop de Dieu.	J'ai été atteint dans mes idées et convictions profondes (ORGUEIL).
12. Apollon L.	Ne parle pas assez de Dieu, ne parle que de ses cuites, est très vulgaire...	J'ai été atteint dans mes idées et convictions profondes (ORGUEIL) et CRAINTE que les valeurs spirituelles n'en souffrent...

Dans les première années d'A.A. surtout, nous ressentons « comme une peur » que nos convictions personnelles soient contestées. Toute opinion contraire à la nôtre est ressentie comme une attaque directe contre notre personne. Ce sentiment tend à disparaître avec les années, au fur et à mesure que croît la stabilité affective. Nous avons appris, avec le temps, que le seul A.A. vraiment important, c'est « le sien propre ». Nous avons été à même de constater que chacun exprime — du mieux qu'il peut — ce qu'il ressent profondément « pour le moment ». On devrait, dès leur arrivée, démontrer aux nouveaux venus l'extrême importance d'une liberté totale d'expression. En effet, si le droit est accordé d'empêcher un membre de s'exprimer comme il l'entend, votre liberté d'expression « à vous » sera diminuée d'autant quand viendra votre tour de parler. D'ailleurs, chacun ne cherche-t-il pas à offrir vraiment le meilleur de lui-même ? Et vous ? n'en faites-vous pas autant ? Nous ne sommes pas sans savoir le réel chagrin causé par une critique destructive. Ne travaillant jamais à titre de professionnels, les membres A.A. n'ont droit qu'à notre respect et notre reconnaissance. Rien d'autre. Si un membre nous plaît moins, nous savons de par notre expérience qu'il vaut mieux l'oublier. Parler sans cesse de lui ne fera qu'entretenir notre ressentiment et ne changera en rien sa manière de voir. Et si nous avions une occasion de le rencontrer et de le mieux connaître, il se pourrait bien que nous changions d'avis à son sujet. Souvent, à connaître les gens, on apprend à les aimer. Rien à perdre à essayer !

Inscrire maintenant les institutions et les principes contre lesquels NOUS ÉPROUVONS DU RESSENTIMENT :

J'ai du ressentiment envers :	*La cause :*	*J'ai été atteint dans :*
Le gouvernement.	______________	______________
Le clergé.	______________	______________
Les médecins.	______________	______________
La police.	______________	______________
La question de Dieu.	______________	______________
Les riches.	______________	______________
Les gens instruits.	______________	______________
Les Noirs, les Juifs ou autres races.	______________	______________
Certaines femmes en veulent aux femmes.	______________	______________
Certaines femmes en veulent aux hommes.	______________	______________
Certains hommes en veulent aux femmes.	______________	______________
Etc.	______________	______________

La COLONNE DE DROITE étant la plus importante, jetons-y un coup d'œil. Nous constaterons que notre « amour-propre », notre « orgueil » furent souvent blessés, pour ne pas dire toujours. Notre MOI en a pris un bon coup ! Et notre « petit moi » blessé se révolte, se met en colère et déblatère contre les malappris qui l'ont attaqué ! En effet, pourquoi donc nous mettrions-nous en colère contre quelqu'un ne s'en prenant pas à notre « petit moi » ? Si, devant un groupe d'amis, on vous fait remarquer cet édifice lourd, laid, morne, assommant ; vous serez plus ou moins d'accord, sans plus. Mais... si c'était vous l'architecte ? On voit tout de suite la nuance, n'est-ce pas ? Le MOI se sentant attaqué dans une dimension très chère : la profession, le bon goût, le sens artistique ; l'orgueil se rebiffera et le ressentiment naîtra.

Si nous pouvions accorder moins d'importance à notre personne ; comme tout deviendrait plus facile, plus doux, plus calme, plus harmonisé ! D'ailleurs, notre qualité d'être ne vient guère « de ce que les autres pensent de nous », mais bien « de ce que NOUS SOMMES ». Si vous êtes un bon architecte et en êtes conscient ; vous pouvez évaluer vos œuvres sans être le moins du monde dérangé par la remarque désagréable d'un tiers. Et si quelqu'un vous prenait pour un extraordinaire génie ; le croiriez-vous simplement parce qu'il le pense ? Il en va de même quand on vous déclare que vous ne valez rien : ne croyez pas tout ce qu'on vous dit ! Soyons donc « nous-mêmes », en ramenant notre MOI à ses justes proportions ; voilà l'humilité ! Hélas ! nous sommes plutôt enclins à agir comme la grenouille ; à gonfler notre MOI jusqu'à ce qu'il éclate ! Mais ce n'est pas parce que vous venez de lire ces lignes — ni que je les ai écrites — que vous et moi sommes capables de ramener notre MOI à ses proportions réelles. Tout au plus sommes-nous conscients de cette nécessité ; c'est beaucoup.

Déjà convaincus que Dieu nous aime tels que nous sommes, notre MOI aura moins besoin de se gonfler. Et si par surcroît nous sommes attentifs à l'affection de ceux qui nous entourent, notre MOI y gagnera encore d'autant.

Deuxième point de l'inventaire.

Pour ce deuxième point, la feuille ne sera plus divisée en trois colonnes. On écrira suivant l'exemple ci-après. Il importe ici de repasser tous les noms déjà inscrits sur la liste de ressentiments et de prendre le temps de réfléchir sur chacun d'eux. Supposons que la première personne inscrite sur votre liste soit votre père ; votre réflexion pourrait se poursuivre à peu près comme ceci :

Mon père. Quelle qualité de vie a-t-il connue ? Était-il heureux ? Pouvait-il s'exprimer ? Ne souffrait-il pas lui-même beaucoup ? S'il avait été heureux, épanoui, libéré, n'aurait-il pas autrement agi avec ses enfants ?

Cette réflexion faite, nous commençons à comprendre la souffrance des autres ; à découvrir que, plus heureux, ils auraient été plus ouverts et plus compréhensifs. C'est alors que NOUS DEVONS CONSENTIR — AVEC DIEU — À ACCORDER DES PARDONS. Cette dernière phrase demande explications. Le pardon, nous le savons, exprime l'amour ; il en est le critère. Il devient alors presque impossible de pardonner à quelqu'un que l'on déteste et, sans l'aide de Dieu, nous risquons bien de ne pas y parvenir du fond du cœur. En effet, si l'amour paternel ou maternel pardonne à ses enfants — encore que cela ne soit pas toujours facile — on peut comprendre la difficulté de pardonner quand l'amour n'existe pas du tout. Alors une prière peut se dire comme ceci : « Mon Dieu, je suis incapable de pardonner, mais je « consens », je « veux bien » à cause de toi, pour toi qui le demandes. Amène-moi, graduellement, dans le temps, à ce pardon ». Étant donné que notre relation avec Dieu est au niveau de l'amour, il sera relativement plus facile de pardonner « par amour pour Dieu » qui nous demande de le faire, que d'essayer de pardonner par amour pour une personne « que nous n'aimons pas ». Il suffit de « consentir AVEC Dieu » à pardonner et répéter ce consentement chaque fois que notre ressentiment ressurgira. Vous verrez comme Dieu transforme les cœurs.

Puis, nous passons au nom suivant. S'agit-il d'une religieuse ou d'un religieux nous ayant malmené à l'occasion ? Nous inscrivons son nom et amorçons notre réflexion :

Sœur Saint X : Quel âge pouvait-elle bien avoir ? Était-elle prête pour la tâche qu'on lui assignait ? De plus, est-ce tellement grave ce qu'elle a dit ou fait ? En suis-je resté infirme ? Ne se pourrait-il pas, à cause de mon très jeune âge, que j'aie exagéré l'importance de ce qu'elle a dit ? Était-elle heureuse à cette époque où on n'aurait jamais osé quitter l'habit même si l'on regrettait l'avoir pris ? Etc.

Ici encore, il faudra prendre soin de ne pas identifier « toutes les religieuses » à Sœur Saint X. N'y avait-il pas dans cette institution quelques religieuses qui aient été bonnes pour vous ? qui vous aient apporté quelque réconfort et considération ? Quoi qu'il en soit, il est temps, après vingt années ou plus, de mettre fin à ce ressentiment. Nous « consentons » encore une fois « avec Dieu » à pardonner. Cela viendra. Soyez généreux, allez-y du fond du cœur ! Nous devons, si nous voulons devenir heureux, consentir absolument à quitter cette zone de mesquinerie qu'est le ressentiment pour passer résolument dans celle de Dieu : l'amour et le pardon.

Il faut ainsi consentir à pardonner à tous ceux que nous avons inscrits. C'est Dieu, ne l'oublions pas, qui nous amènera à un vrai pardon. Vous pourrez vous rendre compte bientôt que des blessures tenues pour inguérissables se refermeront et qu'à leur place se formeront des îlots de paix et de tendresse. C'est le miracle que Dieu nous offre : celui de l'amour. On dit que le bonheur ne s'achète pas ; c'est peut-être faux. Je suis convaincu qu'on peut en acheter de gros morceaux à force de pardons. Voilà donc pour ce deuxième point de l'inventaire.

Je voudrais, avant d'entreprendre le troisième point, me permettre une remarque : si vous êtes fatigué, arrêtez-vous. Ne forcez pas la note ; vous reprendrez votre travail plus tard. Il se peut également que cette partie de l'inventaire vous ait coupé les ailes au point de vous demander à quoi bon remonter tant d'années en arrière afin de ressasser de vieilles querelles. Ne vaudrait-il pas mieux oublier tout cela ; le chasser à jamais de notre esprit ? D'ailleurs, n'est-il pas fortement recommandé dans A.A., de ne vivre que vingt-quatre heures à la fois sans se soucier ni du passé ni de l'avenir ? « Ne regarde pas le passé, entend-on souvent, tu risques de te blesser inutilement ; si une pensée te pèse, éloigne-la aussitôt. » Cette forme de défense mentale ressemble étrangement au refoulement : « terme créé par Freud. Il [le refoulement] désigne un processus mental par lequel des pensées qui seraient insupportables au moi conscient sont réprimées dans le ça inconscient. Quoique refoulées dans l'inconscient, ces pensées restent actives. Elles influencent l'affectivité du sujet, et le moi doit toujours lutter contre leur réapparition dans le champs de la conscience[6] ».

Je puis vous donner tout de suite un truc afin d'éviter de refouler sans cesse des pensées insupportables au moi. Imaginons qu'au temps où vous buviez, vous vous soyez rendu ridicule, voire même vulgaire et grossier à une réunion très huppée. Ce souvenir vous revient de temps à autre et, ne pouvant supporter de vous revoir en pensée dans cette même situation pénible, vous faites mentalement le geste de chasser aussitôt l'image dévalorisante. Elle reviendra et vous aurez la même réaction. Ce qu'il faut faire ; c'est « accepter » cette réalité en laissant « monter » librement à la conscience la scène disgracieuse et se passer la réflexion suivante : « Il ne sert à rien de vouloir nier que dans le passé, je me sois permis cette gaffe monumentale ». Et, bien que cela soit un peu dur pour l'amour-propre, je recommande de prier : « Mon Dieu, j'ai beaucoup de mal quand ce souvenir me revient, mais, « avec toi », je consens à accepter le fait d'avoir commis cette sottise. Je ne veux plus fuir cette pensée. J'accepte — et aide-moi à accepter — de m'être conduit comme un parfait imbécile. Amen ». Je puis vous assurer que si cette pensée vous revient, elle ne vous fera plus jamais aucun mal. Pourquoi ? Parce que le moi conscient a consenti à accepter la pensée douloureuse et que, par surcroît, vous avez bien senti que Dieu vous comprenait et vous accompagnait dans cet instant difficile d'acceptation. Parlez-en aussi avec votre parrain ou une personne que vous aimez et qui vous aime. Essayez ! Il vaut beaucoup mieux accepter les réalités de son passé que les fuir !

Troisième point de l'inventaire moral.

Ce troisième point de l'inventaire se travaille encore à partir de notre liste des ressentiments. Nous en voulions à ces personnes, pour des raisons déjà étudiées. Cependant, ne se pourrait-il pas que « nous ayons également causé des torts » à ces mêmes personnes ? Si tel est le cas, nous en inscrivons les noms sur une feuille à part que nous conserverons en vue de la huitième étape. « Rejetant de notre esprit les torts des autres envers nous, nous avons examiné résolument nos propres fautes. Quand avions-nous été égoïstes, malhonnêtes, pleins de nous-mêmes et effrayés ? » (*Gros Livre*, p. 87.)

Par exemple, nous avions inscrit sur notre liste des ressentiments une belle-sœur :

Ma belle-sœur : Il est vrai que ma belle-sœur n'a jamais manqué une occasion de dire que je n'étais qu'un ivrogne borné et profiteur. Cependant, j'ai bel et bien emprunté à son mari — mon frère — quatre mille dollars et lorsqu'elle me rappela que cette somme était due, je lui répondis qu'elle n'était qu'une avare mesquine ; que cette affaire entre mon frère et moi ne la regardait nullement et qu'elle n'avait qu'à « se la fermer ! » (Orgueil — Peur d'être forcé de rembourser — Égoïsme — Malhonnêteté — Insolence.) On peut facilement s'imaginer l'agressivité de cette belle-sœur.

Le travail se poursuit en considérant chacun des autres noms. Si nous découvrons avoir eu tort envers huit personnes (par exemple, sur une liste de quinze) nous aurons alors inscrit huit noms sur « la feuille à part » dont nous avons déjà parlé. Quant à la remise de la dette dont il est question plus haut, ainsi que la réparation des autres torts, nous y verrons lors de la neuvième étape. La pensée de réparer nos torts ne doit pas nous préoccuper maintenant ; c'est trop tôt. Nous ne possédons ni la préparation ni la solidité nécessaires. Quatre étapes sont encore à franchir, ne l'oublions pas.

Quatrième point de l'inventaire moral.

Voici le moment d'apprendre à nous pardonner. Sans vouloir développer cette attitude bornée qui nous ferait diminuer et l'offense et la responsabilité ; reconnaissons que refuser de se pardonner, dramatiser, « claquer une jaunisse », n'arrangera tout de même rien. Cela équivaudrait par-dessus tout à faire obstacle au pardon de Dieu. Nous avons ensemble longuement considéré l'amour comme critère du pardon. Puisque Dieu est amour, il n'est que pardon. Dieu pardonne toujours ; seuls les humains pardonnent rarement du fond du cœur. Dieu ne nous étiquette point selon notre passé mais place toute sa joie à se tourner avec nous, main dans la main, vers ce que nous souhaitons devenir. Si Dieu nous pardonne si généreusement, pourquoi alors ferions-nous obstacle à cette source de vie en refusant de nous pardonner à nous-mêmes ? C'est toujours « nous » qui bloquons l'amour, le pardon de Dieu.

Ce quatrième point de l'inventaire consiste donc à « consentir, avec Dieu, à nous pardonner ». Nous avons connu des cas où se pardonner devenait extrêmement pénible ; en voici un exemple : histoire d'aller se verser un autre verre, une mère quitte son bébé qu'elle tenait assis sur une table, répond au téléphone et oublie ce dernier qui, faisant une chute, restera infirme à vie. Chaque fois qu'elle voit sa grande fille ayant une jambe plus courte que l'autre, cette femme ne peut oublier : « Je me suis pardonnée, m'avouait-elle, mais il m'a fallu rien moins que l'aide de Dieu pour y parvenir ». Dans les cas affligeants comme celui-là, il est bon de prier comme ceci : « Mon Dieu, je suis incapable d'oublier, de me pardonner, mais à cause de toi qui me pardonnes, je veux bien, je consens à me pardonner. Aide-moi à y parvenir. Aide-moi à accepter cette réalité de ma vie. Amen ». Cet exercice de pardon sera exécuté pour chacun des noms — nous avions dit huit — et cela terminera alors le quatrième point de l'inventaire.

Cinquième point de l'inventaire moral.

Ce point de l'inventaire se rapporte à une étude sérieuse de nos CRAINTES. Nous avons déjà admis (dans la colonne de droite de la liste des ressentiments) plusieurs peurs ou craintes dont celles de moins bien paraître, d'être moins aimés ou admirés, de nous voir atteints dans notre porte-monnaie, de perdre un être cher (jalousie), et j'en passe. Nous sommes tous — alcooliques ou non — habités par des craintes : inquiétudes face à la situation économique, la maladie, la vieillesse, la solitude, la mort. Certains craignent pour leurs enfants ; quelques-uns, pour leurs parents ; d'autres, pour eux-mêmes. Il arrive que ces craintes soient justifiées mais aussi qu'elles n'aient aucun fondement. Quoi qu'il en soit, la peur est parfaitement inutile et toujours très mauvaise conseillère ; il ne faut jamais agir sous son emprise. Mieux vaut prier d'abord afin de se calmer pour ensuite confier cette crainte au parrain ou à la marraine. On agira avec plus de discernement par après.

Cela dit sur la peur, il ne faudrait point la confondre avec la prudence, véritable vertu. Il serait bête, sous prétexte d'éliminer la peur, de verser dans la témérité.

Il est prudent, avant de prendre certaines décisions, de savoir attendre, consulter, examiner le pour et le contre. Gardons-nous surtout de croire que les membres — y compris le parrain ou la marraine — auraient toujours la compétence nécessaire pour nous conseiller en toutes choses. Si, par exemple, votre problème est d'ordre juridique, consultez un avocat. Ce dernier peut bien faire partie d'A.A., mais c'est en sa qualité d'avocat, et non de membre, que vous retiendrez ses service.

Donc : « Nous avons passé en revue avec soin toutes nos craintes. Nous les avons inscrites sur papier, même si elles n'étaient pas accompagnées de ressentiment. Nous nous sommes demandé pourquoi elles étaient en nous ». (*Gros Livre*, p. 88.) Personne ne peut prévoir avec certitude ce que sera sa vie dans quelques années, ni même dans les prochains mois. En outre, bien des problèmes, exigeant une solution immédiate, vous désarmeront tout à fait et vous laisseront complètement impuissants. Pour ce fils ou cette fille de vingt ans traînant les rues en quête de drogue et d'alcool, et en qui vous aviez mis tous vos espoirs ; que pourrez-vous donc faire ? Vous en remettre à Dieu, croire, espérer, attendre et aimer.

À chacune des « craintes » ou « peurs » que nous inscrivons, nous nous posons les questions suivantes : cette peur est-elle fondée ? Si oui, que puis-je faire ? Si vous y pouvez quelque chose, faites-le. Après quoi, vous vous en remettrez à Dieu. Cependant, je veux répéter : si nous pouvons agir, agissons d'abord en prenant soin de le faire dans le calme et après avoir consulté.

Avant de clore ce cinquième point de l'inventaire, j'aimerais ajouter qu'une certaine inquiétude, une certaine dose d'angoisse sont tout à fait normales dans la vie. Comment pourrait-on imaginer toute une existence sans la moindre inquiétude, sans la moindre angoisse ? Parce que nous faisons partie d'A.A. et que nous vivons selon des principes spirituels, nous ne sommes pas à jamais immunisés contre les inquiétudes qu'ont connues nos père et mère, frères et sœurs, oncles et tantes pourtant très croyants. La vie présente les mêmes difficultés aux croyants qu'aux athées ! La foi doit nous apporter le « courage » de vivre dans un certain climat de sérénité malgré « tous les malgré » et nous aider à nous tenir debout sans toujours « dramatiser » la moindre inquiétude. Enfin, dans les moments de peur et d'angoisse, il faut recourir à la prière absolument. Le Christ n'a pas trouvé meilleure solution. Les réponses viendront si nous savons attendre avec confiance.

Certaines angoisses sont immédiatement insurmontables : il faudra accepter, avec Dieu, de les subir. Je pense, par exemple, au cas d'un enfant dont on ne sait pas s'il va survivre ou mourir. La prière pourrait se dire comme ceci : « Mon Dieu j'accepte, avec toi, cette attente angoissante, cette terrible souffrance parce que tu as autrefois donné un visage à l'angoisse et à la souffrance. Accompagne-moi dans ma douleur et donne-moi le courage de ne pas céder au désespoir. Amen ». La foi n'est pas tellement faite pour enlever la souffrance comme pour nous donner le courage de la supporter. C'est Paul Claudel qui écrit dans *Pages de prose*: « Le fils de Dieu n'est pas venu pour détruire la souffrance, mais pour souffrir avec nous. Il n'est pas venu pour détruire la croix, mais pour s'étendre dessus[7] ».

Liste de mes craintes ou peurs : ________________

____

____

____

____

____

____

____

____

____

Sixième point de l'inventaire moral.

L'objet de ce sixième point de l'inventaire : le comportement sexuel. Le domaine de la sexualité étant extrêmement compliqué, des centaines de milliers de livres y sont consacrés. Bien des sexologues, psychiatres, psychanalistes, face à certaines situations, ne pourront, bien souvent, apporter les solutions attendues. Il ne sera donc pas question ici de trouver des solutions à tous les problèmes, mais d'essayer de s'arrêter et de réfléchir en espérant y mettre un peu plus d'ordre et de limiter les dégâts.

« Nous ne voulons être l'arbitre de personne en ce qui concerne le sexe. Nous avons tous des problèmes sexuels. Nous serions difficilement des êtres humains si nous n'en avions pas. Que pouvons-nous faire à ce sujet ? Nous avons passé en revue notre conduite pendant les années passées. Quand avons-nous été ÉGOÏS-

TES, MALHONNÊTES OU IRRÉFLÉCHIS ? À QUI avons-nous FAIT TORT ? Avons-nous fait naître sans justification la JALOUSIE, les SOUPÇONS OU L'AMERTUME ? Quand nous avons eu tort, qu'aurions-nous dû faire au lieu d'agir comme nous l'avons fait ? Nous avons tout inscrit sur papier, et nous avons étudié ce document[8]. »

Les problèmes d'ordre sexuel devraient être traités comme n'importe quel autre. Mais notre éducation nous a-t-elle préparés à une réflexion calme et dégagée sur notre façon de nous conduire dans ce domaine ? Hélas non ! Je ne crois pas nécessaire d'insister. Rappelons simplement que le Christ n'a pas hésité le moindrement à accueillir Marie-Madeleine, à lui pardonner et à faire d'elle une amie habituelle de son groupe, tout comme s'il s'était agi d'une voleuse par exemple. Et Dieu lui-même ne s'est-il pas placé carrément — et avec quelle insolence ! — du côté de la femme adultère. Toutefois, il faudra prendre garde de confondre « pardonner » avec « approuver ». Dieu n'approuve pas nos bêtises, même s'il les pardonne ! il nous appelle — et nous rendra plus aptes (c'est la grâce) — à nous conduire avec plus de discernement. Est-il besoin de dire que beaucoup commettront encore bien des erreurs et que leur croissance ne sera que progressive, parfois lente ? Néanmoins, nous ne devrons pas nous décourager ; il faudra demeurer confiants qu'à travers les années, Dieu réussira là où nous échouons toujours. « Nous avons demandé à Dieu de nous indiquer notre idéal et de nous aider à vivre en conséquence. » (*Gros Livre*, p. 89.)

Il est temps de commencer à dresser notre liste (comportement sexuel). Vis-à-vis chacun des noms que nous inscrirons, les questions à nous poser sont les suivantes :

Quand avons-nous été :

a) égoïstes ?

b) malhonnêtes ?

c) irréfléchis ?

d) à qui avons-nous fait du tort ?

Avons-nous fait naître, sans justification :

a) la jalousie ?

b) les soupçons ?

c) l'amertume, le chagrin ?

Quand nous avons eu tort, qu'aurions-nous dû faire au lieu d'agir comme nous l'avons fait ? ___________

____

____

____

Enfin, « quel que soit l'idéal adopté, nous devons nous disposer à grandir dans cette direction. Nous devons être prêts à réparer les torts que nous avons causés, À CONDITION DE NE PAS FAIRE PLUS DE TORT À QUELQU'UN en agissant ainsi. Autrement dit, nous traitons le sexe comme nous traiterions tout autre problème. Dans nos méditations, nous demandons à Dieu ce que nous devrions faire en chaque circonstance. La bonne réponse viendra, SI NOUS LA DÉSIRONS ». (*Gros Livre*, p. 90.) (Les majuscules sont de moi.)

Je voudrais reprendre la toute dernière phrase du paragraphe précédent : La bonne réponse viendra SI NOUS LA DÉSIRONS. Certaines personnes m'ont confié qu'il leur avait fallu du temps avant de désirer sincèrement changer dans le domaine de la sexualité. Beaucoup n'en voient pas non plus la nécessité. Quoi qu'il en soit, on ne devrait pas s'attendre, en ce qui concerne nos déficiences, à un changement subit et définitif comme ce fut le cas pour l'alcool. C'est Bill W. lui-même qui écrivait que : « Si la foi et l'acceptation nous ont totalement débarrassés de l'alcool, elles ne pourraient donner, en ce qui concerne nos problèmes émotifs, que des résultats très relatifs. Par exemple, dit-il, personne ne peut se libérer totalement de la peur, de la colère, de l'orgueil. Aussi n'atteindrons-nous jamais l'humilité parfaite non plus que la faculté d'aimer d'une façon idéale. Par conséquent, nous ne devons nous attendre, pour ce qui est de la plupart de nos difficultés, qu'à une amélioration très progressive marquée quelques fois de décevants retours en arrière. Notre vieille attitude du « tout ou rien » devra être abandonnée[9] ». Pour corriger certaines déficiences, il faudra — à quelques individus — des années. Et encore, personne ne pourra se vanter d'avoir atteint la perfection en quelque domaine que ce soit. D'autres enfin, trop blessés, ne pourront pas rétablir l'équilibre et devront accepter de vivre avec leurs infirmités psychologiques. Il y a une certaine forme d'équilibre à apprendre à vivre avec ses propres déséquilibres.

« Pour nous résumer en ce qui concerne le sexe, nous prions honnêtement pour connaître notre véritable idéal, pour obtenir de l'aide dans chaque situation douteuse, pour avoir un jugement sain et pour obtenir la force de faire le bien. Si le sexe nous donne beaucoup de problèmes, NOUS ESSAYONS D'AIDER LES AUTRES DAVANTAGE. Nous pensons à leurs besoins et nous essayons de leur trouver des solutions. Cela a le don de nous sortir de nous-mêmes. » (*Gros Livre*, p. 90.) (Les majuscules sont de moi.)

Septième point de l'inventaire moral.

Ce septième point est relativement simple : dresser une liste de nos sujets d'apitoiement. Bien que le *Gros Livre* des Alcooliques Anonymes n'en propose guère une analyse systématique, il est question de l'apitoiement à la page 86. Certaines personnes passent la moitié de leur vie à se plaindre de tout et de rien ; elles « sont nées pour un petit pain », « n'ont pas de veine », « n'ont pas eu la chance de s'instruire... » vous connaissez la chanson ! On dit d'elles qu'elles sont négatives ; leur tendance à l'apitoiement est grande. Cependant, sans être à ce point négatifs, ne nous arrive-t-il pas de temps à autre de nous apitoyer sur la vie, sur notre sort, sur nous-mêmes ? Il sera certainement très bon de dresser la liste de nos sujets d'apitoiement afin de pouvoir d'abord demander à Dieu le courage d'accepter les réalités de notre vie, et ensuite en parler à quelqu'un. (Cinquième étape.)

J'ai tendance à m'apitoyer, à me plaindre, à larmoyer :

Sur le passé : Si je n'avais pas bu... Si mon mari n'avait pas bu... Si cet accident n'était pas arrivé... (Éternels regrets.)

Sur le présent : Cette maison est moins belle que celle que nous avions... Mon conjoint ne me comprend pas... Les enfants ne nous écoutent plus, quelle époque ! Si nous avions plus d'argent... Les amis... (Regrets, peurs.)

Sur l'avenir : Si cela continue, que deviendrons-nous ? Si seulement j'étais plus jeune, ce n'est pas drôle de vieillir... (Regrets, peurs.)

Sur moi-même : Trop grand, trop petit, trop gras, si j'étais plus beau... Si j'étais plus instruit, si j'avais voyagé, si j'avais été élevé dans un milieu plus favorisé... (Éternels regrets.) Si j'étais moins timide... si je pouvais m'exprimer... (Manque de confiance en soi, peurs, regrets.)

En ce qui concerne les réunions A.A. : On ne m'accorde pas assez d'importance... (Insécurité.) On ne m'a pas tendu la main à tel groupe... Un Tel m'a dit des choses blessantes...

Comme on peut le constater, toutes ces plaintes expriment un refus d'accepter la réalité passée et présente comme un fait accompli. Quant à l'avenir, il ne s'agit là que de suppositions arbitraires ; il pourrait s'avérer totalement différent de ce vous imaginez.

Que faire ? On ne devient pas positif du jour au lendemain, mais on peut tout de suite essayer de développer l'attitude positive par la prière. Demandons à Dieu de nous amener à accepter, une fois pour toutes, notre passé. Appuyons-nous aussi sur lui pour nous donner le courage de vivre le présent et, enfin, faisons-lui confiance pour l'avenir. Sommes-nous en train de nous apitoyer ? Pratiquons alors la prière de gratitude en passant en revue tous les bienfaits reçus jusqu'à ce jour et prenant soin de remercier pour chacun d'eux. Enfin, cesser de rêver et « accepter » s'avèrent aussi d'excellents antidotes contre l'apitoiement. Cela termine le septième point.

Si vous êtes fatigué, arrêtez-vous pour reprendre plus tard. Ne vous pressez pas pour finir cet inventaire au point de travailler dans la fatigue ; vous seriez moins lucide. Prenez un café... détendez-vous.

Huitième point de l'inventaire moral.

Dans le dernier paragraphe de la page 91 du *Gros Livre* des Alcooliques Anonymes, nous lisons ceci : « ...et si vous avez fait un inventaire de vos principaux défauts... » Encouragez-vous ; c'est bientôt terminé. Certes, nous avons analysé beaucoup d'orgueil, des craintes, des peurs, des ressentiments et de la colère face à des personnes qui nous ont marché sur les pieds. Mais aujourd'hui, et par rapport à nous-mêmes, où en sommes-nous avec l'orgueil, la colère et la violence, l'envie, l'avarice, la paresse, la gourmandise ? Je n'ai pas mentionné l'ivrognerie puisque nous sommes alcooliques et que nous ne buvons plus ; mais « les autres » pourraient sans doute s'interroger là-dessus. Quant à la luxure, que je n'ai pas non plus mentionnée, elle fut considérée au sixième point de l'inventaire : le comportement sexuel. Nous ajouterons :

a) L'égoïsme, l'égocentrisme, l'égotisme.
b) Le mensonge, le faux témoignange, la médisance, la calomnie.
c) Le vol, la fraude, autres crimes.
d) La manie de persécution, la ségrégation.
e) Le sens critique, l'esprit de critique et l'intolérance.
f) La pureté de l'intention.
g) La question de l'argent — de posséder des biens.
h) La question du « grand amour ».
i) Ce qui, dans le présent inventaire, aurait pu vous échapper.

L'orgueil :

Nous en avons beaucoup parlé dans la liste des ressentiments. Nous nous sommes rendu compte que nous pardonnons difficilement les attaques dirigées contre notre « petit moi ». L'orgueil déclenche toute une série de réactions dont la plus immédiate est le ressentiment parfois violent. Celui-ci engendre la colère qui, à son tour peut engendrer la vengeance laquelle s'exprimera au moyen de calomnies ou de médisances, de jalousie et d'envie suscitant des injustices de toutes sortes, brisant des amitiés et des liens familiaux. Enfin, l'orgueil entraîne toujours l'égoïsme. En effet, l'orgueilleux, se croyant supérieur à tous, trouvera tout à fait normal qu'il n'y en ait que pour lui. C'est pourquoi nous réfléchirons, dans les lignes qui suivent, à toutes ces tares dont l'orgueil est le plus souvent la cause. Il ne faudrait pas se désoler de se voir orgueilleux ; qui ne l'est pas ? La désolation serait justement « de ne pas nous voir » comme tels. C'est une inestimable richesse que cette capacité de « voir » nos travers ; elle suscite en nous le désir de nous tourner vers Dieu afin qu'il nous aide à y remédier. Il le fera si nous le désirons.

D'autres formes plus diluées de l'orgueil seront considérées maintenant. LA VANITÉ : elle porte à faire des folies. Par exemple, on dépensera plus que ses moyens le permettent pour des fourrures, des bijoux, une voiture, etc. Elle pourra amener un sujet à parler de lui-même en exagérant les faits, les exploits, etc. Elle n'est qu'une forme subtile de l'orgueil.

Nous écrivons donc (si nous nous voyons vaniteux) : Je suis vaniteux. Cette vanité se manifeste de telle façon : ______________________________

____

Une autre forme diluée de l'orgueil : la susceptibilité. Facilité qu'ont certaines personnes à se vexer. On ne peut rien leur dire : la plus petite remarque désobligeante, parfois fort à propos, les rend « pointues ». Ces personnes sont toujours vexées, blessées, outrées, démontées, interdites, interloquées, insultées, etc. Mais ne vous chagrinez pas si vous vous reconnaissez susceptible ; cela démontre que vous avez un grand besoin d'être aimé et que la moindre infraction à cette règle vous fait de la peine outre mesure. On omet de vous tendre la main ? Ne croyez pas toujours qu'on veut délibérément vous blesser ; on a peut-être oublié. Quoi qu'il en soit, l'amour que Dieu vous porte et celui que vous témoigneront vos amis A.A. auront tôt fait de combler votre immense besoin d'amour et, petit à petit, vous deviendrez moins sensible aux inévitables vexations de la vie.

Suis-je facilement vexé ? Si oui : Voulait-on réellement me blesser ? ______________________________

____

Est-ce si important ? ______________________

____

Quelle attitude devrais-je adopter ? etc. __________

____

____

Afin de nous aider à mieux réfléchir sur notre orgueil, voici quelques excuses parfois commodes :

— Chacun n'a-t-il pas son amour-propre ? sa fierté ? (Bien sûr. Mais cela vaut-il la peine de se rendre malheureux « en claquant une jaunisse » ?)
— Notre honneur en jeu.
— Notre fameuse dignité.
— Notre non moins fameux rang social.
— « Après tout, ne suis-je pas le chef de la famille. »
— « Je suis supérieur. »
— « J'ai plus de compétence que lui, mes papiers le prouvent. »
— « C'est moi, après tout, qui ai fondé ce groupe. »

Pour terminer, nous nous posons des questions relatives à l'image que nous voulions projeter (que nous voulons encore projeter) à ce que nous rêvions devenir :

Depuis l'enfance, ai-je désiré trop fortement des choses que la vie ne pouvait m'offrir ? ________________

____

Ai-je peur de ne pas être aussi intelligent que d'autres ?

____

____

Est-ce que je me crois supérieurement intelligent ? Si oui, est-ce vraiment le cas ? ________________

____

Me suis-je fabriqué des rêves que je n'ai pas réussi à réaliser ? ______________________________

____

Regrets de n'être pas plus riche ? ______________

____

Plus important ? ________________________

____

Plus admiré ? Adulé ? ____________________

____

Puis-je m'accepter tel que je suis ? ____________

____

Il semble que la difficulté ne soit pas tellement de nous ACCEPTER TELS QUE NOUS SOMMES mais bien plutôt D'ACCEPTER DE NE PAS ÊTRE DEVENUS CE QUE NOUS AVIONS RÊVÉ DEVENIR. Cette forme « d'orgueil souffrant » nous conduit souvent à nous dévaloriser, à ne pas croire à toute la beauté qui nous habite ; c'est dommage. Pour connaître notre importance — dans le bon sens — ne comptons ni nos succès ni notre argent ; n'accrochons point diplômes et promotions, mais comptons ceux qui nous aiment, ceux à qui nous avons fait un peu de bien ainsi que ceux qui se sont appliqués à nous en faire. Voilà notre vraie richesse, la vraie manière d'être quelqu'un : être quelqu'un pour quelques-uns. Au diable le vedettariat !

La colère :

Ses sous-produits, si l'on peut s'exprimer ainsi, sont L'IMPATIENCE, L'AGRESSIVITÉ, LA MAUVAISE HUMEUR, LA BOUDERIE (colère intérieure, ressemble au ressentiment). Quand nous mettons-nous en colère ? N'est-ce pas à chaque fois que notre orgueil est blessé ? Chaque fois que l'on n'est pas d'accord avec nous ? Nous qui avons toujours raison ? Quand on nous reproche notre passé ? Notre façon d'agir ? En somme, même si ces reproches sont parfois injustifiés, ne peut-on pas conclure que notre amour-propre blessé, notre orgueil, l'excellente opinion que nous avons de nous-mêmes sont, le plus souvent, la cause de nos colères, petites ou grandes ?

Avec qui ai-je tendance à développer de la colère ? _

____

Puis-je accepter une remarque, un reproche ? ______

____

On me fait attendre ; quelle est ma réaction ? ______

____

Qu'est-ce qui me porte à la colère ? ______________

____

(Vous continuez.) ______________________

____

____

La violence :

Une colère qui ne se contient pas. Elle doit éclater en criant des injures, en lançant des objets, en frappant même les personnes. La violence peut conduire au meurtre. Si vous ne pouvez vous expliquer vos colères, si elles vous surprennent au point « de ne pas vous reconnaître » dans ces éclats de caractère, les pages suivantes vous aideront peut-être. Mais voici d'abord quelques questions. (Sur la violence « SANS ALCOOL ».)

Suis-je violent ? (Sans alcool.) ____________________

____

Quand ? Pourquoi ? ____________________________

____

Avec qui ? _________________________________

____

Au point de frapper les gens ? ____________________

____

(Autres considérations.) ________________________

____

Pouvant par ailleurs se décrire comme plutôt douces et pacifiques, certaines personnes sont sujettes à des colères subites, incontrôlables, les poussant à des actes qu'elles regrettent vivement. Elles confessent ne pas se reconnaître dans ces colères ; elles se demandent ce qui leur arrive et ne comprennent nullement leur comportement. Elles sont assez lucides pour faire la part des choses et juger qu'il n'y a pas de quoi se mettre en colère tout simplement parce qu'on ne serait pas d'accord avec elles.

Cependant, si vous exprimez ouvertement une opinion contraire à la leur et que vous la mainteniez, il se pourrait que l'un de ces « coléριques violents » vous mette son poing dans la figure. Vous en serez quitte pour votre surprise !

Si vous ne pouvez expliquer vos assauts de colère et que cela vous fasse souffrir, permettez-moi de vous dire une mot de l'HYPOGLYCÉMIE. Bill W., fondateur des A.A., s'est beaucoup intéressé à cette question et a écrit une brochure dans laquelle, entre autres choses, il donne des rapports concernant l'hypoglycémie. Cette brochure — un cahier jaune — n'est guère disponible dans les groupes A.A. Elle s'adresse plus spécialement aux médecins et n'est expédiée que sur demande expresse. Je me suis moi-même beaucoup intéressé au problème de l'hypoclycémie et j'ai lu plusieurs ouvrages sur le sujet. Personnellement, étant continuellement en contact avec des alcooliques, j'ai subi tous les tests médicaux relatifs à l'hypoglycémie dans le but de me renseigner et de savoir de quoi je parlais.

Les scientifiques nous apprennent — Bill W. en parle également — que 80% des alcooliques font de l'hypoglycémie à des degrés divers. Ce qui revient à dire que certaines personnes parmi ces 80% pourraient n'en souffrir que très peu. Voyons ce qu'est l'hypoglycémie.

Je ne suis pas médecin ; cependant, ce que je vais dire est exact, bien qu'incomplet. Si les lignes qui suivent vous donnent à penser que peut-être vous pourriez souffrir d'hypoglycémie grave, il est évident que vous

vous adresserez à un médecin. De toute façon, le traitement de l'hypoglycémie est simple sauf dans les cas sérieux.

En gros, l'hypoglycémie se traduit par une baisse anormale de « sucre » (glucose) dans le sang. Prenons un cas bénin ; le sujet ressent un peu de fatigue. Si une tablette de chocolat est consommée, il se sent tout revigoré. Cette amélioration n'est qu'apparente et passagère ; il y aura « montée » de sucre puis « redescente » rapide, laquelle entraînera une autre fatigue. C'est un cercle vicieux ! Beaucoup d'alcooliques se sentent fatigués à certains moments de la journée, plus spécialemlent vers la fin de l'après-midi. Le cas d'hypoglycémie qui précède a été simplifié à l'extrême afin de faire comprendre la « montée » et la « descente » du taux de sucre dans le sang ; mais nous n'en sommes pas au terme de nos explications. Disons tout de suite qu'il y a de fortes chances pour que la fatigue du sujet ci-haut mentionné soit due à l'hypoglycémie, surtout s'il est alcoolique. Il reste cependant la possibilité que sa fatigue soit causée par d'autres facteurs et c'est pourquoi on n'insistera jamais assez sur l'importance de consulter un médecin.

L'hypoglycémie (taux trop bas de sucre dans le sang) peut entraîner toutes sortes de malaises. Je veux me limiter à nommer les plus fréquents, mon intention étant de vous aider à vous poser des questions concernant le sucre et non de publier un traité sur l'hypoglycémie, ce qui d'ailleurs dépasserait de beaucoup mes connaissances. Parmi les malaises causés par l'hypoglycémie, j'ai voulu retenir ceux dont se plaignent le plus souvent les alcooliques que je connais : fatigue vers la fin de l'après-midi — moments de faiblesse — colère, impatience, éclats de caractère —

dépression — besoin de sommeil prolongé — négativisme — changement de la personnalité — instabilité émotive — anxiété, angoisse sans raison apparente — maux de tête — migraines — idées de suicide... et j'en passe. Il est important de comprendre qu'on peut ne souffrir que d'un seul ou de quelques-uns des symptômes mentionnés.

Puisqu'il y a « manque de sucre », n'est-il pas bon, demandera-t-on, d'en consommer beaucoup ? Certainement, mais tout dépend desquels ! Le sucre des fruits, oui ; le sucre « travaillé » comme celui qu'on trouve sur nos tables, non ! En effet, le sucre blanc granulé est un sucre raffiné, blanchi servant de base à presque tout ce qui est sucré. Ce sucre, interdit aux hypoglycémiques particulièrement, devrait être évité par quiconque se targue de se bien nourrir. Si l'on se sent fatigué — ou si l'on ressent un des malaises dont nous avons parlé — un jus d'orange, par exemple, fera merveille. Ce sucre naturel de fruit se stabilise beaucoup mieux au niveau de la cellule et ne produira pas de « chute » épuisante. Il en va ainsi du sucre contenu dans les légumes, la viande, le poisson, le lait, le fromage, les œufs, les noix, bref, tout ce qui est naturel. Le miel est interdit aux hypoglycémiques ; il ne « pousse » pas comme tel, mais, « travaillé » par les abeilles, sa teneur en sucre est beaucoup trop élevée. Tous les sirops, y compris celui d'érable, ne sont pas davantage permis. Est-il utile de parler de bonbons, chocolats et boissons gazeuses contenant du sucre ? Tous sont interdits ainsi que les pâtisseries, il va sans dire. Selon certains spécialistes, tous les farineux seront consommés avec grande modération ; alors que d'autres préfèrent qu'on s'en abstienne : pain, pâtes alimentaires, pomme de terre, pois verts, fèves dures (employées pour les fèves au lard) etc. On ne recommande pas trop les raisins ni les pruneaux dont la teneur en sucre est trop élevée, ni les bananes trop riches en amidon.

Le café, le thé ainsi que le tabac sont interdits aux hypoglycémiques, donc à un nombre impressionnant d'alcooliques ! Toutefois, le café et le thé décaféinés sont autorisés ; les tisanes également. Une autre brochure, *Low Blood Sugar*, approuvant largement les principes spirituels des A.A. comme moyen de réhabilitation, déclare ceci : « Les membres A.A. sont de plus en plus conscients du taux trop peu élevé de sucre dans leur sang et de la nécessité de suivre un traitement. Le café, le sucre et les innombrables cigarettes généralement consommés durant les réunions A.A. rendent plus difficile l'abstinence pour les membres...[10] » Cette citation généralise peut-être un peu trop ; sans doute aurait-il mieux valu dire que l'abstinence pourrait être rendue plus difficile pour « certains » membres. Une chose demeure cependant : lorsqu'une difficulté surgit, créant une tension de l'inquiétude ou de l'angoisse, on devrait, autant que possible, éviter de consommer les aliments dont nous venons de parler ; cela afin de surmonter au mieux le stress.

Les cas d'hypoglycémie extrêmement poussés peuvent provoquer le coma, des convulsions, la schizophrénie, etc., mais ils sont rares[11]. Cependant, j'en ai connu qui, après avoir consommé une tablette de chocolat ou une bonne quantité de sucreries, se comportaient exactement comme s'ils étaient ivres d'alcool : difficulté à marcher droit, à raisonner correctement, à s'exprimer clairement. Un jour, Roger, membre des A.A., se fait arrêter parce qu'il conduisait exactement comme s'il était ivre. L'officier lui demande s'il a bu, et lui de répondre qu'il n'a pas absorbé d'alcool depuis cinq ans. Roger n'a pas non plus avalé quelque médicament que ce soit. Enfin, le médecin déclara, à la décharge du prévenu, que ce dernier était dans un état de coma diabétique. À la suite de tests spécialisés, on découvrit que Roger souffrait d'hypoglycémie grave ; que toute forme de sucre artificiel lui était néfaste et qu'il devait se soumettre, s'il désirait vivre en santé, à un régime très sévère. Se sentant toujours épuisé, déprimé, il semblait avoir perdu le goût de vivre. Comme je connaissais l'existence, à Ottawa, d'une clinique spécialisée en hypoglycémie et que Roger voulait pousser plus loin ses chances de se bien porter, nous nous y sommes rendus et y avons passé plusieurs heures. C'est lors de cette visite que j'ai moi-même subi des tests. Je puis vous assurer que Roger, s'il se conforme aux directives reçues, se porte fort bien ; mais que s'il déroge... En ce qui me concerne, étant alcoolique, je compte parmi les 80% ; mais mon hypoglycémie est modérée. Si j'abuse de sucre, de pâtes et de café, je ressens alors une fatigue, une lassitude que je ne connais guère quand je m'en abstiens.

Je vous prie de bien vouloir prendre note que ce que je viens de dire au sujet de l'hypoglycémie n'épuise nullement la question. Si vous croyez souffrir d'une hypoglycémie grave, adressez-vous à un médecin spécialisé en la matière. L'hypoglycémie peut exiger des soins beaucoup plus compliqués et aussi, comme il a été dit, votre mal peut relever de bien d'autres causes. Par ailleurs, si vous êtes parfois inquiet ou anxieux sans raison, que vous fassiez des colères et n'ayez aucune intention de voir un médecin, pourquoi ne pas essayer un régime ? Il ne peut vous faire aucun mal ; au contraire, tous auraient intérêt à éviter les aliments interdits plus haut, ainsi que le tabac. Ne croyez-vous pas ?

Donnez-vous un mois ; je vous assure que vous ne vous reconnaîtrez pas.

Il se pourrait que, pour vous, ces pages sur l'hypoglycémie aient semblé inutiles. Cependant, je ne puis plus compter le nombre des personnes m'ayant affirmé avoir trouvé là — en plus du programme de vie spirituelle, bien sûr — de quoi vivre plus calme et mieux portant. Seulement, il y a un danger dont je suis tout à fait conscient : au lieu de vivre spirituellement, on pourrait incliner à croire qu'il suffira de suivre un régime pour se bien porter intérieurement. Que voulez-vous qu'on y fasse ? Certaines personnes n'arriveront peut-être jamais à s'ajuster à deux réalités à la fois : des étapes et un régime ! On pourra tout aussi bien trouver des excuses à ses éclats de caractère : « Je n'y puis rien, c'est mon taux de sucre qui a pris une chute! » Que peut-on faire devant si peu de discernement ? Continuer d'aimer et d'espérer.

Afin de rendre service à ceux qui seraient tentés de diminuer la consommation de ce qui pourrait leur nuire, voici la liste des « permis » et « interdits » :

Permis : Toutes les viandes, poissons, oeufs, fromage, lait, crème, noix, pain de blé entier (peu) ; tous les bouillons, les soupes (sauf aux pois), les céréales de farine d'avoine ou de soya (pas les autres), le beurre d'arachides. Tous les légumes sauf pomme de terre (peu), pois verts (peu), fèves pour les fèves au lard (peu). Tous les fruits sauf les raisins (peu) et les pruneaux (peu), trop riches en sucre. Pas de dattes. Bananes (peu). Tous les jus de fruits sauf jus de raisin, de prunes, de pruneaux (peu). Café décaféiné. Thé décaféiné (le thé contient de la caféine). Tisanes. Les jus en conserve — on en trouve de purs — seront achetés « non sucré » ; ils sont très bons.

Interdits : Pomme de terre (peu), pois (peu), fèves dures pour fèves au lard (peu), pain (peu si c'est de blé entier) ; toutes les pâtes alimentaires, pâtes à tarte et pizza, « chips » et autres «amuse-gueule» du genre. Peu de raisins, de prunes, de pruneaux. Peu de bananes. Pas de dattes. Peu de jus de raisin, de prunes, de pruneaux. Pas de jus en conserve « sucrés ». Café et thé (sauf décaféinés). Boissons gazeuses. Le miel, les sirops (y compris d'érable), chocolat, bonbons, sucre blanc, sucre brun, pâtisseries, confitures, enfin tout ce qui contient du sucre de table. Le tabac (cigarettes, pipe, cigares). Toutes les céréales sauf celles de farine d'avoine ou de soya.

Il est recommandé de grignoter vers le milieu de l'avant-midi et de l'après-midi et à l'heure du coucher (un fruit ou une tige de céleri... un peu de fromage...) : cela afin d'assurer le maintien du taux de sucre souhaitable. On recommande de prendre des vitamines ; surtout les B complex contenant de la niacinamide, mais il doit être bien compris que les vitamines ne suffisent pas ; une diète comportant beaucoup de protéines et peu d'hydrates de carbone demeure essentielle. Dans les cas d'hypoglycémie grave le médecin pourrait interdire certains aliments permis ici, prescrire des médicaments, d'autres vitamines, des minéraux, exiger des tests très précis, etc. C'est pourquoi on ne devra considérer ce qui a été dit plus haut sur l'hypoglycémie qu'à titre d'information très générale. L'hypoglycémie demeure un phénomène très complexe dans certains cas et dans le doute, encore une fois, faire appel aux services de personnes spécialisées dans le traitement de l'hypoglycémie.

L'envie et la jalousie :

ENVIER, c'est convoiter le bonheur, les avantages d'autrui. JALOUSER, c'est éprouver du chagrin à la vue du bonheur, des avantages d'autrui. (Forme d'apitoiement sur soi.)

Quand ai-je été — ou suis-je — envieux ou jaloux ?

Envieux de la fortune des autres ? ________________

____

de leur prestige ? ______________________________

____

de leur culture ? ______________________________

____

de leur apparence physique ? __________________

____

de leur santé ? ________________________________

____

de leur popularité ? ____________________________

____

de les voir entourés d'amis ? __________________

____

(Vous continuez.) ______________________________

____

Ici encore, nous nous sentons moins favorisés. Notre amour-propre en souffre (orgueil). Nous pouvons craindre d'être moins aimés, moins admirés que ceux qui semblent posséder plus d'avantages, etc. Donc : ORGUEIL et CRAINTE (INSÉCURITÉ).

La jalousie amoureuse :

Crainte que la personne aimée ne s'attache à une autre. Cette forme de jalousie est très souffrante et pour le jaloux et pour la personne jalousée : « Elle peut avoir un motif réel ou imaginaire, c'est-à-dire que le rival peut exister réellement ou seulement dans l'imagination du jaloux. Si la jalousie est imaginaire, elle indique un trouble de la personnalité souvent dû à un complexe d'infériorité. Le jaloux est un individu profondément centré sur lui-même et, en même temps, un anxieux. Il s'aime lui-même avant tout. Il n'aime pas nécessairement son partenaire (il peut même le détester inconsciemment). Il craint que l'on nie sa valeur personnelle ; souvent, il s'invente des raisons d'être jaloux. Les conventions lui offrent des prétextes : passion ou honneur. Mais, en réalité, il a peur d'être abandonné. Il ne peut sortir de sa jalousie qu'en sortant de lui-même (oubli de soi)[12]. »

La citation précédente expose, comme causes principales de la jalousie amoureuse, le fait d'être profondément centré sur soi (égocentrisme) ainsi que la PEUR d'être abandonné. Voilà donc encore une souffrance occasionnée par un MOI dont on n'a de cesse de se préoccuper (ORGUEIL d'un MOI blessé) et par la PEUR. Si vous répondez oui à la question : « Suis-je un amoureux — une amoureuse — jaloux ? », il serait bon de vous reporter à L'ÉGOÏSME ci-après où vous trouverez, j'ose l'espérer, de quoi vous encourager et de quoi mettre un peu de baume sur votre blessure. Ne désespérez pas : Dieu a déjà commencé à vous accueillir, à vous comprendre. Le fait d'en parler avec quelqu'un en cinquième étape commencera à vous dégager et, finalement, grâce aux sixième et septième étapes, Dieu fera le reste.

Le sadisme :

Au lieu de s'attrister du bonheur des autres, c'est se réjouir de leur malheur. (Se poser des questions et répondre par écrit.)

L'avarice :

Bien que cette déficience ne semble pas particulière aux alcooliques, il n'est pas inutile cependant de nous examiner sur ce point. Sans être avares absolument, il peut nous arriver d'être mesquins, d'éprouver des craintes exagérées pour l'avenir. Le fait, par exemple, de ne pas donner beaucoup d'argent à sa famille afin d'en avoir davantage à dépenser pour soi-même n'a rien de l'avarice, mais tout de l'égoïsme. L'avare veut surtout amasser, thésauriser ; non dépenser. (Se poser des questions et y répondre par écrit).

La paresse :

Défaut qui éloigne du travail, de l'effort. Il est relativement facile de se poser des questions et d'y répondre par écrit. La PARESSE ne doit pas être confondue avec la

FATIGUE. Attention au manque de sommeil, au surmenage, etc. Certaines réunions A.A. se prolongent au restaurant ; ce qui peut être fort agréable mais rendre parfois moins vaillant le lendemain. La façon de se nourrir peut, elle aussi, entraîner de la fatigue pouvant laisser croire à de la paresse. (Voir « VIOLENCE » ci-haut et hypoglycémie.)

La gourmandise et l'ivrognerie :

L'ivrognerie ne concerne pas les alcooliques ; l'alcoolisme étant une maladie. D'ailleurs, nous ne buvons plus. Inutile d'insister ici sur les nuances. Les autres pourront s'interroger et répondre par écrit.

Quant à la gourmandise, il sera facile à chacun de répondre. Même si nous ne nous reconnaissons pas comme gourmands, retenons que s'empiffrer peut nuire à la santé, entraîner de la fatigue et diminuer l'efficacité. (Voir « VIOLENCE » ci-haut et hypoglycémie.)

Enfin, ceux ou celles ne pouvant s'empêcher de manger trop peuvent consulter O.A. *(Overeaters Anonymous).* Ces derniers pourront sans doute leur rendre de grands services.

La luxure :

(A déjà été étudiée au sixième point de l'inventaire moral sous le titre : «COMPORTEMENT SEXUEL».)

L'égoïsme :

L'égoïste ramène tout à lui. Les contraires de l'égoïsme sont : l'altruisme, le dévouement, le désintéressement, la générosité, bref : l'amour des autres.

L'égoïsme n'est pas « voulu » comme tel ; c'est un repliement sur soi, sorte de défense des personnes blessées ayant tellement besoin d'être aimées. L'égoïsme prend sa source dans un MOI dont il faut s'occuper sans cesse, dans un MOI auquel on donne toute l'importance. On n'a pas encore compris que le MOI a soif d'être aimé des autres et non d'être aimé du même MOI. C'est le verbe aimer à la forme pronominale : je m'aime. Rien n'importe pourtant davantage que de s'aimer soi-même, à condition que cet amour de soi devienne le fruit de l'amour que les autres nous portent ; comme le fruit d'un enseignement : « Puisque les autres m'aiment tellement, c'est que je dois être aimable ». C'est pourquoi il est si urgent de « nous laisser aimer » par Dieu d'abord et par les autres ensuite afin d'arriver à découvrir, à croire que nous valons d'être aimés. De cet amour, venant de Dieu et des autres, découlera un enseignement : nous apprendrons, petit à petit, à nous accueillir comme les autres nous accueillent, à nous pardonner comme les autres nous pardonnent, à nous comprendre comme les autres nous comprennent. Il faudra, pour en arriver là, nous lier avec des personnes dont le cheminement spirituel et la qualité d'être leur permettent un certain accueil inconditionnel des autres ; des personnes, dis-je, qui s'aiment elles-mêmes parce qu'elles se savent, depuis un bon bout de temps, aimées de Dieu et de quelques êtres leur étant chers. L'amour d'une seule personne ne suffit guère : un homme qui saurait n'être aimé que de sa femme ne pourrait pas en déduire qu'il est très aimble ; ne désire-t-il pas également l'amour de ses enfants, de ses frères et sœurs, de sa belle-famille, de ses voisins et de ses amis ? Et quand un homme — une femme — a cessé de croire à l'amour des siens ; seul l'amour de Dieu pourra le sauver. Et à partir de la source d'amour, le cycle peut recommencer : se laisser aimer de Dieu, puis des autres pour s'aimer soi-même et enfin aimer les autres. C'est la loi.

Nous sommes tous égoïstes, et dans la même mesure où nous manquons de foi. Car croire en Dieu, c'est aussi croire que nous sommes aimés de lui. Comme nous n'avons pas beaucoup de foi... nous essayons, bien à tort, de combler la différence en nous encensant nous-mêmes, c'est-à-dire en essayant de croire en nous-mêmes. Nous commençons par là où nous aurions dû finir : croire en soi n'est que la résultante de croire en Dieu et en l'autre.

Suis-je trop centré sur moi-même ? ______________

____

Est-ce que « je me laisse aimer de Dieu » tel que je suis ? ______________________________________

____

Suis-je capable de croire que Dieu ne nous aime pas selon nos mérites mais selon son cœur ? __________

____

Ai-je bien compris que le seul facteur de transformation de mon être, que la seule façon de devenir meilleur, c'est l'amour : donc de me laisser aimer de Dieu ?

____

____

Lorsqu'on me montre de l'affection, suis-je capable de croire à de la sincérité ou suis-je porté à penser que c'est simple politesse ? Suis-je disposé à me laisser aimer ?________________________________

____

____

L'égocentrisme :

Ses sources sont les mêmes que l'égoïsme. L'égocentrique se considère le centre de l'univers ; tout ce qui lui arrive est plus important que ce qui arrive aux autres : il se veut le « centre d'attraction » ; il dramatise, jette les hauts cris ; réclame qu'on le plaigne ou qu'on le félicite... Il faut voir là une grande souffrance et non le désir d'être déplaisant. Les réflexions déjà faites sur l'égoïsme (plus haut) apporteront la même consolation ici. Le seul fait de nous être ouverts à l'amour de Dieu nous a déjà beaucoup décentrés de nous-mêmes ; nous sommes sur la bonne voie, encourageons-nous.

L'égotisme :

L'égotiste a l'habitude de parler constamment de lui-même ; seul sujet de conversation pouvant l'intéresser. Sans doute souffre-t-il beaucoup de n'être pas compris ou écouté. Quoi qu'il en soit, son MOI se meurt d'être aimé. Dans une réunion, ai-je tendance à ne parler que de moi et durant longtemps ? Si vous avez répondu oui à cette question, ne vous chagrinez pas trop mais, au contraire, réjouissez-vous de pouvoir, au moins, vous en rendre compte. Cet inventaire n'a pas pour but d'éveiller en nous d'éternels regrets, des larmes et de la tristesse ; notre intention est uniquement de découvrir ce que nous aurions intérêt à voir changer en nous, par la grâce de Dieu. Imaginons toujours, durant cet inventaire, que nous sommes assis dans un jardin en train de vérifier amicalement, avec le Christ lui-même, ce que nous souhaitons qu'il transforme en nous. Cet inventaire moral devrait être une joie : celle de nous savoir assez lucides pour ne pas croire que nous sommes parfaits et que Dieu se fera un plaisir, au cours des années qui viennent, de nous amener à vivre le meilleur de nous-mêmes.

Enfin, si l'on a l'habitude de parler longuement de soi, il serait bon, avant de rencontrer d'autres personnes, de prendre la résolution de s'informer de leur santé ; de leurs enfants ; de leur travail ; de leur demander s'ils ont un attrait particulier pour un art, un sport, les voyages ; vous pourriez tomber sur quelqu'un ayant les mêmes goûts que vous. C'est facile : les gens aiment qu'on les questionne sur ce qui les intéresse.

Le mensonge : *(Nous en verrons trois formes.)*

1. Le mensonge pour épater, pour se valoriser. Certaines personnes croient si peu en elles, ont si peu conscience de leur valeur qu'elles jugent nécessaire de tout amplifier afin qu'on les aime davantage. Il faut les aimer beaucoup, les comprendre et ne pas les brusquer en leur déclarant qu'elles ont menti. Les questions posées lors de l'étude de l'égoïsme leur auront sans doute semblé consolantes.

Ai-je l'habitude, afin de me rendre intéressant (intéressante) : ________________________________

D'exagérer le prix des choses ? ____________________

____

De déclarer être de mes amis des personnes rencontrées une seule fois ? ______________________________

____

D'exagérer les faits ? ____________________________

____

(Autres questions.) ______________________________

____

Ce n'est pas tellement que cette habitude soit grave et qu'elle fasse tort à d'autres, mais pourquoi ne pas nous habituer à être aimés pour nous-mêmes plutôt que pour ce que nous pourrions posséder ou pour les amis célèbres que nous pourrions fréquenter ? Prenons la résolution — quand nous y penserons — de dire exactement ce qui est ; nous verrons bien si nous sommes moins aimés. Et si cela est, voilà un amour dont nous ferions bien de nous passer !

2. LE MENSONGE pour se disculper, pour se soustraire à un devoir ou à une obligation. Établissons d'abord un principe : vous ne devez pas la vérité à tout le monde en ce qui vous concerne. Par exemple, un indiscret se lance à vous poser les questions les plus inattendues : « Où travaillez-vous ? Gagnez-vous beaucoup ? Avez-vous déjà fait de la prison ? Êtes-vous le « genre » fidèle ? (Et puis encore ?) » Vous n'êtes pas tenu de lui dire la vérité et pouvez répondre n'importe quoi.

« Nous avons avoué à Dieu, à nous-mêmes et à un autre être humain... » (Cinquième étape.) Il n'est pas dit : à toute la paroisse. Ni à toute une salle remplie de membres.

Ai-je menti (ou gardé le silence) afin de laisser retomber sur les épaules d'un autre le poids de mes propres fautes ? ______________________________

____

Afin de ne pas être découvert ? ________________

____

Afin d'éviter un blâme ? ______________________

____

(Le mensonge ou infidélité au conjoint est analysé au point suivant.)

(Autres questions.) ___________________________

____

3. Le mensonge (insécurité en amour) (infidélité au conjoint). Ces questions ont pu être traitées au sixième point de l'inventaire : « Le comportement sexuel ». Sinon, on peut répondre ici.

A-t-il été facile de laisser croire que j'aimais vraiment alors qu'il ne s'agissait, en fait, que d'une amourette, sans plus ? (Quelqu'un d'autre, vous croyant sérieux, a pu s'attacher et en souffrir.) ___________________

____

Si on a répondu oui à cette question, l'amour-propre (ORGUEIL) peut jouer beaucoup ici et se joindre à l'insécurité (CRAINTE de la solitude).
Si des torts réels ont été causés et que ces derniers puissent être réparés, le ou les noms des personnes seront reportés sur la liste de la huitième étape.

Ai-je menti au conjoint afin de cacher une aventure ?

Si tel est le cas, et que le conjoint l'ignore, il n'est pas sage de l'en informer ; ce serait causer une inutile souffrance, surtout si l'affaire est terminée. Si l'aventure dure encore et que vous vouliez absolument faire quelque chose par considération pour le conjoint, ne trouvez-vous pas que l'idéal serait d'y mettre fin ? Néanmoins, si, pour le moment, vous ne pouvez vous y résoudre, gardez le silence : les autres n'ont pas à mourir de chagrin à cause de vos « crises d'honnêteté ». Se taire est ici plus élégant et montre davantage de respect que parler. « ...sauf lorsqu'en ce faisant nous pouvions leur nuire ou faire tort à d'autres ». (Neuvième étape, *Gros Livre*, p. 79.)

Voilà pour le mensonge. À vous de compléter si nécessaire.

Le faux témoignage :

Grave, il peut entraîner des condamnations injustes. Y renoncer absolument pour l'avenir. Quant à réparer pour le passé, si cela est possible, vous y verrez lors de la neuvième étape.

La médisance :

Médire, c'est révéler des fautes des défauts que nous connaissons d'autrui, avec l'intention de nuire : véritable plaie dont peu de personnes sont exemptes. En effet, comme il est agréable de révéler les fautes des autres, surtout si nous ne les aimons guère. Quel merveilleux moyen de les rabaisser ! Et puis... cela entretient la conversation et permet de ricaner ; c'est triste ! Ce doit être un phénomène rare qu'une personne n'ayant jamais médit de sa vie. Pourquoi nous permettons-nous de tels manquements envers le prochain ? Nous ne pensons pas à ce que nous faisons, je crois, au moment où cela arrive ; autrement, nous serions des êtres peu reluisants. Car, du fond du cœur, nous ne voudrions pas faire de tort. Vraiment, c'est que nous ne pensons pas. Si nous avons l'habitude de ce travers, demandons à Dieu, du plus profond de notre être et le plus sincèrement du monde, de nous faire « penser » avant de médire et je suis certain que nous consentirons à nous taire.

Ai-je l'habitude de médire ? ____________________

____

Si quelque tort a été causé qu'il soit possible de réparer, nous y verrons lors de la neuvième étape.

NOTA BENE : Lors de la cinquième étape (se raconter à un autre être humain), on rapportera les médisances, s'il y a lieu, mais en se gardant bien de dévoiler les noms ; cela équivaudrait à médire de nouveau.

La calomnie :

Calomnier, c'est atteindre quelqu'un dans sa réputation, dans son honneur, par des accusations «fausses». S'appliquent ici les mêmes remarques que pour la médisance (ci-haut).

Ai-je l'habitude de calomnier ? ____________________

____

Si quelque tort a été causé et qu'il soit possible de réparer, nous y verrons lors de la neuvième étape.

Le vol :

Il est facile de répondre : ____________________________

____

Quant à réparer, si cela est possible, vous y verrez lors de la neuvième étape.

La fraude :

On écrit, s'il y a lieu, dans le but de VOIR, D'ADMETTRE que nous sommes fraudeurs ; et non dans l'intention immédiate de « réparer ». Cela viendra plus tard, au moment de la neuvième étape.

Ai-je tendance à frauder ? ________________________

____

Autres : (Viol — coups et blessures (prémédités) — meurtre — menaces de voie de fait ou de mort — etc.) Écrire s'il y a lieu ______________________________

____

Si l'on se voit coupable de l'un des crimes mentionnés (ou autre) croire absolument que Dieu a pardonné pour le passé et se tourner vers l'avenir. Si vous avez lu tout ce qui précède dans ce livre et que vous l'ayez accueilli, allez en paix ; Dieu vous accordera toute la tendresse et l'aide dont vous avez besoin. Croyez-moi. Quant à la réparation de ces torts, si elle est possible, vous y verrez au moment de la neuvième étape. Qu'il suffise, pour l'instant, de VOIR, D'ADMETTRE et de RACONTER (cinquième étape).

La manie de persécution : *(Pourrait avoir été analysée à « l'apitoiement ».)*

Susceptibilité excessive et méfiance à l'égard des autres. Exemple : « Il a voulu me viser. » — « Penses-tu qu'elle m'a offert cela pour mon plaisir ? C'était pour m'humilier ! » etc. Manque de générosité poussant à prêter de mauvaises intentions aux autres, a priori. L'on se sent toujours visé et, partant, le moi demeure sur la défensive (ORGUEIL et CRAINTE). Si vous avez « VU » ce travers au moment de « l'apitoiement », vous n'aurez pas à répondre ici.

Ai-je tendance à soupçonner les autres de vouloir me laisser de côté ? de vouloir me blesser ? etc. _______

____

Est-ce que je n'exige pas trop d'attention de la part des autres ? ______________________________

____

(Continuer les questions s'il y a lieu.) ______________

____

La ségrégation :

Refuser, rejeter, vouloir exclure quelqu'un sous le couvert de la supposée vertu ou au nom de quelque vieux préjugé bourgeois ou d'une morale genre « collet monté ». Notre « fameuse dignité », notre non moins fameux « rang social », nos « je ne puis me permettre, dans ma condition, d'adresser la parole à celui-ci ou à celle-là » semblent des excuses valables pour justifier un comportement que le Christ désapprouvait de la part des gens du Temple. Certes, nous ne pouvons pas être amis avec tout le monde au point d'en faire des intimes. Néanmoins, tous ont droit à un certain respect, à une certaine considération, surtout à l'intérieur des Alcooliques Anonymes.

(Réfléchir et écrire s'il y a lieu.) ________________

____

Le sens critique : *(ou esprit critique).*

Avant d'étudier « l'esprit DE critique » (mauvais), il me semble important de dire un mot de « l'esprit critique » ou « sens critique », indispensable au bon discernement. Le SENS CRITIQUE est la tendance à ne rien admettre sans l'avoir soumis à un examen préalable et la faculté de discerner le vrai du faux. Impliquant la mesure, ce terme n'est jamais péjoratif. C'est ce que nous appellerions : la critique constructive.

Nous devrions nous entraîner à acquérir le « sens critique ». Son absence totale ferait de nous des dupes et des sots ne voyant pas plus loin que le bout de leur nez. En ce qui concerne A.A., tout au moins devrions-nous étudier notre *Gros Livre* avant de proclamer « merveilleuse » une plate ânerie ou de qualifier de « ridicule » une idée riche et féconde.

La tolérance n'exige pas de nous que nous accueillions avec la même grâce le vrai ou le faux, le bon ou le mauvais, l'absurde ou le sublime. Si nous devons souvent tolérer le faux, le mauvais, l'absurde ; nous devrions, autant que possible, pouvoir les discerner. Nous ne devons jamais, pour autant, nous attaquer « aux personnes », ni « combattre » des idées ; nous désirons éviter les polémiques. Il suffira d'un peu de réflexion avant de rejeter ou d'accepter d'emblée un propos. Lorsque notre tour viendra, nous exposerons simplement et humblement — mais avec conviction, certes — ce que nous croyons être juste.

Le sens critique est utile et n'a pas d'autre but que celui de rendre service. Ainsi comprise, la critique ne visera qu'à soupeser une idée, une phrase (que nous aurons grand soin de replacer dans son contexte), une suggestion, une proposition faite par un membre ou par un groupe. Toutefois, le membre ou le groupe ayant soumis l'idée ou la suggestion n'a pas à subir nos assauts.

L'esprit de critique :

Dans l'usage ordinaire : qui juge défavorablement, ne signalant ou ne voyant que les fautes, les échecs, les raisons de douter, de suspecter. Ainsi entendu, « l'esprit de critique » consiste dans la tendance à souligner les défauts des autres. C'est ce que nous appellerions : la critique destructive.

Ne sommes-nous pas tous plus ou moins portés à critiquer les autres ? Cette véritable manie, si elle n'est pas enrayée ou au moins surveillée, peut nous entraîner à causer beaucoup plus de tort que nous le croyons. D'ailleurs, la critique destructive n'a sa place nulle part et témoigne d'un manque d'éducation. Il arrive presque toujours qu'elle dépasse le niveau de la remarque désagréable et devienne, en somme, de la médisace ou de la calomnie.

Suis-je porté à ne voir, à ne souligner que les travers des autres ? ________________________________

____

Suis-je disposé, à l'avenir, à essayer de retenir ce qu'il y a de bon, de généreux, de vrai chez les personnes que je rencontrerai ? ________________________________

____

L'intolérance :

Sentiment d'animosité, de ressentiment, voire même de haine contre les personnes dont on ne partage point les idées. Il peut s'ensuivre la formation de « clans » des anti et des pro. Tout cela est futile et extrêmement nuisible, surtout à l'intérieur de A.A. où personne ne travaille à titre de professionnel et où chacun, en somme, ne cherche qu'à offrir généreusement le meilleur de lui-même. On a parfaitement le droit de ne pas partager les idées d'une autre personne, mais de là à lui en vouloir et à chercher à lui nuire, il y a un monde. Mais il est rare, heureusement, que l'intolérance aille jusque-là.

Suis-je porté à l'intolérance ? ____________________

____

À combattre les idées des autres ? ________________

____

À me croire autorisé à mettre bon ordre à leur conduite ? ____________________________________

____

Au fond, ne suis-je pas un peu « dictateur » ? ______

____

La pureté de l'intention :

Pureté veut dire : sans mélange. Autrement dit : agir sans avoir une autre idée derrière la tête. Ou encore : agir de façon absolument désintéressée. Les exemples où l'intention n'est pas pure sont nombreux : épouser quelqu'un parce qu'on l'aime... et aussi parce qu'il a beaucoup d'argent. Parrainer quelqu'un parce que... c'est bien tentant. Travailler... pour le prestige. Visiter une tante... pour son testament.

Au sein du mouvement des Alcooliques Anonymes, nous devons éviter d'être faux. Quelques membres peuvent exercer une certaine influence ; ils ne devraient jamais rechercher le prestige. En passant, retenons que Dieu seul dispense la sobriété. Le parrain n'est que son serviteur, l'intrument, le porte-parole du message spirituel A.A.

Mes intentions sont-elles pures, sans mélange, sans arrière-pensée : ______________________________

____

Quand je me rends à une réunion ? ______________

____

Quand j'accepte de parrainer ? ________________

____

Quand je me lie d'amitié ? ___________________

____

(Autres questions.) _________________________

____

Se pourrait-il que je fréquente certains amis pour leur argent ? leur prestige ? Il se peut fort bien qu'au départ on se soit lié d'amitié avec des personnes que l'on savait être riches et influentes et que, par la suite, une amitié sincère et durable se soit développée.

La question de l'argent :

Il ne s'agit pas d'avarice ici, mais bien de la « course à l'argent », de l'accumulation de biens matériels en même temps que la recherche du prestige qu'il procure (quand ce n'est pas avec l'idée d'acheter l'amour). Et, malheureusement, il se pourrait bien que l'on vous aime pour votre argent.

Cette question d'argent n'est pas oiseuse ; elle est capitale, essentielle, primordiale. Bien que le dicton « l'argent ne fait pas le bonheur » soit des plus connus et répandus, nous persistons à croire que, de quelque manière, il pourrait bien répondre à toutes les exigences du bonheur. Hélas, l'argent apporte le confort, non pas le bonheur ; ce dernier vient d'autre part.

Il est certain, entendu, évident qu'il faut de l'argent pour vivre ; soit ! À condition de ne pas vivre pour l'argent. Ce dernier peut soulager beaucoup de misères et contribuer à des réalisations humaines extraordinaires ; cependant, serait-il réaliste d'affirmer que ce sont là les fins ordinairement poursuivies par les forces de l'argent ? Il faudrait être bien naïf pour le croire.

L'argent étant le plus dangereux des maîtres, il fait toujours de ses serviteurs, ses esclaves. « Nul ne peut servir deux maîtres : ou il haïra l'un et aimera l'autre, ou il s'attachera à l'un et méprisera l'autre. Vous ne pouvez servir Dieu et l'argent. » (Mt 6 : 24) Que de querelles, de haines, de séparations définitives pour des questions d'argent ! Que de soucis, de temps, de travail, de peurs, de chagrins, de fatigues, de désespoirs pour de l'argent ! Nous n'en sommes pas là, évidemment ; mais il faudra, néanmoins, nous surveiller et réfléchir souvent à cette question de l'argent afin d'en arriver, peu à peu, à un détachement. Ce n'est pas facile ; il faut à certains beaucoup de temps. C'est que l'argent apporte une sécurité qui laisse croire, trop souvent, qu'on n'a nul besoin de Dieu. « Oui, je vous le répète, il est plus facile à un chameau de passer par un trou d'aiguille qu'à un riche d'entrer dans le Royaume des cieux. » (Mt 19 : 24) Ce n'est pas Dieu qui rendra l'entrée difficile ; ce sont les riches qui, se suffisant à eux-mêmes, n'auront aucun goût des choses du Royaume, trop préoccupés qu'ils sont de leurs affaires terrestres. Ils ne voient pas pourquoi ils iraient s'ennuyer dans ce fameux Royaume !

En guise d'exercice, nous pourrions, en pensée, faire le tour de toutes ces choses que nous nous sommes procurées, croyant qu'elles nous rendraient plus heureux. Nous aurons vite fait de constater qu'en dehors des biens essentiels, nous en avons accumulé une impressionnante quantité dont le plaisir escompté a fait place depuis longtemps à l'encombrement.

Plus on vit pour des valeurs spirituelles et moins on se soucie de l'argent ; cela se fait tout seul : « ...il s'attachera à l'un et méprisera l'autre ». Rien de plus vrai ! Combien d'alcooliques n'ont-ils pas consenti à joindre les A.A. quand ils n'ont plus eu — ou presque plus — d'argent ? Ils sont nombreux. Et c'est là qu'ils ont enfin rencontré Dieu. Demandons à Dieu, dans nos prières, la force et la santé nécessaires pour gagner notre vie et en même temps, consentons avec lui à nous détacher des biens matériels. Ainsi, nous pourrons posséder des biens sans que ces derniers nous possèdent ; de sorte que si un jour nous devions nous en séparer, nous n'en éprouverions pas trop de chagrin.

Suis-je porté à croire que les biens matériels me rendront heureux ? ________________________________

____

Suis-je engagé dans une course à l'argent ? ________

____

La préoccupation de l'argent me laisse-t-elle le temps de vivre d'autres valeurs ? ____________________

____

Me suis-je brouillé avec la famille, des amis, pour de l'argent ? ____________________________________

____

(Autres questions.) ____________________________

____

Par contre, suis-je conscient de l'importance de gagner ma vie ? celle de ma famille ? __________________

____

Suis-je disposé à rembourser quand j'emprunte ? ___

____

Ne nous leurrons pas : il n'est pas aisé de vivre dans le détachement des biens matériels. Ce n'est guère parce que nous aurons admis ici quelque attachement et que nous en parlerons avec une autre personne (cinquième étape) que nous serons, sur le coup, libéré. Nous devrons faire appel à Dieu et comprendre qu'il faudra du temps. Mais cela viendra au fur et à mesure que nous installerons en nous le Royaume.

L'amour humain :

Comment procéder à un inventaire moral complet sans réfléchir sérieusement à cette question de l'amour humain, à cette question du grand amour ? Au sixième point de l'inventaire, une étude des comportements a déjà été faite ; mais ce dont je veux parler ici, c'est de l'espoir souvent insensé, déraisonnable de trouver le bonheur parfait, la réalisation ultime de tous nos rêves, dans les amours humaines. Non pas que nous soyons bigots et scandalisés par la moindre aventure et que nous voulions à tout prix faire de la morale. D'ailleurs, une morale vraie tend à indiquer l'action la plus génératrice de bonheur véritable et durable. Ainsi, les individus seraient-ils plus heureux si tout un chacun devait donner libre cours à ses idées de meurtre, de vol, de violence, de jalousie ou de haine ? Nous devrions tous bientôt nous barricader et il serait plutôt difficile de parler de société heureuse. Donc, toute la question est de savoir si le grand amour dans lequel vous êtes engagé — ou dans lequel vous voudriez vous engager — est une si grande garantie de bonheur que vous l'imaginez. Si vous vivez un amour vrai, tendre, durable, soyez béni et puissiez-vous profiter de chacun de ses instants. Nous voudrions formuler ce vœu pour la terre entière.

Pourtant, si nous regardons autour de nous — et également dans A.A. que nous fréquentons davantage

— combien de cœurs souffrants, désespérés ; combien d'âmes vides, errantes, cherchant le grand amour ! Ce n'est pas un reproche ; il semble que le monde entier soit en mal d'amour. On attend trop des amours humaines. Beaucoup ne sont heureux que si l'amour semble leur sourire. Mais que cet amour s'effrite, toute leur joie chancelle ; que cet amour meure, et meurt en même temps tout leur bonheur. Seuls meurent les faux bonheurs ; les vrais sont éternels. Chercher désespérément le grand amour ressemble étrangement à chercher Dieu. « Souhaiter » l'amour humain est une chose ; c'en est une autre de le chercher désespérément ; de ne pouvoir trouver sans lui aucune forme de bonheur, aucun espoir. Il a été question de cela dans les chapitres précédents, et si j'en parle à nouveau, c'est pour qu'à l'occasion de l'inventaire, une réflexion, une prise de conscience soient amorcées.

Il est très souffrant de chercher sans cesse le bonheur dans les amours humaines et de ne le pas trouver. L'on pense parfois de quelqu'un qu'il est un coureur de jupons et... « qu'il s'amuse » ; qu'elle ne pense qu'aux hommes et... « qu'elle s'amuse » également. Il faut bien peu connaître le cœur humain pour raisonner ainsi. Ni lui ni elle ne s'amusent ; ils souffrent, voyez-vous. L'un et l'autre voudraient bien trouver un amour vrai qui durerait toujours, un amour de tendresse et de compréhension, de douceur et de paix. Mais il semble qu'à chaque fois, quelque chose n'aille plus. Une lassitude s'installe, la solitude revient et, secrètement, on recommence à espérer autre part. Pourquoi ? C'est difficile à dire. Sans doute ne possède-t-on pas la maturité qu'il faudrait pour aimer. Quoi qu'il en soit, le but de notre réflexion n'est pas un cours sur le véritable amour humain et je doute que la lecture de ce qu'on a pu écrire là-dessus puisse apporter la réponse « aux mal aimés ». Tout le monde sait qu'il n'y a pas que la passion qui doive unir un homme à une femme : l'amitié, la compréhension, le respect mutuel, le dévouement sont des valeurs plus sûres et plus durables. Néanmoins, le savoir ne rend pas plus apte à le trouver et pas davantage à le vivre.

Si vous êtes de ceux qui cherchent l'amour et ne trouvent pas, ou de ceux qui, croyant avoir trouvé, sont sans cesse déçus ; si vous vous sentez seul, isolé, parfois désespéré, tournez-vous vers Dieu : c'est lui, la source de tout amour ; c'est lui, le grand amour. Relisez les premières parties de ce livre et soyez attentif à tout ce qui touche à l'amour.

Les mêmes réflexions de base s'appliquent ici :

Se répéter et croire que Dieu nous aime totalement avec toutes nos déficiences, comme s'il s'agissait d'aimer un être blessé...

Se tourner vers les autres et leur apporter de l'aide. Ceux qui ne font pas partie d'A.A. — ou autres associations semblables — pourraient offrir leurs services soit au curé de leur paroisse, soit à des associations charitables. Il y a toujours à faire pour les malades, les personnes âgées, les infirmes...

Se laisser aimer beaucoup par ces personnes auxquelles on apportera son aide. Si vous saviez avec quelle hâte les malades et les vieillards sans famille attendront votre visite, et combien les membres A.A. aiment ceux qui les parrainent !

Comprendre qu'il faudra du temps — parfois des années — pour changer, et apprendre, en attendant, à s'accueillir comme Dieu nous accueille. (Accueillir n'est pas « approuver ». Accueillir, pour Dieu, c'est comprendre, accompagner, encourager à aller plus loin, à aller au-delà de ce que nous sommes. Dieu invite au dépassement.)

Ce qui, dans cet inventaire, pourrait vous avoir échappé :

L'inventaire moral est ici terminé. Certains éprouvent des scrupules au sujet de ce qu'ils auraient pu oublier ; il ne faut pas. En procédant à l'inventaire, chacun se voit tel qu'il le peut « à ce moment ». Si plus tard, il nous arrive de découvrir quelque travers que nous n'avions pas remarqué, nous en ferons l'analyse sur papier (la dixième étape nous y aidera) et nous en parlerons avec une autre personne, en temps et lieu. Ce n'est pas plus grave que cela.

Voici, pour clore l'inventaire, une citation du *Gros Livre* des A.A. : « Dans ce volume, vous lisez en plusieurs endroits que la foi a fait pour nous ce que nous ne pouvions faire pour nous-mêmes. Nous espérons que vous êtes maintenant convaincu que Dieu peut faire disparaître toute volonté personnelle qui vous a séparé de lui. si vous avez déjà pris une décision, et si vous avez fait un inventaire de vos principaux défauts, vous avez un bon commencement. Vous avez ainsi avalé et digéré des grosses bouchées de vérité au sujet de vous-même ». (*Gros Livre*, p. 91.)

TRÈS IMPORTANT : Conservez précieusement vos feuilles que vous apporterez lors de la cinquième étape. Placez-les dans un endroit sûr afin qu'une personne concernée ne puisse y lire de quoi la blesser. Au besoin, remplacez certains noms par des signes ; soyez prudents. Certains voudront détruire le texte de leur inventaire immédiatement après avoir terminé la cinquième étape (se raconter). Ce n'est pas une mauvaise idée, à la condition d'avoir recopié tous les noms des personnes auxquelles votre conduite a pu causer du tort, soit en paroles ou en actions : colère, jalousie, médisance, calomnie, mensonge, dettes, vol, fraude, etc. sans oublier les noms retenus au troisième point concernant les torts causé à ceux contre lesquels vous éprouviez du ressentiment. Cette précaution évitera d'avoir à recommencer toute la liste de huitième étape : « Nous avons dressé une liste de toutes les personnes que nous avions lésées... » Pourquoi ne pas recopier tout de suite ces noms ? Puisque vous êtes dans l'esprit de ce travail, cela ne prendrait que peu de temps et ce serait chose faite. Passons maintenant à l'explication de la cinquième étape : « se dire ».

Notes

1. *Alcooliques Anonymes*, Les éditions Françaises A.A., 1963, p. 84.
2. *Alcooliques Anonymes*, *op. cit.*, p. 79.
3. *Alcooliques Anonymes*, *op. cit.*, p. 79.
4. *Alcooliques Anonymes*, *op. cit.*, p. 84.
5. *Alcooliques Anonymes*, *op. cit.*, p. 86.
6. *La Psychologie moderne de A à Z. Comprendre-savoir-agir*, Paris, Centre d'étude et de promotion de la lecture, 1967, p. 362.
7. Ensemble, fiches de culture religieuse, n° 4, Amiens, 1967, feuillet 9.
8. *Alcooliques Anonymes*, *op. cit.*, p. 89. Les majuscules sont de moi.
9. *The A.A. Way of Life*, New York, Alcoholics Anonymous World Services, 1972, p. 6. [Trad. de l'auteur.]
10. *Low Blood Sugar*, Karpart Publishing, P.O. Box 5348, Cleveland, Ohio, 44101, p. 15. [Trad. de l'auteur.]
11. *Hypoglycemia and Me ?*, Adrenal Metabolic Research

Society of the Hypoglycemia Foundation, 153 Pawling Avenue, Troy, New York 12180. (Rewritten and revised for 24th Printing, December, 1973, copyright, Marilyn H. Light.). Voir p. 3-5.

12. *La Psychologie moderne de A à Z. Comprendre-savoir-agir*, Paris, Centre d'étude et de promotion de la lecture, 1967, p. 233.

Sixième partie

Se dire

Nous avons avoué à Dieu, à nous-mêmes et à un autre être humain la nature exacte de nos torts.

Gros Livre, p. 79.

Les membres des Alcooliques Anonymes sont assez familiers avec cette idée de se raconter à une autre personne. Si vous n'êtes pas membre A.A. (ou association semblable) croyez que vous tirerez grand bien d'une telle confidence. Des amis à moi — j'en ai déjà parlé — se sont pliés avec bonheur aux douze principes A.A. et se sont félicités d'avoir suivi cette « méthodologie » spirituelle.

De quoi s'agit-il exactement ?

Nous avons déjà beaucoup fait appel à Dieu au cours de l'inventaire ; c'est en sa compagnie, en effet, que nous avons procédé à ce travail, conscients que nous étions de son accueil et de son encouragement. D'autre part, ayant accompli notre recherche dans un climat d'amitié avec Dieu, nous avons pu « voir » nos déficiences sans angoisse ni honte ni culpabilisation. Au contraire, nous nous sommes félicités d'avoir eu le courage de nous regarder et d'admettre que nous n'étions pas parfaits ; loin de là. Nous avons considéré que c'était une grâce, puisque peu de gens consentent « à se regarder ».

Il est donc maintenant facile de nous recueillir comme pour une prière et repasser — depuis le début — le texte de notre inventaire, « pour avouer à Dieu » en même temps « qu'à nous-mêmes », son contenu. Nous recréons encore une fois le climat de tendresse qu'aurait créé le Christ lui-même si nous lui avions parlé de son vivant. À remarquer que cela n'a rien de sentimental ; puisque le Christ toujours vivant a promis de demeurer avec nous jusqu'à la fin des siècles. Le travail de recherche étant terminé, cette rencontre avec Dieu et avec soi-même devient donc débarrassée de tout autre activité cérébrale. Ainsi, cette forme de prière — puisque prier c'est parler, converser — se passe alors à un niveau d'intériorisation beaucoup plus profond. Cela fait, il reste à prendre les feuilles de l'inventaire avec soi et aller se raconter « à un autre être humain ». Mais auparavant, considérons les points suivants :

— À qui devrait-on se raconter ?
— Pourquoi se raconter ?
— Obtenir un rendez-vous et respecter certaines règles.
— Un mot pour « celui qui écoute ».
— Les résultats de « se dire ».

À qui devrait-on se raconter ?

D'ordinaire, les membres A.A. se racontent à leur parrain ou marraine, mais ce n'est pas toujours le cas. Il arrive souvent, en effet, qu'un parrain (ou une marraine) choisi au début, et pour lequel nous conservons un attachement profond, ne soit pas pour autant la personne avec laquelle nous désirons cheminer spirituellement. Cela peut sembler contradictoire, puisque le parrain devrait, en principe, transmettre les douze étapes à son filleul. Néanmoins, à cause de sa personnalité, sa présence, son écoute, il peut demeurer l'ami idéal avec lequel on aime vraiment partager le quotidien ; et qu'à cause d'une conception de Dieu différente ou d'une conception autre de la spiritualité, on préfère consulter une personne dont le cheminement spirituel semble plus ajusté à ce qu'on ressent profondément. Quoi qu'il en soit, le choix de la personne à qui l'on se racontera demeure entièrement libre. Il n'est pas non plus nécessaire — si vous êtes membre des Alcooliques Anonymes — de vous confier à un autre membre ; il est écrit : « ... et à un autre être humain... » Un ami, un prêtre, un oncle, peu importe ; l'essentiel étant d'avoir confiance en cette personne. Sans que cela soit absolument nécessaire, il serait souhaitable que le confident (ou la confidente) choisi comprenne ce qu'il y a de spirituel dans cette démarche. Dans tous les cas : « Il est important que cette personne puisse garder un secret ; qu'elle puisse pleinement comprendre et approuver ce que nous essayons de faire ; qu'elle n'essaie pas de changer nos plans ». (*Gros Livre*, p. 94.)

Pourquoi se raconter ?

Pourquoi se raconter, demanderont certains, n'est-il pas largement suffisant de tout confier à Dieu ? D'abord, l'association des Alcooliques Anonymes ne partage pas cet avis : « Nous avons avoué à Dieu, à nous-mêmes et à un autre être humain... » (*Gros Livre*, p. 79.) Il serait sans doute de mise de lire le chapitre « À L'ŒUVRE », page 92, afin de découvrir les arguments présentés dans le *Gros Livre* A.A. En voici d'autres dans les lignes qui suivent.

En premier lieu, se raconter afin de « dédramatiser ». En effet, quand on affirme : « Cela ne peut se dire » ; on suppose en même temps que cela est trop personnel, trop affreux, trop épouvantable, trop secret. Il y a des choses qu'on ne dit pas, tout de même ! Une dame, un gentleman ne doit pas ! La pudeur, la décence même exigent qu'on se taise. Ce que l'on juge trop épouvantable « pour être dit » demeure pour soi-même, dans le silence, également épouvantable. Et on aime mieux ne pas trop y penser. Cela s'appelle le refoulement. Si nous arrivions à surmonter cette appréhension et « à dire » ce que nous jugeons « impossible à dire », nous cesserions de dramatiser, étant donné que « ce que nous jugions impossible à dire » a maintenant « été dit » ! C'est que la parole se situe à un niveau de conscience extrêmement élevé — seul l'homme en est doué — et le fait de « dire », au lieu de refouler au plus profond de soi, élève au plus haut niveau de conscience qui soit. Les points suivants aideront à éliminer la peur de « dire » ou de « se dire ».

En deuxième lieu, nous ne possédons pas à nous seuls le monopole de la compréhension, de l'accueil, de l'indulgence et du bon sens. À quelqu'un se sentant embarrassé de nous révéler quelque chose d'intime, nous offrons immanquablement cette roucoulade : « Mais voyons, à moi tu peux tout dire ! Je ne suis pas né de la dernière neige ! J'ai quand même vécu, je ne suis pas un enfant, je comprends les choses ! Et pour ce qui est de la discrétion ; on ne fait pas mieux. Alors vieux, raconte ! » Voilà bien notre attitude : nous savons comprendre les choses, « nous » ; ce n'est pas rien ! Mais comment se fait-il que lorsque notre tour arrive « de nous raconter », il n'y ait plus âme vivante sur terre assez bonne, assez généreuse, assez compréhensive pour mériter notre confiance ? Serait-ce parce que le nombril du monde, c'est nous ? Croyez-moi ; il y a autour de vous des gens au cœur sensible et bon qui ont beaucoup souffert et qui, en portant le poids de leur propre vie et de leurs propres fautes, sont devenus capables de porter les vôtres, dans la tendresse et la compréhension. Vous n'êtes pas le seul. Cherchez, vous trouverez. Demandez à Dieu de vous guider.

En troisième lieu, on n'offense pas Dieu « dans les airs » ; mais dans l'autre, tout juste à côté de soi ! Si je ne puis servir Dieu qu'en servant l'autre, je ne puis l'offenser qu'en offensant l'autre. C'est pourquoi il nous faut nous tourner et vers Dieu et vers l'autre. Ce sont des êtres humains que nous avons blessés ; c'est vers un autre humain que nous devons aller. Cela ne fait aucun doute.

En dernier lieu ; se raconter afin de rencontrer un peu de la tendresse de Dieu sur terre. Je me rappelle comme si c'était hier — il y a pourtant dix-huit ans — le jour où je suis allé me raconter à mon ami Robert. Bien que ce dernier ne fût pas membre A.A., je voulais me confier à cet homme tendre et bon, dont l'épouse est une amie d'enfance à moi. L'un et l'autre, se nourrissant d'une foi profonde en Dieu, comprenaient exactement le sens de cette rencontre. J'étais attendu : Gisèle avait préparé du café et on m'avait reçu avec cette amabilité un peu émue des grands jours. Elle s'était presque tout de suite discrètement retirée, pendant que lui me faisait passer dans son bureau dont il prit soin de fermer la porte après y être entré.

Sans être le moins du monde angoissé ; je me sentais tout de même un peu nerveux. Je demandai donc à Dieu de se tenir présent à mes côtés et, sans plus de préambule, je commençai, feuilles en mains, à me raconter. Robert écoutait sans mot dire, sauf, à l'occasion, quelques paroles d'acquiescement pour me faire comprendre qu'il me suivait. Tout au long de cet entretien, pas une seule expression de surprise, pas le moindre geste désapprobateur ; rien qu'une écoute attentive, amicale, fraternelle, illuminée de temps à autre d'un sourire simple et doux. On ne voit jamais si bien Dieu que sur un visage. Et je ne l'ai jamais si bien vu que sur celui de Robert. Dieu, c'est l'amitié, l'amour de tendresse au sourire simple et doux. C'est cet amour qu'il a mis au cœur de Robert, à celui de Gisèle, au vôtre, au mien.

Quand j'eus terminé, Robert me fit part de ses impressions : « Je suis édifié, dit-il, je me demande si je pourrais me raconter comme cela ; c'est vraiment extraordinaire ! » À la suite de cette rencontre, Gisèle et Robert décidèrent de mettre en pratique le programme des douze étapes, y compris « se dire » que ni l'un ni l'autre n'ont trouvé si terrible. Voulez-vous connaître la douceur de se confier à l'amour de Dieu ? Confiez-vous à la tendresse d'un ami. Voulez-vous voir le visage de Dieu ? Regardez, assez longtemps, un visage que vous aimez. Apprendre à regarder les visages, c'est apprendre l'amour. Regardez les rides sur le visage et les mains de votre mère ; vous y verrez l'amour. Considérez les tempes grises d'un visiteur ; vous y reconnaîtrez la patience. Contemplez les visages ; et si vous savez voir au-delà, vous finirez bien par y déceler un air de Dieu. N'hésitez plus ; prenez vos feuilles et vite... COUREZ vers un visage !

Obtenir un rendez-vous et prévenir de sa durée.

Entre membres A.A., obtenir un rendez-vous et consacrer plusieurs heures à la cinquième étape ne présente généralement pas de problème. Retenez cependant que plusieurs heures d'écoute peuvent entraîner de la fatigue ; tout le monde n'a pas vingt ans ni non plus la même résistance. Ne croyez pas qu'une heure, tout au plus, suffira pour vous raconter, le temps le plus courant se situant entre trois et cinq heures. Si vous avez écrit votre inventaire et que vous vous en teniez à ce texte, vous ne devriez pas dépasser cette durée. Cependant, dans des cas plus rares, on a compté sept, huit et même dix heures. Il arrive fréquemment que la personne qui « écoute » n'ose pas, de peur de blesser, exprimer sa fatigue. D'autre part, celui qui se raconte espère le plus souvent terminer à l'intérieur d'une même rencontre et n'éprouve aucun désir de revenir un autre jour. Cela se comprend fort bien ; il a fallu beaucoup de courage afin d'entreprendre cette démarche et il semblerait fastidieux d'avoir à se présenter de nouveau. Donc, soyez méthodique ; tenez-vous-en autant que possible au texte de votre inventaire afin de ne pas perdre trop de temps. Toutefois, ne vous précipitez pas ; cette étape est importante pour vous. Il est essentiel de prendre tout le temps nécessaire, mais aussi d'éviter les détails oiseux et les digressions inutiles. Encore une fois, entre membres A.A., entre amis intimes, on finit toujours par s'arranger très bien.

Cependant, et le cas est fréquent, il en ira tout autrement pour une personne que vous connaissez moins intimement ; par exemple, un prêtre, une religieuse que vous avez connus autrefois, un ancien professeur, votre médecin de famille, que sais-je ? Si ces personnes ne peuvent vous accorder plus de deux ou trois heures à la fois, vous devrez peut-être envisager de vous raconter en deux temps. Quoi qu'il en soit, lorsque votre rendez-vous et sa durée auront été fixés, tenez-vous-en à cet accord. Consultez votre montre et, l'heure venue, annoncez à votre interlocuteur que le temps est écoulé. Vous éviterez ainsi de placer ce dernier dans l'obligation de vous prier de prendre congé. S'il vous offre de rester et de continuer, tant mieux pour vous.

Une dernière recommandation : la personne ayant accepté de vous recevoir n'a peut-être jamais « écouté » une cinquième étape et, ne sachant pas au juste de quoi il retourne, elle n'aura pas prévu de limite de temps. Croyez-moi, après quatre heures d'écoute attentive, il se peut qu'elle commence à être fatiguée. Essayez d'en tenir compte. Prévenez cette personne de la durée approximative de l'entrevue ; elle pourra donc organiser son horaire en conséquence.

Un mot pour celui qui « écoute ».

Si vous n'avez jamais « écouté » une cinquième étape et qu'on vous demande de le faire, ce n'est pas compliqué. Il y a peu à dire si ce n'est que d'encourager, de comprendre et d'accueillir dans la bonté et la douceur. La personne qui se présentera à vous sera sans doute un peu émue car, pour elle, il s'agit d'une étape importante et, il faut bien le dire, difficile. On ne se raconte pas dans tous ses replis sans ressentir quelque émotion. S'il s'agit d'un membre des A.A., il appréciera certainement quelques tasses de café. Les interruptions trop nombreuses, le bruit et le va-et-vient sont à éviter ; trouvez un endroit paisible et retiré. Abstenez-vous, si possible, de répondre au téléphone. Bref, tout doit concourir à la paix et au calme de votre interlocuteur qui intérieurement, ne sera pas très à l'aise durant cette entrevue. Enfin, si vous avez lu le point précédent, vous aurez retenu qu'il faudra compter quelques heures. Si après un certain temps, vous êtes fatigué, dites-le et proposez une halte d'un quart d'heure ou d'une demi-heure ; vous reprendrez ensuite mieux disposé. On me demande souvent si, lorsqu'on écoute une cinquième étape, il est nécessaire de parler, de donner des conseil, etc. Personnellement, je ne le pense pas. La personne ne vient pas surtout pour consulter mais pour être écoutée ; elle vient « se dire ». Savoir écouter est ici plus important que parler. Cependant si l'on sent que le visiteur sombre un peu dans le remords et qu'il éprouve du chagrin, des paroles d'encouragement et de paix seront tout indiquées. Votre cœur vous guidera. Instinctivement, si vous vous tenez dans un climat d'accueil et de tendresse, vous saurez exactement ce qu'il faut dire.

Lorsque tout sera terminé, vous aurez vécu une expérience peu ordinaire. Depuis mon appartenance aux Alcooliques Anonymes, j'ai eu très souvent l'occasion d'écouter une cinquième étape et, même après tant d'années, je me sens toujours émerveillé face à la personne qui parle. Comme c'est extraordinaire de voir quelqu'un en train de vouloir expliquer au mieux ses erreurs, de le voir suivre sur ses feuilles les heures de travail consacrées à admettre ses fautes, de constater l'effort qu'il est en train de faire — ce n'est pas facile — pour être le plus vrai et le plus sincère possible. Quelle grandeur dans cette recherche de vérité ! Je me suis toujours senti très petit devant eux. Comment ne pas aimer de tout son cœur quelqu'un peinant pour vous avouer, la gorge parfois un peu serrée, combien il a eu tort. Vous comprendrez alors l'amour que Dieu éprouve pour celui qui reconnaît ses fautes ; avec quelle tendresse il l'accueille, avec quelle joie il s'empresse de pardonner. Vous aurez comme un goût de Dieu.

Les résultats de « SE DIRE ».

Aucun doute qu'après avoir terminé une cinquième étape on se sente léger, content, libéré. Il y a toujours une certaine appréhension — nous l'avons dit — à dévoiler le plus intime de son être et personne n'est fou de bonheur à l'idée de franchir cette étape. Si l'on considère le travail tout de même important de la quatrième, en plus de l'effort et de l'énervement d'être allé se raconter, on ne peut que se sentir soulagé, content, léger, enchanté, débarrassé que toute cette affaire soit enfin terminée.

Mais il y a plus, beaucoup plus. Nous sommes d'abord très heureux d'avoir répondu à deux exigences du programme des Alcooliques Anonymes, ce qui porte à cinq, au lieu de trois, le nombre des étapes franchies. Cela a son importance. Ensuite, nous avons vécu une expérience spirituelle, c'est-à-dire qu'à travers l'accueil, la compréhension et la bonté de l'autre, nous avons eu comme un goût de l'amour que Dieu nous porte. Enfin, nous avons réussi à « dire » ce qu'autrefois nous aurions sans doute trouvé « impossible à dire ». Nous avons donc dédramatisé une partie de notre vécu dont nous ne sommes pas fiers, certes, mais pour laquelle nous ne « claquons plus une jaunisse » parce que, en la racontant, nous nous sommes bien rendu compte que notre interlocuteur n'a pas été foudroyé par une crise d'apoplexie. Nous nous sommes également rendu compte que nos erreurs, nos fautes, ne relèvent nullement du monstre, mais de l'homme. Et que là où il y a de l'homme, il y a de « l'hommerie ». (De la « femmerie » aussi !) Enfin, voici un passage du *Gros Livre* des Alcooliques Anonymes concernant les résultats de la cinquième étape : « Une fois que nous avons agi ainsi, ne retenant rien, nous sommes enchantés. Nous pouvons regarder le monde bien en face. Nous pouvons être seuls en paix et bien à l'aise. Nos craintes disparaissent. Nous commençons à ressentir le voisinage de notre Créateur. Il est possible que nous ayons eu certaines croyances religieuses, mais maintenant, nous commençons à passer par une expérience spirituelle. Nous aurons souvent l'impression que le problème de la boisson est disparu. Nous sommes convaincus que nous sommes sur la route large, marchant main dans la main avec l'esprit de l'univers ». (*Gros Livre*, p. 95.)

Il n'est pas dit, dans la citation précédente, que nous soyons libérés de nos défauts de caractère ou de nos déficiences, ni que nous soyons transformés. Nous avons reconnu nos travers, nos défauts de caractère, nos déficiences et nous en avons parlé à quelqu'un ; c'est beaucoup, mais ce n'est pas tout. Nous ne pourrons pas, par nos propres moyens, atteindre à la transformation souhaitée. Cette transformation viendra de Dieu : ce qui nous mène tout droit aux sixième et septième étapes.

Septième partie

Compter entièrement sur Dieu — plutôt que sur soi — pour faire éclater le meilleur de soi

Nous avons pleinement consenti à ce que Dieu éliminât tous ces défauts de caractère. Nous lui avons humblement demandé de faire disparaître nos déficiences.

Gros Livre, p. 79.

Dieu ! Voilà bien l'ouvrier, le moissonneur, le maître de la vigne capable de faire grandir en nous le meilleur de nous-mêmes, capable de nous révéler toute la beauté dont nous sommes porteurs.

En effet, nous devons comprendre — exactement comme pour notre alcoolisme — que nous sommes absolument incapables d'agir sur nos défauts de caractère ou sur nos déficiences. À noter qu'il n'est pas question de « défauts », mais bien de « défauts de caractère », situés au niveau profond ainsi que de « déficiences », c'est-à-dire « ce dont nous sommes dépourvus ». La transformation souhaitée viendra de Dieu. Nous devrons pleinement consentir à ce que DIEU accomplisse ce travail. Est-ce vous, DIEU ? Non, assurément. Alors pourquoi faites-vous tous ces efforts afin de venir à bout de vos déficiences ? Ou bien c'est Dieu qui nous transformera, ou bien ce sera nous. Combien nous aimerions nous présenter à Dieu « tout faits » !

« Me voici, Seigneur, j'ai réussi ; n'es-tu pas content de moi ? » Sans doute est-il plus flatteur d'être fier de soi que d'être fier de Dieu. Encore une fois, le mieux vient du meilleur et non du pareil au même. Décidément, nous devrons pleinement consentir à ce que DIEU élimine tous nos défauts de caractère.

Est-ce donc que nous n'avons rien à faire ? Ce n'est pas ce que je veux dire ; je veux faire comprendre que nos efforts seront dirigés ailleurs. Par exemple, n'avons-nous pas tout essayé pour venir à bout de l'alcool ? Nous avons commencé par être prudents, à compter les verres que nous consommions ; puis, nous avons cru que la bière seule ne pouvait nous faire du tort ; nous avons également essayé de ne boire qu'en mangeant ; enfin, n'en pouvant plus, nous avons décidé de nous abstenir totalement d'alcool ; rien n'y fit : tôt ou tard, nous avons recommencé à boire. Pourtant, n'était-il pas normal, naturel, de consentir à tous ces efforts ? « Mon mari, si tu voulais, pour moi et pour les enfants, tu ferais des efforts pour arrêter de boire. » Et toutes nos tentatives ont été vaines. Alors, qu'avons-nous fait ?

Nous avons cessé de croire que nous pouvions gagner cette bataille ; nous avons admis notre défaite totale, ce qui nous valut de terribles angoisses et nous conduisit droit au désespoir. Mais, heureusement, du fond de notre abîme, nous en sommes venus à croire que Dieu — et lui seul — pouvait nous aider. Dans son immense bonté, il nous a conduits aux Alcooliques Anonymes et ceux-ci nous ont accueillis. C'est alors que nous avons porté ailleurs nos efforts : au lieu de continuer à nous battre avec l'alcool, nous avons pleinement consenti à assister à des réunions, nous avons écouté et appris, nous nous sommes abandonnés à

Dieu, nous avons continué à prier, nous nous sommes faits les serviteurs des autres, nous avons transmis le message A.A., bref, toutes choses que nous étions capables d'accomplir et que, par surcroît, nous accomplissions dans la joie. Et, croyez-le ou non, nous n'avons plus eu soif ! Pendant que nous portions ailleurs « nos efforts », Dieu s'était occupé de notre bataille avec l'alcool ; à un point tel que la pensée même de boire nous avait quittés.

C'est que nous ne sommes pas « qu'alcooliques » ; nous possédons d'autres dimensions ; ce n'est pas parce que nous sommes alcooliques — ou dans un fauteuil roulant — que nous sommes incapables de dévouement, de compréhension et d'accueil. Au contraire, c'est dans notre alcoolisme même, dans cette limite même, dans ce mal même que nous trouvons un cadeau de vie pour l'autre alcoolique qui se meurt. De notre limite nous vient notre mission. Dieu peut toujours tirer un bien de notre souffrance. N'a-t-il pas garanti, de notre mort, une résurrection ? Et ne sommes-nous pas intérieurement ressuscités d'un mal qui nous avait tués ?

Dans notre inventaire, il est vrai, nous avons admis des déficiences, des défauts de caractère ; mais gardons-nous bien de croire « que nous ne sommes que cela ». Nous ne sommes pas qu'orgueil, colère, jalousie, médisance et calomnie ; nous sommes aussi capables de vérité, de douceur, de tendresse, de dévouement, de compréhension et d'accueil. En d'autres mots, nous possédons toujours un minimum du contraire d'une qualité ou du contraire d'un défaut. Qui peut se vanter — fut-ce un saint — de posséder l'humilité parfaite, la douceur parfaite ? Par contre, qui pourrait affirmer être totalement dépourvu de la moindre parcelle de vérité au sujet de lui-même (humilité), de la moindre parcelle de douceur ou de bonté ? Peut-on, par exemple, être en colère vingt-quatre heures sur vingt-quatre tous les jours de sa vie ? Nous possédons tous des forces négatives mais, en même temps, le pôle positif de ces mêmes forces et vice versa. Afin de faire diminuer le négatif, rien n'est plus efficace que d'augmenter le positif. Cela est aussi beaucoup plus agréable.

Nul ne peut « travailler » un défaut, une déficience (négatif de l'être), pas plus qu'on peut « travailler » un incendie ; il faut aller chercher son contraire : de l'eau. Il est inutile de fournir des efforts sur la faim elle-même ; mieux vaut se concentrer à trouver « ce qui manque à cette faim » : de la nourriture (positif).

Au lieu de combattre directement la colère, appliquons-nous à développer ce qui manque à notre colère : la douceur. Cette affirmation peut paraître, *a priori,* un peu naïve ; car quelle différence y a-t-il à affirmer « qu'on ne se mettra plus en colère » ou « qu'on s'efforcera d'être doux » ? C'est du pareil au même ? Pas du tout. La première manière n'est qu'occasionnelle, alors que la seconde peut-être vécue à tous les instants. Pour mettre en pratique « je ne ferai pas de colère », il faut attendre l'occasion, par exemple, que quelqu'un vous heurte ou vous injurie. Si vous êtes colérique, il y a de fortes chances que vous succombiez ; votre déficience étant ici directement mise à l'épreuve et par ailleurs, n'ayant pas développé plus de douceur, vous ne pouvez prendre appui que sur votre « je ne me mettrai pas en colère ». De plus, cela se vit dans un moment de tension, alors que Dieu est calme et harmonie. Mais ne se pourrait-il pas que Dieu intervienne et nous aide « directement » à ne pas nous mettre en colère ? Je ne le pense pas ; pas davantage qu'il n'est intevenu « directement » dans notre alcoolisme sans que nous ne fassions rien d'autre que « désirer arrêter de boire ». Dieu suggère plutôt l'action : nous avons joint A.A. et nous nous sommes tournés vers les autres.

Les occasions de vivre la douceur sont plus fréquentes et ne se situent pas au niveau d'une confrontation : visiter un malade, accueillir un nouveau dans A.A., transmettre le message, organiser un anniversaire, encourager un filleul, lui dire combien il est aimé de Dieu et combien on l'aime sont autrement plus harmonieux et plus efficaces, comme exercices de douceur, que d'attendre l'occasion qu'on nous heurte afin « de ne pas se mettre en colère ». Vivons ce qu'il y a de positif en nous, c'est-à-dire le meilleur de nous-mêmes, dans la paix et la joie ; cela fera reculer le négatif.

Tout attendre de Dieu, c'est surtout attendre de lui seul qu'il nous sanctifie, qu'il nous rende meilleurs. Pour devenir meilleur, il est vain de se tourner vers le mauvais en soi. Beaucoup plus efficace est de vivre le meilleur de soi, en laissant à Dieu le soin du mauvais : « Délivre-nous du mal... pendant que nous nous efforçons de faire le bien dont nous sommes capables ». Rien ne sert de forcer, de s'épuiser dans des « efforts pour améliorer son caractère ». Cet arbre dans votre jardin, allez-vous, tous les matins, tirer dessus dans « un effort pour qu'il grandisse » ? Il pousse tout seul. Il en est de même du Royaume en nous : « Et il disait : « Il en est du Royaume de Dieu comme d'un homme qui aurait jeté du grain en terre : qu'il dorme ou qu'il se lève, la nuit ou le jour, la semence germe et pousse, il ne sait comment. D'elle-même, la terre produit d'abord l'herbe, puis l'épi, puis plein de blé dans l'épi ». (Mc 4 : 26-28)

Accepter que notre transformation sera lente et progressive, comprendre que nos déficiences ne disparaîtront pas totalement et compter sur l'amour de Dieu pour notre avancement, voilà l'humilité. « Nous lui avons humblement demandé... » Il ne s'agit pas, pour être humble, de « s'écraser » devant Dieu — c'est bête — mais bien de tout attendre de lui plutôt que de tout attendre de soi. Être humbles, c'est consentir à nous laisser aimer, sans chichi, sans histoire, avec la simplicité des enfants. Être humbles, c'est accepter que Dieu nous aime tels que nous sommes. Être humbles, enfin, c'est consentir à être pauvres.

C'est quand l'association des Alcooliques Anonymes a convaincu les alcooliques du monde entier que Dieu les aimerait tels qu'ils étaient que ces derniers ont pu éclater à la vie !

Toute la thérapeutique de l'Évangile réside dans le détachement et l'oubli de soi afin de se tourner vers les autres ; c'est le critère même du Jugement dernier : « ...dans la mesure où vous l'avez fait à l'un des plus petits de mes frères... » Non, il ne s'agit nullement, pour se débarrasser un tant soit peu de nos déficiences, de rester plantés là « à ne rien faire ». S'il fallait compter, depuis bientôt vingt ans avec A.A., toutes les heures passées à transmettre le message, à rouler en voiture pour fins de congrès, anniversaires, journées d'étude, assistances aux réunions régulières ; toutes les heures consenties à écouter l'autre au téléphone, à la maison, au restaurant, dans la voiture ; tout le temps et la fatigue consacrés à organiser, planifier, rencontrer, expliquer, accueillir, écouter, comprendre, encourager, compatir, et j'en passe ; nous totaliserions une somme impressionnante. Ces années ont pourtant passé comme un rêve ; comme s'il ne s'était agi de rien, vraiment. Parce que, voyez-vous, tout cela a été vécu au niveau de la joie et de l'enthousiasme de l'amour ! Si j'ai mentionné cette somme de travail, ce n'est nullement pour m'en plaindre ou pour en tirer quelque gloriole. J'ai, depuis longtemps, reçu ma récompense. C'était seulement pour démontrer que nous ne sommes pas restés là, « à ne rien faire » ; pour souligner que si Dieu consent à nous transformer, nous devons également consentir à devenir des ouvriers à sa vigne ; c'est tout.

Mais il reste encore à PLEINEMENT CONSENTIR à ce que Dieu élimine tous nos défauts de caractère. Il faudra parfois beaucoup de temps avant de CONSENTIR PLEINEMENT à nous défaire d'une habitude, à nous désintéresser des biens matériels, à nous détacher de certaines personnes. Nous risquerions, croyons-nous, de trouver cela par trop souffrant ; de nous retrouver démunis, ennuyés. Dites-moi une chose : avez-vous beaucoup souffert de ne pas boire aujourd'hui ? Non, n'est-ce pas ? Pourtant, il fut un jour où cette proposition nous rendait littéralement malade. Dieu, c'est la douceur ; c'est pourquoi il nous a enlevé jusqu'au goût de boire. Alors, ce n'est pas souffrant ; vous voyez bien. Il en sera de même de nos déficiences ; mais il faudra du temps, beaucoup parfois. Combien d'années vous a-t-il fallu avant d'en arriver à pleinement consentir à ce que Dieu vous aide à arrêter de boire ? Combien d'années cela prendra-t-il, croyez-vous, avant que vous ne CONSENTIEZ PLEINEMENT à ce que Dieu vous aide RÉELLEMENT dans tous les domaines de votre vie ? Toute la question est là.

Il est tout à fait normal d'hésiter, de consentir très peu à la fois à ce que Dieu nous transforme, tellement nous avons peur de souffrir. Bien sûr, nous proclamons consentir ; en paroles. Mais... du plus profond de notre cœur... ne sommes-nous pas portés à imiter Piaf : « Mon Dieu... laisse-le-moi encore un peu ? » « Si nous sommes encore attachés à quelque chose que nous ne voulons pas abandonner, nous demandons à Dieu de nous aider à le vouloir. » (*Gros Livre*, p. 96.) Puisque Dieu ne veut pas nous forcer à vouloir ; il se peut qu'en certains domaines, il faille beaucoup de temps. Mais ne nous décourageons pas ; cela viendra. Le détachement vient avec la bonne volonté, mais aussi beaucoup avec le temps.

Lorsque, enfin, nous aurons PLEINEMENT CONSENTI à ce que Dieu élimine nos défauts de caractère, nous devrons comprendre qu'il faudra encore... DU TEMPS. Toujours du temps ; nous ne serons pas transformés du soir au matin. Nous avons déjà souligné qu'il n'en sera pas pour nos déficiences comme pour l'alcool. En effet — répétons-le — si nous avons pu du jour au lendemain arrêter de boire, il faudra compter toutes les années qu'il nous reste à vivre afin que surgisse, petit à petit, le meilleur de nous-mêmes. Et nous mourrons sans y avoir réussi ; puisque vivre, c'est aussi « devenir ». Qui pourrait vraiment, en mourant, se déclarer parfait ?

Nous devons insister sur la notion de temps. Dieu a attendu quarante ans que les Juifs franchissent un désert dont la distance peut être parcourue en une journée de voiture automobile. Notre expérience personnelle ne nous prouve-t-elle pas combien il faut du temps pour arriver à changer ? Pour nous débarrasser de nos déficiences, pour nous améliorer, pour devenir meilleurs, nous devrons compter sur la grâce de Dieu, certes, mais accepter aussi le fait que cela prendra du temps. Attendre est souffrant. Qui de nous n'a pas souhaité être totalement libéré après quelques semaines de prière ? Et nous avons été déçus. Je ne doute pas que quelqu'un puisse avoir été l'objet, à la manière de saint Paul, d'une transformation soudaine, fulgurante. Ce n'est pas là, pour autant, l'expérience de tout le monde. Dans un cheminement spirituel, vouloir aller trop vite nous empêche de nous accueillir là où nous sommes, tels que nous sommes. Aimer quelqu'un, c'est l'accueillir « là où il est », et non « là où nous voudrions qu'il soit ». Tout ici est une question d'amour de soi, d'accueil de soi. Dieu nous aime « là où nous sommes » tels que nous sommes, et non pas « là où il souhaiterait que nous fussions ». Voici, de Carl Rogers, un point de vue extrêmement intéressant :

« Pourtant, voici l'aspect paradoxal de mon expérience : plus je suis disposé à être simplement moi-même dans toutes les complexités de la vie, plus je cherche à comprendre et à accepter ce qu'il y a de réel en ma personne et en celle de l'autre, plus il se produit de changements. Il est en effet paradoxal de constater que dans la mesure où chacun de nous accepte d'être lui-même, il découvre non seulement qu'il change, mais que d'autres personnes avec qui il est en rapport, changent aussi. C'est du moins ce qu'il y a de plus frappant dans mon expérience et c'est aussi l'une des conclusions les plus profondes que j'ai tirées tant au cours de ma vie personnelle que dans l'exercice de ma profession[1]. »

CONSENTIR à changer, SOUHAITER changer, c'est bien. VOULOIR CHANGER À TOUT PRIX est une entrave à notre avancement. Vouloir changer à tout prix implique que nous ne nous aimons pas ici et maintenant ; que Dieu n'est nullement content de nous ici et maintemant.

C'est aussi mettre des conditions à l'amour de soi et des conditions à l'amour que Dieu nous témoigne ; et, puisque l'acceptation de l'amour que Dieu nous porte ainsi que l'acceptation de soi sont le moteur de notre avancement spirituel, nous nous bloquons sur place. SOUHAITER changer n'implique pas « que je ne m'aime pas là où je suis ». Inversement, m'aimer tel que je suis n'implique pas davantage « que je suis assez bête pour ne pas comprendre qu'il est souhaitable que je change ». C'est Carl Rogers qui dit encore à propos de s'aimer véritablement : « Ce n'est pas de la vantardise ou une manière de s'affirmer : c'est plutôt une satisfaction paisible qu'on éprouve à être soi-même[2] ».

Je souhaite changer, devenir meilleur, plus ouvert à Dieu et aux autres ; mais je ne mets pas cela comme condition pour m'accueillir, pour m'accepter, pour m'aimer tel que je suis, là où je suis. « Tu aimeras ton prochain comme toi-même », c'est-à-dire : tu arriveras à aimer les autres dans la même mesure où tu arrives, toi, à t'aimer. Dieu aussi m'aime tel que je suis. Il souhaite que je change, que je deviennne meilleur, plus ouvert à son amour et à l'amour des autres, mais il ne pose pas cela comme condition de son amour pour moi. Le départ d'un cheminement spirituel, c'est d'accepter d'être aimé de Dieu « pour rien » ; comme de vrais pauvres. Nous devons absolument croire à cet amour, qui que nous soyons, où que nous soyons, aussi perdus que nous soyons. Car l'amour, vous comprenez bien, c'est Dieu. Et puisque nous voulons compter sur Dieu pour notre avancement spirituel, comment pourrons-nous avancer si nous ne croyons pas à son amour pour nous, tels que nous sommes ? Ne pas croire que Dieu nous aime maintenant, tout de suite, spontanément, équivaut à ne pas croire en lui du tout, puisque

« l'amour que Dieu nous dispense » ou « Dieu lui-même » sont une seule et même réalité : Dieu est amour.

Justement parce que Dieu nous aime là où nous sommes, il sera heureux de de nous faire avancer. C'est pourquoi nous devons nous aimer aussi là où nous sommes afin de ne pas faire obstacle à cet amour de Dieu pour nous. Si, pour notre malheur, Dieu nous en voulait de ne pas être rendus plus loin que là où nous sommes, il n'aurait d'aise que de nous faire « reculer » : passez à la queue ! Dieu est tout autre : « Les derniers seront les premiers... » Passez à la tête ! Voilà Dieu !

Ainsi donc, s'inquiète-t-on souvent, Dieu approuve tout ce que nous faisons, bien ou mal. Je n'ai pas dit cela ; j'ai dit que Dieu nous aime tels que nous sommes, peu importe ce que nous sommes. Aimer n'est pas approuver ; il faut le répéter souvent. Approuvez-vous tout ce que font vos enfants, surtout s'ils ont dépassé la vingtaine ? Souscrivez-vous à toutes leurs idées, à toutes leurs folies, à tous leurs égarements ? Mais moi je sais bien que, du fond de votre cœur, vous les aimez de tout votre être tels qu'ils sont, peu importe ce qu'ils sont. C'est votre amour même qui vous retient de vous imposer à eux par la force, les cris, les menaces ou les injures. Tel vous aimez, tel vous laissez libres. Votre amour vous amène à respecter leur cheminement. Vous savez bien qu'ils aprendront à grandir de leurs souffrances. Et si vous essayiez, de force, de les leur éviter ; ils continueraient à vivre en croyant que leur bonheur était là où vous leur aviez interdit d'aller. Il n'est pas facile d'aimer. Pensez-vous qu'il soit plus facile d'être Dieu d'amour ? Pourquoi croyez-vous que le Père ait dû sacrifier pour nous son Fils bien-aimé ?

C'est que Dieu croit en nous tellement plus que nous croyons en lui. Il espère en nous tellement plus que nous espérons en lui. C'est parce que Dieu croit en nous que nous croyons en lui ; notre foi peut-elle venir d'ailleurs ? Dieu croit absolument que nous pouvons sans cesse devenir meilleurs ; il croit en nos possibilités de don et de bonté ; il croit que nous pouvons changer. C'est lorsque nous consentons à répondre à cette tendre et patiente espérance du Père en chacun de nous que nous commençons à croire, à espérer en nous-mêmes ; à consentir, enfin, à changer. Aimer quelqu'un, c'est croire en lui ; c'est croire, malgré tous les « malgré », qu'un jour le meilleur de lui-même pourra éclater. Quand on n'aime plus, c'est qu'on a cessé d'espérer : « Tu seras bien toujours le même ; tu ne changeras jamais ! » Quand on n'espère plus rien de soi-même, quand on ne croit plus pouvoir changer ; c'est qu'on a cessé de s'aimer.

Il est illusoire de vouloir devenir meilleurs avec l'idée que Dieu nous aimera davantage : c'est tout le contraire ! On ne devient pas meilleurs « pour que Dieu nous aime », mais « parce que nous sommes aimés de Dieu », transformés par son amour. C'est croire qu'on est aimé de lui qui rend meilleur. Nous ne sommes pas plus aimés aujourd'hui qu'hier, car seul l'amour d'hier pouvait nous faire grandir. N'étant pas atteint d'instabilité affective, Dieu nous aime depuis toujours avec la même intensité, la même tendresse, la même espérance : nous ne serons jamais plus aimés que nous l'étions autrefois ou que nous le sommes aujourd'hui.

Nous désespérons souvent de nous-mêmes. Il semble que sur certains plans, nous n'avançons guère ; pire : que nous ne possédons pas ce qu'il faut. Nous ne voyons vraiment pas comment nous pourrions avancer, tant nous avons du mal à démarrer. Il faut continuer à croire, à espérer. J'ai si longtemps espéré en certains de mes filleuls ; j'ai tellement voulu croire au meilleur d'eux-mêmes, qu'après des années, ce meilleur a émergé.

Ce n'est pas parce que nous ne voyons pas, que nous ne sentons pas encore certaines possibilités en nous, qu'elles n'existent pas. Parce que vous ne les voyez pas, direz-vous à une mère que son nouveau-né n'aura pas de dents ? Elle ne vous croirait pas ! C'est parce que nous savons que ce nouveau-né est fils d'homme que nous croyons qu'il aura des dents. Mais s'il s'agissait du petit d'un oiseau ? Par le Christ, nous sommes tous frères, donc fils et filles de Dieu. Nous portons, en puissance, toutes ses couleurs. Si le Christ a cru en nous, a espéré en nous au point d'en mourir, s'il nous a proposé le Royaume, c'est qu'il savait que chacun de nous peut grandir.

Notes

1. Carl Rogers, *le Développement de la personne*, Paris, Dunod, 1968, p. 20.
2. *Ibid.*, p. 71.

HUITIÈME PARTIE

Réparer nos torts

Nous avons dressé une liste de toutes les personnes que nous avions lésées et nous avons résolu de leur faire amende honorable.

HUITIÈME ÉTAPE.

Nous avons réparé nos torts directement envers toutes ces personnes, partout où c'était possible, sauf lorsqu'en ce faisant nous pouvions leur nuire ou faire tort à d'autres.

NEUVIÈME ÉTAPE.

Dans la huitième étape, il y a « résolution de faire amende honorable » ; alors que dans la neuvième, l'exécution de cette amende honorable sera « de réparer nos torts ». Nous devons donc retenir ici que la résolution de faire amende honorable engage bien davantage qu'à « reconnaître ses torts et à en demander pardon », signification plus exactement accordée à « amende honorable ». En effet, le texte américain emploie l'expression *made amends* pour les deux étapes, en mettant *amends* au pluriel afin de signifier très exactement : dédommager, compenser, réparer. Qu'il soit donc clair que l'expression « amende honorable » nous entraînera plus loin que présenter de simples excuses ou reconnaître nos torts, et que nous devrons dans la mesure du possible, réparer, compenser, dédommager. Enfin, il est question de personnes « que nous avons lésées », c'est-à-dire à qui nous avons causé des TORTS RÉELS, des inquiétudes graves, des chagrins profonds. Il sera sans doute convenable de présenter des excuses à une personne avec laquelle nous avons été désagréable autrefois ; mais elle n'a pas été « lésée » dans le sens de lui « avoir causé du tort ». Aussi, à l'occasion d'une rencontre, des excuses seront-elles suffisantes, mais nous n'aurons pas à nous en faire s'il ne nous est pas donné de la rencontrer.

Dresser la liste des personnes que nous avons lésées.

Si nous avons conservé nos feuilles d'inventaire, nous n'aurons qu'à recopier les noms déjà inscrits au troisième point concernant les torts causés aux personnes contre lesquelles nous éprouvions du ressentiment ; passant ensuite aux torts occasionnés par la colère, la jalousie, la médisance, la calomnie, le mensonge, les infidélités, le vol, la fraude, les dettes en souffrance, etc. Si nous avons détruit le texte de l'inventaire, mais qu'auparavant nous ayons pris soin de recopier les noms de ceux à qui notre conduite a pu causer du tort, le travail s'en trouve simplifié d'autant. Il faudra évidemment ajouter les torts causés depuis la rédaction de l'inventaire.

S'il ne vous reste plus rien de votre inventaire et désirez procéder maintenant à la huitième étape ; cela n'offre pas trop de complications. Vous pouvez ou bien vous reporter au questionnaire qui suit, ou bien, pour plus de détails, revenir — dans ce livre — à la cinquième partie intitulée : « L'INVENTAIRE MORAL ». Voici donc, dans les lignes suivantes, de quoi dresser une liste des personnes que nous avons profondément blessées, auxquelles nous avons occasionné de véritables chagrins, des TORTS RÉELS (léser).

Avant même de commencer, rappelons-nous que nous ne sommes plus seuls. Dieu nous accompagne et nous accueille, son rôle n'étant pas de nous condamner mais de nous encourager, nous soutenir et nous fortifier de sa compréhension et de sa tendresse. Dieu ne nous tient pas en arrière dans des « reproches » ; il nous invite, nous appelle à devenir meilleurs et ne désire qu'une chose : nous indiquer le chemin. Si nos cœurs sont ouverts à son amour et à son pardon, il ne tient aucun compte de notre passé, mais espère en notre avenir. Il sait que nous pouvons grandir. Commençons maintenant notre travail confiants et pacifiés.

À cause de l'ORGUEIL (Amour-propre blessé, susceptibilité, vanité) et la PEUR (Insécurité, jalousie, envie, questions d'argent) — que seul un grand amour eût pu diluer — nous nous sommes sentis frustrés et remplis d'amertume et de ressentiment qui nous ont poussés bien souvent, à profondément blesser les autres. Parfois même, nous nous sommes vengés en leur causant du tort ou en essayant de leur nuire. Néanmoins, il se peut fort bien que certaines blessures, certains torts aient été causés sans intention réelle ou préméditation de notre part. Je pense, par exemple, à certaines difficultés survenues à cause de notre problème d'alcool au temps où, n'ayant pas encore connu A.A., nous étions dans l'impossibilité d'en sortir. Je pense aussi à toutes ces paroles « en l'air », à tous ces jugements irréfléchis prononcés à la légère. Je pense encore à notre insouciance, à notre inconscience, à notre manque de formation et d'expérience. Je pense enfin à notre ignorance : ignorance des valeurs vraies, ignorance de notre vraie valeur, ignorance du royaume intérieur. Je ne cherche pas à nous excuser. Vouloir s'excuser voudrait exclure la bonne volonté de réparer en refusant de reconnaître notre responsabilité. Je cherche plutôt à comprendre, à accueillir... Je cherche l'amour. Si, en consultant la table des matières de ce livre, vous aviez décidé de vous attaquer immédiatement à « la liste des personnes que nous avons lésées », on ne saurait trop vous encourager à lire, depuis le début, les chapitres précédents. Peut-être — c'est un vœu — y trouverez-vous une douce préparation au regard intérieur que vous voulez entreprendre.

Donc, inscrivons les noms de ceux à qui notre conduite a causé des inquiétudes et des chagrins profonds ; des torts réels :

I. Par colère, ressentiment, intolérance, jalousie. (À la maison — au travail — avec la parenté et les connaissances — dans A.A.)

   A. En paroles :

      1. Médisance ou calomnie : (les noms) ___

      ____

      2. Faux témoignage : (les noms) ________

      ____

      3. Cris, injures : (les noms) ___________

      ____

      4. Menaces : (les noms) _____________

      ____

5. Critiques mesquines ou acerbes ; jugements qui condamnent ; mépris, moqueries, insinuations déplaisantes : (les noms)

____

____

B. En mutisme (silences prolongés, absences... par bouderie) :

1. Ne pas adresser la parole par bouderie, ressentiment : (les noms) ____________

____

2. Refuser de saluer, de tendre la main, d'adresser la parole (en public), etc. : (les noms) ____________________________

____

3. Quitter longtemps le foyer sans donner de nouvelles par vengeance, bouderie : (les noms) ____________________________

____

4. Refuser d'inviter, de recevoir (par ressentiment) : (les noms) ________________

____

5. Refuser leur invitation : (les noms) ____

____

6. Autres : (les noms) ________________

____

C. En actions :

1. Coups et blessures : (les noms) _______

____

2. Menace de voie de fait : (les noms) ___

____

3. Menaces de mort : (les noms) ________

____

4. Déranger la nuit, troubler leur paix : (les noms) ________________________

____

5. Détérioration de leurs biens par vengeance : (les noms) ________________

____

6. Rejet, ségrégation : (les noms) _______

____

II. Par infidélité au conjoint :

Note : Le mensonge — dans le sens de ne pas dire au conjoint — n'entre pas en ligne de compte ici. Assurément, l'infidélité est une forme de mensonge en soi, mais il vaut mieux ne pas dévoiler la vérité au conjoint sous prétexte de « rigoureuse honnêteté » ; cela causerait plus de chagrin, plus de mal encore : « ...mais nous ne pouvons révéler à nos femmes ou à nos parents ce qui pourrait les blesser ou les rendre malheureux. Nous n'avons pas le droit de sauver notre peau aux dépens d'une autre personne. Nous dirons ces parties de notre histoire à quelqu'un qui comprendra, mais n'en sera pas affecté. Le règlement, c'est que nous devons être durs avec nous-mêmes, mais pleins d'égards pour les autres ». (*Gros Livre*, p. 94.)

A. Quand avons-nous été :

1. Égoïstes, malhonnêtes, irréfléchis ? ____

____

2. Avons-nous fait naître, sans justification, la jalousie, les soupçons, l'amertume, le chagrin ? ________________________

____

3. Qui d'autre a pu en souffrir ? (enfants, parents, amis, etc.) ________________

____

III. Le vol : (noms de personnes ou de firmes)

____

IV. La fraude : (noms de personnes ou de firmes)

____

V. Autres façons de causer des torts, des dommages :

(les noms) ______________________________

VI. Les questions d'argent :

1. Refuser, par ressentiment ou égoïsme — alors qu'on en avait les moyens — l'argent nécessaire au foyer : _________

____

2. Refuser, par ressentiment ou égoïsme — alors qu'on en avait les moyens — un certain luxe au conjoint, à la famille : ____

____

3. Refuser, par ressentiment ou égoïsme — alors qu'on en avait les moyens — de verser la pension alimentaire : _________

____

4. Ne tenir aucun compte de ses dettes ; ne pas prendre arrangement même pour les plus minimes versements hebdomadaires ou mensuels : ____________________

____

5. Autres réflexions par rapport à l'argent :

____

____

____

Le questionnaire précédent renferme à peu près toutes les possibilités de blesser, de nuire ou faire tort à quelqu'un ; mais ce n'est là qu'un modèle : vous y ajouterez, bien sûr, ce qui vous semble nécessaire.

Une fois cette liste terminée, la huitième étape se trouve complétée si nous avons pris la ferme résolution de réparer nos torts « *directement* » envers ces personnes, « *partout où c'était possible* », « *sauf lorsqu'en ce faisant, nous pouvions leur nuire ou faire tort à d'autres* ». Les soulignés qui précèdent demandent explications ; après quoi, nous pourrons procéder aux réparations qui s'imposent.

Tout d'abord, pourquoi réparer nos torts ? Pour nous punir, nous apprendre à vivre ? Nullement ! Nous devons réparer nos torts parce que c'est justice et aussi pour nous grandir ; pour que nous devenions des hommes et des femmes « debout ». C'est une étape difficile, exigeant parfois beaucoup de temps. Quoi qu'il en soit, il est plus grand de réparer que de laisser porter. Ainsi, en retrouvant votre voiture stationnée endommagée ; vous aurez infiment plus de respect pour la personne qui a laissé sa carte que pour celle qui a bêtement passé sa route. Tout argument supplémentaire me semble superflu. Il faudra souvent bien du courage ; Dieu le donnera si nous le demandons.

Réparer nos torts « directement » ; c'est-à-dire que dans le cas de personnes que nous connaissons bien et plus particulièrement lorsqu'il s'agit de membres de la famille ; il est important que nous nous adressions personnellement, dans l'intimité, à ceux ou celles que nous avons blessés ou lésés. Il arrive quelquefois, à des réunions des Alcooliques Anonymes, que quelqu'un ayant à prendre la parole, profite de l'occasion pour adresser une amende honorable à son conjoint présent dans la salle. Cela vient d'un très bon cœur, sans aucun doute, mais ne répond pas à l'exigence de l'amende honorable directe. Il est relativement facile d'adresser des excuses publiques ; il est plus difficile de s'asseoir seul à seul avec la personne concernée afin de reconnaître ses torts devant elle, de lui exprimer des regrets et de la prier de bien vouloir pardonner. Souvent, la peur d'éclater en sanglots retient bien davantage que n'importe quoi d'autre. Les émotions sont difficiles à contrôler. N'oublions pas que cette étape vient en neuvième place ; donc assez tard dans le cheminement.

Par contre, dans certaines situations particulières, la réparation directe peut être évitée. Supposons quelqu'un voulant rendre une somme volée. Ce dernier, se sachant détesté et connaissant par surcroît le caractère vindicatif de la personne lésée, est convaincu que malgré sa bonne volonté, on lui causera des ennuis. Il pourrait, dans ce cas, recourir à un tiers qui remettrait la somme volée tout en taisant le nom du débiteur fautif. Un prêtre ou un ministre seraient tout indiqués pour cette démarche, étant donné la crédibilité et la discrétion attachées à leur personne. Si l'on devait se trouver dans le doute quant à la meilleure façon d'agir, surtout lorsque d'autres êtres chers sont impliqués, il serait sage de consulter une, deux ou même trois personnes de bon conseil qui aideront à former un meilleur jugement. Prier sera également nécessaire. Enfin, si l'on est de bonne foi et qu'on désire réparer au mieux ses torts ; les solutions viendront.

« *Partout où c'était possible* » : à l'impossible, nul n'est tenu ; c'est évident. Mais il faudra être bien honnête avec sa conscience et ne pas décréter impossible une réparation difficile. Les torts causés, s'ils ne peuvent être entièrement réparés, ne peuvent-ils l'être partiellement ? Il appartient à chacun de répondre. On entend souvent dire : « Je ne bois plus, ma conduite est meilleure, tous peuvent s'en rendre compte ; cela suffit comme amende honorable ». Permettez-moi d'en douter. Ne pas boire est le moins qu'on puisse faire « pour soi-même » quand on est alcoolique, et le reste du monde n'a pas à en avoir le souffle coupé. Même si l'on se croit exempt de présenter des excuses, les torts causés ne sont pas pour autant réparés.

« *Sauf lorsqu'en ce faisant, nous pouvions leur nuire ou faire tort à d'autres.* » Le cas le plus typique est celui d'un homme marié (ou d'une femme) ayant eu des aventures et dont le conjoint lui est demeuré loyal et fidèle. Si celui-ci n'en sait rien, ce serait lui causer un chagrin et des souffrances inutiles que de le lui avouer. Cette question a déjà été traitée ; il est donc inutile d'insister ici.

Si nous devons rencontrer une personne nous ayant fait plus de torts que nous ne lui en avons causés, nous nous en tenons strictement aux nôtres sans discuter les siens. Ce genre de rencontre exige une assez bonne solidité d'être et nous devons encore insister afin que de telles démarches ne soient pas entreprises trop tôt : sept étapes sont à franchir avant de procéder aux huitième et neuvième présentement à l'étude.

Dans les cas de dettes, surtout si elles sont importantes, des arrangements devraient être pris lorsque cela est possible. Trop souvent les gens attendent de pouvoir rendre en une seule fois une somme, de sorte qu'ils remettent indéfiniment le devoir de rembourser. En général, personne ne refusera des versements réguliers. L'important est d'agir.

Si une personne refuse de nous recevoir, nous ne

pouvons rien de plus pour le moment ; nous n'allons tout de même pas forcer sa porte. Peut-être que plus tard... Enfin si, ayant accepté de nous rencontrer, quelqu'un se montre dur et plein de reproches, nous nous mettons intérieurement en prière quelques secondes, demandant à Dieu de nous aider à accepter. Mais il est rare de se heurter à une telle attitude. Presque toujours — pour ne pas dire immanquablement — les gens les plus fermés seront profondément touchées par notre sincérité et nous témoigneront leur sympathie. Au fur et à mesure que nous progresserons dans la réparation de nos torts :

> Nous connaîtrons une nouvelle liberté et un nouveau bonheur. Nous ne regretterons pas le passé, mais nous ne voudrons pas l'oublier non plus. Nous comprendrons ce que veut dire le mot sérénité et nous connaîtrons la paix. Peu importe jusqu'à quel degré nous sommes descendus, nous verrons comment notre expérience peut profiter aux autres. Cette idée d'inutilité et d'apitoiement sur notre sort disparaîtra. Nous perdrons intérêt aux actions égoïstes et nous nous intéresserons davantage au sort de nos compagnons. L'égoïsme disparaîtra. Nos attitudes et notre façon de voir la vie changeront complètement. La crainte des gens et la crainte de l'insécurité économique nous quitteront. Nous saurons intuitivement comment réagir dans les situations qui d'habitude nous déroutaient. Nous nous rendrons compte tout à coup que Dieu accomplit pour nous ce que nous ne pouvions pas faire pour nous-mêmes.
>
> Est-ce que ce sont là des promesses extravagantes ? Nous ne le pensons pas. Elles se réali-

sent parmi nous parfois rapidement, parfois lentement. Elles se réaliseront toujours si nous travaillons dans ce sens. (*Gros Livre*, p. 103.)

Que peut-on souhaiter de plus ?

Neuvième partie

L'Inventaire quotidien

Nous avons poursuivi notre inventaire personnel et promptement admis nos torts dès que nous nous en sommes aperçu.

Gros Livre, p. 79.

Vérifier, chaque soir, la qualité de nos pensées, de nos paroles et de nos actions pour la journée qui s'achève.

Une façon simple et agréable de progresser. Quelques instants suffisent pour repasser les pensées, les paroles et les actions de la journée : « Ai-je blessé quelqu'un aujourd'hui ? Ai-je causé quelque chagrin ? Mes pensées étaient-elles positives, enthousiasmantes ; débarrassées d'apitoiement, d'éternels regrets, de craintes inutiles, de ressentiment ? Pouvoir répondre favorablement à ces questions procure une sensation de bien-être. Par contre, si nous nous surprenons en faute, nous sommes au moins satisfaits d'en prendre conscience. Combien de personnes, vraiment, chefs de bureau ou d'entreprise, directeurs de services, professionnels, scientifiques, financiers, hommes d'État, tous si conscients de leur importance... combien, dis-je, se donnent la peine d'en faire autant ? Dites-moi ?

Une vérification quotidienne empêche que nous glissions inconsciemment dans l'égoïsme, la malhonnêteté, le ressentiment, la peur, enfin tout ce qui tient hors de la zone d'amour, d'accueil, de tendresse et de paix ; tout ce qui fait obstacle à ce que surgisse le meilleur de nous-mêmes. En effet, nous savons que nous pouvons grandir. Repasser une journée seulement est fort simple et exige peu de temps ; la vraie difficulté est d'y penser ! Tant que l'habitude n'en est pas prise, il est facile d'oublier ; de voir passer les semaines, les mois et même les années, sans jamais s'arrêter pour faire le point.

En plus de vérifier si nous sommes en faute, l'inventaire quotidien permet aussi — et cela vaut davantage — de prendre conscience de nos réussites, de nos progrès, de notre croissance. Rien n'invite mieux à demeurer blottis tout contre Dieu, de savoir que par lui notre monde merveilleux a commencé de fleurir, que notre arbre porte déjà des fruits, que nous continuons à croître. Certains amis A.A., pourtant très abandonnés au Père, me confient parfois leur impression de ne pas avancer, de piétiner. Je leur réponds toujours que c'est peut-être parce qu'ils ne se regardent pas avancer tous les jours : « Es-tu certain, depuis ton arrivée aux A.A., de n'avoir parcouru aucun chemin vers le progrès ? » « Oh mon Dieu oui ! me répond-on chaque fois, s'il fallait ! Je ne suis plus du tout le même ! » Alors, pourquoi dites-vous que vous n'avancez pas, que vous restez sur place ? C'est que vous ne vous donnez pas la peine de vous regarder grandir.

Cependant, il est également vrai que si, sur certains points, nous ne nous voyons pas grandir ; sur d'autres, nous ne nous voyons pas reculer non plus. C'est dommage car ni le cœur ni la bonne volonté ne font défaut ; c'est la « prise de conscience » qui manque. C'est bête d'être si généreux, si tendre, si apte à grandir et de rater son coup « tout juste parce qu'on ne s'en aperçoit guère ».

Enfin — c'est mon expérience personnelle — parmi ceux qui ont rencontré Dieu et s'y sont abandonnés ; je ne connais personne qui n'ait pas progressé. Néanmoins, l'inventaire quotidien fera progresser doublement et le seul fait de nous en rendre compte nous maintiendra dans une joyeuse persévérance. Voici donc une façon simple de procéder chaque soir :

1. Ai-je blessé quelqu'un aujourd'hui,

— par mes paroles (critique, remarques déplaisantes, injures, sarcasmes, etc.) ?

— par mes attitudes (bouderie, éloignement, silences, manque d'écoute, etc.) ?

Nous serons souvent très heureux de constater que nous n'avons blessé personne au cours de cette journée ; qu'au contraire, nous avons su écouter, encourager et consoler. Peut-être aussi avons-nous passé la soirée à accueillir un nouveau membre ou à transmettre le message A.A. Cette journée serait donc plutôt remplie de paroles utiles et bienfaisantes. Il est extrêmement important, voire nécessaire pour notre avancement, que nous en soyons conscients.

Si nous avons été impatients, malveillants ou même colériques ; qu'à cela ne tienne : nous pouvons réparer en demandant à ceux que nous avons blessé de nous pardonner. Si nous trouvons cela difficile, nous prions pour en obtenir le courage.

2. Ai-je causé du tort à quelqu'un aujourd'hui,

— en paroles (médisance, calomnie, moquerie, etc.) ?

— en action (malhonnêteté, vol, fraude, coups, etc.) ?

Je ne vous connais pas, mais je doute que vous

passiez tout votre temps à causer du tort aux autres. Vous constaterez comme nous que nous n'avons rien d'un monstre à sept têtes ; que si nous avons causé des torts, nous n'avons pas le cœur si dur que nous ne le regrettions guère. Nous demandons à Dieu de nous éclairer sur la meilleure façon de réparer le plus tôt possible.

Mais vous serez enchantés de découvrir, le plus souvent, combien vous avez su vous rendre utile en action : aller chercher un membre, aider à la préparation d'une réunion ou d'un anniversaire, visiter un malade, rendre service à un voisin, etc. C'est ainsi que nous découvrons nos aptitudes au don, à la gratuité et à la générosité. Cette prise de conscience contribue grandement à nous construire parce qu'elle nous révèle la beauté de ce que nous sommes. En effet, nous faisons plus souvent le bien que le mal ; car il est rare qu'une existence soit toute dirigée à embêter les autres. Cela devient en tout cas impossible au cœur d'une vie abandonnée au Père.

Pour des raisons de commodité, j'ai voulu placer ici, dans ce livre, l'*Inventaire quotidien*. En effet, la partie précédente traitant d'un inventaire plus élaboré concernant les torts causés au prochain, la compréhension de l'inventaire quotidien devenait ici simplifiée. Cependant, dans la pratique, pourquoi ne pas prendre l'habitude de ce dernier aussitôt après nous être racontés à une autre personne ? Rien ne justifie que nous remettions à plus tard.

Offrons-nous donc chaque soir, en repassant notre journée, des instants de joie profonde, des chances « d'amour de soi », en nous rendant compte combien malgré tout nous sommes ouverts au service, à l'accueil, à l'écoute et à la compréhension des autres.

Existe-t-il meilleure méthode de sanctification ? Faisons cela et nous vivrons. Quant à la disparition de nos défauts de caractère ou déficiences — le Père s'occupe de faire reculer ce négatif de notre être en nous apprenant, jour après jour, à faire éclater le meilleur de ce que nous sommes. Rappelez-vous : toute la beauté de ce que vous êtes est dans votre avenir.

DIXIÈME PARTIE

Servir Dieu en servant les autres

Comme résultat de ces étapes, nous avons connu un réveil spirituel, nous avons alors essayé de transmettre ce message aux alcooliques et de mettre en pratique ces principes dans tous les domaines de notre vie.

GROS LIVRE, p 79.

En effet, au fil des années passées avec le Christ, beaucoup parmi nous ont connu une expérience de l'amour que nous avons essayé de transmettre à tous ceux qui souffrent, à « tous les pauvres ». Personnellement, je n'ai pas transmis l'amour de Dieu qu'aux alcooliques ; d'autres amis à moi, se sentant seuls et isolés, ont su profiter de ce message et mettre en pratique toutes les exigences du programme. Ils sont nombreux.

Quel message ?

« Nous avons alors essayé de transmettre CE MESSAGE... » Il devient très clair que le contenu de ce dernier tient dans les onze étapes précédentes. À la lumière des chapitres déjà lus, ce message pourrait se formuler à peu près comme ceci :

— Que nous en sommes venus à comprendre que rien d'humain ne pouvait nous sauver de notre solitude, de notre isolement ; que rien d'humain ne pouvait répondre à notre besoin d'être aimés...

— Comment nous en sommes venus à croire que seul un amour infini, divin, surnaturel pouvait nous rejoindre profondément...

— Quelle a été — pour nous — la conception de Dieu pouvant répondre le mieux à notre besoin excessif d'être aimés...

— Comment et pourquoi procéder à un inventaire moral et pourquoi également « se raconter »...

— Qu'ayant compris que Dieu seul pouvait nous transformer, nous faire grandir, nous avons compté sur lui, plutôt que sur nous-mêmes...

— Que nous avions reconnu et cherché à réparer certains torts, dans la mesure du possible...

— Comment, à chaque soir, nous passons en revue notre journée en nous réjouissant pour les bonnes actions et nous promettant de nous excuser ou de réparer pour les torts causés...

— Comment nous consentons, par la prière et la méditation, à nous en remettre entièrement à Dieu pour nous guider dans notre recherche du bonheur et nous donner le courage nécessaire à toute vie...

Voilà bien le message retransmis dans ce livre que vous tenez à la main. Mais cela n'implique pas qu'il faille avoir parcouru tout ce cheminement avant de pouvoir indiquer la voie, ni que le réveil spirituel ne se manifeste qu'à la douzième étape.

Il est très certainement possible d'indiquer la voie au fur et à mesure qu'on s'y trouve engagé. Ainsi, un nouveau venu aux A.A. pourra laisser savoir l'existence de cette association, raconter de quoi il s'agit, partager ses espoirs et sa conviction de l'efficacité de sa démarche, etc. S'il en reste là, il ne pourra pas aller au-delà dans le partage du programme. Mais s'il lui arrive d'ouvrir à la question de Dieu, de le rencontrer et de s'y abandonner, il sera dès lors à même d'indiquer comment il en est arrivé, lui, à franchir les deuxième et troisième étapes. Il est donc possible d'indiquer la voie au fur et à mesure, et aussi loin qu'on s'y trouve engagé ; pas davantage cependant.

Quant au « réveil spirituel », ce n'est guère parce que l'expression est employée à la douxième étape qu'il n'arrive qu'à ce moment ; toutes les étapes contribuent au progrès spirituel. Il est dit : « Comme résultat de ces étapes [les onze qui précèdent], nous avons connu un réveil spirituel ». À mon humble avis, l'étape la plus « réveillante » à la vie spirituelle, c'est la première. N'est-ce pas une souffrance qu'on ne peut ni expliquer ni calmer, une blessure qu'on ne peut guérir, une limite, un besoin insatiable d'être aimé, une pauvreté, qui ouvrent les portes du royaume ? C'est sans doute cela entrer dans le royaume par la porte étroite. C'est que la souffrance nous vide tellement de nos prétentions, tout en nous laissant croire qu'au plus profond de nous-mêmes nous sommes pourtant infiniment valables ; que nous nous faisons tout petits, non pas dans le rejet de ce que nous sommes, mais comme des petits comprenant enfin que seul le Père peut les faire grandir. Cet abandon au Père, la prière, ainsi que toutes les autres étapes élargiront la voie et finiront par faire passer à une expérience spirituelle.

Pour transmettre ce message, il faudra, bien sûr, en trouver l'occasion. Pour les membres A.A (ou des autres associations) les occasions sont toutes trouvées : les alcooliques requérant de l'aide, les nouveaux arrivants, d'autres plus anciens, désirant qu'on leur indique comment nous sommes allés plus loin. Ceux ne faisant pas partie d'A.A. n'auront aucun mal à trouver, parmi leurs amis ou leurs connaissances, des personnes souffrant de solitude, peu heureuses ou malheureuses cherchant une réponse à leur existence, à la souffrance ; assoiffées d'un bonheur qu'elles n'arrivent pas à nommer. Mais je ne pense pas qu'on puisse en trouver un nombre suffisant. C'est pourquoi il fut suggéré de visiter les malades, les infirmes, les personnes âgées, les prisonniers, etc. et de s'engager à le faire de façon régulière et permanente. S'arrêter équivaut à revenir en arrière.

Quoi qu'il en soit, il est de toute nécessité de « se tourner vers les autres » ; on n'insistera jamais assez sur cette idée. Avoir rencontré Dieu, s'y être abandonné, prier, ne suffit pas ; il faut aller vers les autres. DIEU-AMOUR N'EST PAS UNE THÉORIE ; pour s'épanouir, pour devenir heureux, il faut VIVRE L'AMOUR. On ne sert bien Dieu qu'en servant les autres. Une spiritualité vraie, évangélique, nous met nécessairement au service des autres. N'espérez pas grandir sans servir.

L'assistance aux réunions A.A (ou autres) est impérative ; c'est le milieu d'échange et de travail, le lieu de l'accueil et du don, l'occasion d'amitiés nouvelles ; le temps du service. En général, les membres A.A. se rendent volontiers aux réunions et y participent dans la joie. Est-ce à dire qu'on doive y aller tous les soirs ? Tout dépend des obligations de chacun ; une personne seule sera nécessairement plus disponible que le père ou la mère de cinq enfants. Il est certain qu'au début, le conjoint devra consentir à ce que son partenaire consacre beaucoup plus de soirées à A.A. qu'à d'autres activités ; surtout si ce dernier semble y tenir à tout prix. Cependant, au bout d'un certain temps, un équilibre devrait commencer à se faire sentir entre les soirées accordées à A.A. et celles qui le sont à la famille. Je veux développer davantage cette idée, tant cette question d'équilibre entre A.A. et la famille pose des difficultés à certains.

J'ai connu des alcooliques qui n'ont pas été capables de s'impliquer dans A.A., soit qu'ils n'en comprenaient pas l'importance, soit que leur milieu familial ait été hostile ou peu en faveur de l'assistance aux réunions ; soit encore qu'ils plaçaient ailleurs leur centre d'intérêt.

Il est tellement important non seulement d'aller aux réunions, mais de s'impliquer dans A.A., qu'on aura beau offrir la plus magnifique thérapie à un alcoolique, s'il reste chez lui, ses chances de s'en sortir de façon permanente sont réduites à presque zéro. Puisqu'on ne guérit pas de l'alcoolisme, la thérapie doit être permanente : une fois alcoolique, toujours alcoolique. Il y a moyen, pour ces derniers, de vivre heureux sans boire ; à la condition qu'ils se tiennent dans un climat favorable à leur abstinence.

Je parlais, il y a quinze jours, avec un alcoolique intelligent dont je sais qu'il comprend l'ampleur de son problème et aussi qu'il a accueilli Dieu dans sa vie. Pourtant, il était désespéré d'avoir recommencé à boire. Il connaît A.A. depuis dix-neuf années, mais après quelques mois d'assistance aux réunions, il croit que cela suffit, qu'il a compris ; et il porte ailleurs ses intérêts et ses activités : sa maison, son jardin, la pêche à la ligne, le bricolage, toutes choses qui le distrairont, lui semble-t-il, de la taverne. Il s'est bien promis, cette fois, de ne plus abandonner ses activités A.A. S'il tient parole et vit selon les étapes, il réussira.

D'autres, plus cérébraux, croiront se réaliser en s'adonnant aux études, à la lecture, aux arts (là où « l'autre » n'est pas) à un point tel qu'ils font tout juste assez d'A.A. pour se tenir à l'intérieur de la limite de danger. Ils ne boivent pas, mais ils ne sont pas très heureux ni très épanouis : donnant peu, ils reçoivent peu.

Enfin, il y a encore ceux qui doivent tellement, auprès de leur conjoint ou de leur famille, se justifier d'aller aux réunions que, de guerre lasse, ils abandonnent. Assurément, ils ont tort d'abdiquer. Mais certains tempéraments se laissent subjuguer par les revendications de leur milieu. Il faudrait — absolument — si leur famille désire qu'ils se rétablissent, les aimer assez pour leur permettre de profiter des bienfaits du milieu A.A. Tout le monde en profitera. Autrement, s'ils recommencent à boire, tout le monde y perdra.

Je demeure très conscient cependant, que certains membres, faisant partie d'A.A. depuis longtemps, exagèrent en passant toutes leurs soirées aux réunions ; samedi et dimanche y compris. Cela relève peut-être d'un manque de discernement, mais pas toujours. Il se pourrait que, ne se sentant pas bien intérieurement, ils continuent trop longtemps à dépendre des réunions pour leur bien-être. Il faudrait voir si des valeurs spirituelles profondes sont intégrées, si le milieu familial est harmonieux... C'est difficle à dire. Mais je sais une chose : que rien n'est plus souhaitable que le conjoint non alcoolique se joigne au mouvement Al-Anon afin de se créer, lui aussi, un lieu d'accueil et de don, un milieu de travail et d'échange, l'occasion d'amitiés nouvelles et de service. Sous prétexte de ne pas avoir de problème d'alcool, on croit trop facilement pouvoir se passer de valeurs spirituelles ; ne pas avoir besoin de se réaliser, de s'épanouir ; pouvoir fort bien se passer de servir. Là aussi on est d'avis que la couture, le jardinage, les enfants, le bricolage, la pêche à la ligne feront merveille. Et pendant que le conjoint A.A. noue des amitiés nouvelles, qu'il devient quelqu'un pour quelqu'un, les années passent. On demeure étranger à cette source de joie. Tant de bons moments peuvent être partagés entre le membre Al-Anon et le membre A.A. : des anniversaires, des réunions ouvertes, des congrès, des journées d'étude, etc. L'un comme l'autre, éprouvant la sensation d'être utiles à part égale, échangent leurs idées et leurs projets. De plus, et ce n'est pas le moindre, la joie de grandir ensemble spirituellement, de voir progresser, de l'un et de l'autre, les filleuls contribuent encore à souder ce projet de vie ne pouvant qu'éclater sur la Vie.

Pourquoi n'en serait-il pas de même pour ceux qui, ne faisant pas partie d'A.A (ou autres) voudraient s'occuper de bonnes œuvres, comme nous l'avons dit ? Que le couple s'implique afin que, vivant le projet en commun, les deux puissent également en partager les joies.

Cela dit sur la recherche d'un certain équilibre entre le temps accordé à A.A. et celui qui l'est à la famille, je crois que si des valeurs spirituelles vraies sont intégrées, chacun sera guidé à savoir comment harmoniser sa vie familiale et sociale en même temps que sa vie A.A.

Mais si rencontrer Dieu, s'y abandonner, prier, ne suffit pas, servir, aller vers les autres, ne suffit pas davantage : pour grandir spirituellement, l'un ne doit pas aller sans l'autre. Si la foi sans les œuvres est une foi morte, inversement, les œuvres sans la foi sont des œuvres mortes. On ne se réalise pas qu'en s'occupant des malades et des infirmes ; ces derniers n'étant pas une fin, mais un moyen. La fin c'est Dieu ; les malades, un moyen d'aller vers Dieu. Beaucoup d'infirmières s'occupent fort bien de leurs malades ; on ne peut pas dire d'elles qu'elles vivent spirituellement pour autant, uniquement en se basant sur ce service. Vous connaissez sans doute cette anecdote d'un millionnaire visitant en Chine une religieuse infirmière dans une léproserie. Comme il s'approchait d'elle, et la voyant en train de faire un pansement à un lépreux, il lui dit : « Je ne ferais pas cela, même pour un million ». Et elle de répondre : « Ni moi non plus, figurez-vous ».

Il en va de même dans A.A ; Dieu doit être l'inspiration de notre don. Il ne suffit pas, en donnant le message, de raconter sa vie et ses déboires avec l'alcool : « Les appels à base d'émotion ont rarement du succès. Le message qui peut intéresser les alcooliques doit avoir de la profondeur et du poids. Dans presque tous les cas, ces idéaux doivent être enracinés dans une puissance supérieure aux malades eux-mêmes, s'ils sont destinés à leur donner de nouveau la vie[1] ». Il ne faudrait pas croire non plus que préparer le café, ranger des chaises, présider, tenir le secrétariat sera suffisant pour penser vivre spirituellement, donc suffisant pour obtenir sa sobriété SI L'ON EST ALCOOLIQUE. Je ne dis pas que cela ne soit pas merveilleux, utile, bienfaisant — rien ne dégage davantage de la timidité et du manque de confiance en soi — je dis que cela n'est pas suffisant ; qu'il faut plus : la pratique des étapes est essentielle. Rencontrer Dieu d'abord, pour ensuite le servir dans l'autre : « ...dans la mesure où vous l'avez fait à l'un de ces plus petits de mes frères, c'est à moi que vous l'avez fait ». (Mt 25 : 40) Pour croire servir Dieu en servant l'autre, il faut d'abord croire en Dieu.

> Une fois de plus : l'alcoolique, à certaines périodes de sa vie, n'a aucun moyen de défense mentale efficace contre le premier verre. Sauf en des cas très rares, ni lui ni aucun être humain ne peut le défendre. Sa défense doit venir d'une puissance supérieure[2].

Offrir le meilleur de soi.

Plusieurs personnes me confient qu'après un certain temps, elles finissent par s'ennuyer aux réunions. C'est peut-être qu'elles continuent trop longtemps à s'y rendre « pour chercher » plutôt qu'à s'y rendre « pour donner ». Évidemment, si l'on n'est pas demandé pour adresser la parole ou pour lire les étapes ou pour remercier, etc., on pourrait bien être porté à croire que pour cette soirée-là, on n'aura rien à donner. Il n'est pas non plus possible de toujours accomplir une tâche de service comme, par exemple, préparer le café, présider, être préposé au secrétariat. Que peut-on alors donner ? Le plus important reste à donner : vous ! Il suffit, avant de se rendre à la réunion, de se promettre d'aller vers autant de visages que possible — on ne rejoint jamais si bien Dieu que dans des visages — de leur sourire, de s'enquérir de leur santé, de leur dire combien on est heureux de les rencontrer. Il suffit enfin de dire des choses aimables et positives, des choses qui font plaisir ; d'encourager, de féliciter. À un nouveau, on communiquera son enthousiasme et sa certitude que pour lui les choses iront à merveille. On évitera soigneusement toutes remarques désobligeantes parce que contraires à l'amour, donc à Dieu. On écoutera davantage qu'on ne parlera, on entendra davantage de plaintes qu'on ne se plaindra :

> Se lamenter est inutile et vous empêche de vivre efficacement. Cela encourage l'apitoiement sur soi et bloque toute tentative en vue de donner et de recevoir des marques d'amour. En outre, cela diminue les possibilités d'améliorer les rapports affectifs et de développer les contacts sociaux... Si vous vous aimez réellement, vous lamenter devant

des tiers qui ne peuvent rien pour vous est absurde et indéfendable[3].

Exposer un problème à son parrain, à des amis, ou à des personnes pouvant apporter une aide efficace est une chose ; se plaindre et se lamenter sans cesse, dans le but d'attirer l'attention et la pitié en est une autre. On vous écoutera pour un temps, mais on aura vite fait de vous éviter. Cessez de vous plaindre de vos problèmes ; appliquez-vous plutôt à les régler et n'en parlez qu'à ceux pouvant vous apporter une aide efficace réelle. C'est Bill W. lui-même qui, à la fin d'une étude tenue à un congrès en 1955, et voulant souligner l'importance de donner plutôt que recevoir, récitait la belle prière de saint François :

> ...Seigneur, faites que je puisse chercher à réconforter plutôt qu'à être réconforté ; à comprendre plutôt qu'à être compris ; à aimer plutôt qu'à être aimé. Car c'est en donnant qu'on reçoit. C'est en s'oubliant soi-même qu'on trouve... (*Gros Livre*, p. 374.)

Cette attitude de « chercher à donner plutôt qu'à recevoir » peut se vivre n'importe où : à la maison, à une réception, au travail. Trop souvent nous n'essayons de vivre cela qu'aux réunions A.A., ou avec des personnes que nous voulons aider directement ; et nous oublions d'offrir en souriant le meilleur de nous-mêmes, à la maison, au restaurant, au supermarché, partout enfin. J'assistais, il y a quinze jours, à une réception réunissant quelque cent cinquante amis de longue date. Il m'a été donné de remarquer trois personnes nettement différentes des autres par leur attitude d'écoute et de don : elles ne parlaient ni d'elles-mêmes ni de leurs affaires, mais complimentaient et exprimaient leur joie de revoir celui-ci ou celui-là, posaient sans cesse des questions amenant les autres à parler d'eux.

Au moindre signe de bonheur ou de réussite, leur visage s'illuminait et devenait approbateur ; cependant qu'il s'assombrissait et se voulait compatissant à l'écoute de la moindre blessure. À l'autre, tout leur être était présent. Cette attitude suppose un certain cheminement, et on ne s'attendra pas à ce qu'un débutant puisse l'adopter dès le départ. Au contraire, ce dernier sera l'objet de toute l'attention dont les plus structurés sont capables.

Donc, développer la merveilleuse habitude, avant d'entrer chez soi, de se recueillir un moment pour se disposer à offrir le meilleur de soi. Se promettre d'écouter, comprendre, encourager, complimenter. De même, avons-nous dit, avant d'entrer au bureau, à la banque, au restaurant, au supermarché, à une réunion d'amis, partout où nous aurons à adresser la parole à quelqu'un. Néanmois, ce n'est pas pour avoir lu ces lignes ni en se promettant d'agir ainsi que nous y parviendrons. Nous avons assez dit que pour vivre l'amour, il ne suffit pas de le vouloir ; il faut se sentir aimé. Mais il est également vrai que nous pourrions souvent vivre l'amour, et que nous passons tout juste à côté, simplement parce que nous avons omis de brancher sur la source d'amour, et notre cœur et notre esprit. Il faut essayer. On oubliera vite, au début, la belle résolution qu'on venait de prendre. Mais en persistant, on aura tôt fait de constater combien il est possible de progresser. Quoi qu'il en soit, c'est un pari charmant et amusant que nous pouvons nous efforcer de tenir à chaque fois que nous devons rencontrer quelqu'un. Que pouvons-nous perdre en pariant d'offrir le meilleur de soi ?

Le parrainage.

Le parrainage offre sans doute la plus belle occasion de don et d'ouverture à l'autre. Le parrain accompagne, encourage et guide un autre membre non seulement durant les réunions, mais aussi dans le cheminement spirituel des douze étapes. Les étrangers à A.A. pourraient tout aussi bien « parrainer » en indiquant la voie à quelqu'un d'autre. On se contente, bien souvent, d'écouter et d'encourager ; ce qui demeure excellent mais ne constitue quand même pas une réponse au problème exposé. Et c'est quand il n'y a justement plus de réponse à donner qu'une réponse spirituelle serait sans doute la mieux accueillie, parce qu'elle viendrait combler une pauvreté. Aussi longtemps que nous croirons suffisantes les réponses humaines, aussi longtemps que nous croirons avoir trouvé une porte de sortie, nous ne serons pas pauvres.

Le parrainage, donc, se veut plus intime, plus orienté. Ce livre en est un exemple, face à un filleul ou à quelqu'un dont le cœur consentirait à se tourner vers le Christ. Il n'est que de parler humblement de son cheminement à soi, sans rien imposer à l'autre le laissant ainsi libre d'accueillir ou pas. On prendra soin de respecter son rythme d'accueil, car il se pourrait très bien que ce qu'il semble refuser aujourd'hui soit accueilli demain.

Parrainer, c'est aussi amener l'autre à s'aimer lui-même, c'est-à-dire à croire au meilleur de lui-même, en lui révélant constamment toute la beauté dont il est porteur, en lui faisant prendre conscience de sa générosité naturelle, de sa bonne volonté, de sa capacité de rendre service, bref, de tout ce qu'il y a de meilleur en lui. Et lui révéler ce meilleur de lui-même, non seulement en le lui disant, mais surtout en l'accueillant, en l'aimant tel qu'il est et là où il est, car c'est ainsi qu'il a besoin d'être aimé. Cet amour lui est absolument nécessaire, vital, si l'on souhaite vraiment qu'il grandisse. Se rendant compte qu'il est aimé et que l'on croit en lui, il pourra commencer à croire en sa propre valeur ; il pourra commencer à s'aimer. Quelle que soit l'attitude hautaine, orgueilleuse ou prétentieuse qu'il affiche ; l'alcoolique battu a cessé de s'aimer, a cessé de croire au meilleur de lui-même. Il est écrasé. Personne ne devrait chercher à l'écraser davantage : il faudra déjà bien assez d'amour pour le sortir de là où il est.

Personnellement, je ne crois pas du tout à ces techniques voulant « écraser » l'alcoolique dans le but de réduire son ego. Vouloir créer « un fond » en écrasant quelqu'un ne lui fera connaître qu'un fond artificiel, un faux fond qui ne sera pas le sien propre. Son JE SUIS sera écrasé alors qu'il aurait tellement besoin d'être relevé afin de ne plus avoir à recourir à des stupéfiants pour oublier celui qu'il CROIT ÊTRE. La première étape des Alcooliques Anonymes est celle de la limite personnelle dans l'ordre « du faire », « de l'agir » : l'alcoolique reconnaît qu'il ne lui est pas possible de régler son problème d'alcool et qu'il ne peut plus — ou presque plus — faire face à ses obligations familiales, professionnelles ou sociales. Il pourra reconnaître également avoir « fait » des bêtises, « dit » des sottises, mais instinctivement, il refusera de se condamner lui-même sachant très bien qu'il N'EST PAS ce qu'il FAIT. C'est sans doute la raison pour laquelle il se rebiffe tellement contre les durs reproches qui lui sont adressés. « Nous avons admis que nous étions impuissants devant l'alcool — que nous avions perdu la maîtrise de nos vies », nous dit le *Gros Livre* A.A. ; non pas : nous avons admis que nous étions des têtes de cochon, des bouffis d'orgueil, des égoïstes, des gonflés ! Certes, lors de l'inventaire, nous nous rendrons compte de notre orgueil, de notre égoïsme, et de bien d'autres choses encore ; mais l'inventaire n'apporte pas « la solution », il nous invite à « aller plus loin ». La solution proposée est celle d'un abondon au Père, un père plein d'amour nous accueillant inconditionnellement « là où nous sommes » et « tels que nous sommes ». La solution immédiate, c'cst l'amour ! Le malade doit être assommé, surpris, abasourdi, étonné d'amour ; non pas assommé, écrasé, et étonné par des remarques désagréables, arrogantes, hautaines. Voici, de Carl Rogers, de quoi nous convaincre :

> Nous savons que si le thérapeute adopte intérieurement vis-à-vis de son client une attitude de profond respect, l'acceptation totale du client tel qu'il est, et de confiance dans les capacités potentielles du client à résoudre ses propres problèmes ; que si ces attitudes sont imprégnées de chaleur suffisante pour les transformer en une sympathie ou affection profonde pour la personne dans son essence ; que si un niveau de communication est atteint où le client puisse commencer à percevoir que le thérapeute comprend les sentiments qu'il éprouve et les accepte en profondeur, alors nous pouvons être certains que le processus est déjà en marche[4].

Je voudrais commenter le fragment de phrase suivant : « et de confiance dans les capacités potentielles du client à résoudre ses propres problèmes ».

Nous savons que l'alcoolique ne trouvera pas « de lui-même » ou « en lui-même seul » la réponse à son problème : cette réponse viendra d'une puissance supérieure. Cependant, c'est de lui-même qu'il joindra les Alcooliques Anonymes et c'est en lui-même qu'il accueillera un Dieu d'amour ; il n'est que de lui indiquer la voie... et qu'il s'y engage.

Une solution spirituelle, surnaturelle, divine.

A.A. offre une solution spirituelle, surnaturelle, divine, intégrée dans des structures de liberté totale d'accueil, de fraternité et d'amour ; rien de plus, mais rien de moins. Mais si l'on croit encore à des techniques ou thérapies dites « de confrontation », pourquoi ne laisserait-on pas cela à des spécialistes tels que les psychologues, les psychiatres, habilités à manipuler de telles techniques ? Néanmoins, laissez-moi vous rapporter ce que me disait, lors d'un voyage que j'effectuais en Floride, le Dr Arie den Breeijen, psychiatre au centre psychiatrique de Lakeland. Je faisais à ce moment partie d'A.A. depuis une douzaine d'années. « Nous remettons l'alcoolique physiquement sur pied puis nous employons tous les arguments possibles pour lui faire comprendre que tout ce dont il a besoin, c'est d'Alcooliques Anonymes. Nous avons organisé à l'hôpital, continuait de Dr den Breeijen, des réunions A.A. où nous envoyons nos alcooliques et les résultats sont étonnants. Il y a là tout ce qu'il faut. Si nous devions inventer une technique pour les alcooliques, il nous faudrait réinventer A.A. Et à quoi cela servirait-il, ajoutait encore le docteur, puisque A.A existe déjà ? »

Alcooliques Anonymes a suffisamment prouvé au monde entier — dans plus de cent pays (1981) — ce que l'accueil inconditionnel pouvait réaliser pour les alcooliques ; sans compétence autre que la souffrance vécue et partagée dans l'amour.

Apprendre à ne vivre que vingt-quatre heures à la fois.

Tout le monde pourra profiter d'un principe de vie extrêmement intelligent : vivre une journée à la fois. Ce principe du « vingt-quatre heures », très cher aux Alcooliques Anonymes, ne vient pourtant pas de cette association puisque mon grand-père maternel, décédé en 1935 (année de la fondation des A.A.) répétait sans cesse qu'il ne fallait vivre que pour aujourd'hui ; que demain était un autre jour... c'était son leitmotiv. En effet, à quoi servent les éternels regrets d'hier ? Peuvent-ils un tant soit peu changer le passé ? Et la peur de l'avenir pourra-t-elle influencer les événements ? Pourquoi donc ne pas se contenter de vivre aujourd'hui aussi pleinement que possible ? Voilà un principe intelligent, rationnel, dont n'importe qui reconnaîtra le bien-fondé. À un nouveau membre A.A. ne pouvant d'emblée considérer le reste des ses jours sans alcool, on exposera ce principe selon lequel il ne devrait s'engager que pour « aujourd'hui » ; que demain, s'il le désire, il pourra changer d'avis... Puis, le lendemain, il ne s'engage encore que pour « aujourd'hui »... ainsi de suite. Mais cela vaut pour un temps : jusqu'à ce qu'il soit dégagé de l'obsession de l'alcool. Cette libération viendra avec la mise en pratique des principes spirituels des douze étapes. En effet, le programme de réhabilitation des A.A. — constitué des douze étapes — a établi, de façon irréfutable, les preuves de son efficacité. L'affirmation que près d'un million d'alcooliques de par le monde connaissent, grâce à

A.A., une sobriété heureuse et dégagée, n'a rien de fantaisiste. On aura beau dire que les statistiques valent ce qu'elles valent... tout de même ! Il est certain que quelques membres n'arrivent pas à se dégager de l'obsession de boire ; mais leur nombre, comparé à ceux qui réussissent, en font plutôt une très faible minorité, pour ne pas dire des cas d'exception : « Nous avons rarement vu faillir à la tâche celui qui s'est engagé à fond dans la même voie que nous[5] ». Il n'est pas toujours possible de dire pourquoi certains n'accrochent pas, mais on peut toujours dire pourquoi la plupart réussissent et deviennnent profondément libérés : c'est grâce aux douze étapes du programme A.A. Ceux qui confirmeraient ce qui précède sont légion. Ainsi, en ce qui me concerne — et des milliers de membres A.A. en pensent autant — je suis fort aise à l'idée que le reste de ma vie, devrait-elle durer cent ans, pourrait se poursuivre sans une seule goutte d'alcool : bon débarras ! Je ne me vois guère passant le reste de mes jours à répéter sans cesse : « Pour aujourd'hui seulement... tellement cela est difficile, intenable, épuisant, ardu et pénible... » Si vous êtes de ceux qui trouvent pénible de s'abstenir d'alcool et que vous deviez encore ne l'envisager que vingt-quatre heures à la fois, ne désespérez pas : ouvrez votre cœur à Dieu et bientôt — c'est mon vœu le plus cher — vous serez libéré. Assistez à autant de réunions que possible, tournez-vous vers les autres, essayez de rendre service et, surtout, croyez que Dieu vous aime et vous aide ; votre obsession disparaîtra... à condition de savoir ce que vous voulez. L'on sait que : « La seule condition requise pour devenir membre des A.A. est un désir d'arrêter de boire[6] ». Ce « désir » est suffisant pour « devenir membre » ; mais pour réussir à se libérer au point de ne plus avoir soif et de ne plus jamais penser à boire d'alcool, ce « désir » devra sans doute se transformer en un « désir sincère, vrai, loyal », accompagné d'une décision solide, ferme, débarrassée de toute réserve mentale quant au « désir de peut-être recommencer un jour ». Il est facile, avec Dieu, d'arrêter de boire : à la condition de « le vouloir absolument ». Car, si vous aviez un sincère désir « de continuer », soyez certain que Dieu ne fera pas obstacle à votre liberté.

Néanmoins, « vivre vingt-quatre heures à la fois » demeure un principe comme un autre, valant ce qu'il vaut, sans plus, et auquel on prendra soin de ne pas donner la valeur d'une étape du programme spirituel A.A. En effet, il sera relativement facile de vivre une journée à la fois lorsque la vie n'offrira guère de perturbations ; mais à l'épouse qu'on vient d'abandonner, à ce père désespéré parce qu'il ne sait si sa fillette survivra, à tous ceux qui se meurent d'isolement et d'ennui, à ceux qui, obsédés par leur passé, n'arrivent pas à penser à autre chose, à tous ceux qui souffrent et qui pleurent, à tous ceux qui ont perdu le goût de vivre ; il faudra offrir davantage que « vingt-quatre heures à la fois ». Toute la question consiste à savoir à quelles valeurs on pourrait bien s'accrocher afin d'adoucir de « telles vingt-quatre heures ». Il s'agit bien plutôt d'apprendre au filleul quelles valeurs vivre à l'intérieur de ces vingt-quatre heures difficiles ; comment il peut arriver à intégrer, petit à petit, une journée à la fois, le programme spirituel A.A. ; comment apprendre, une journée à la fois, à s'abandonner davantage au Père, à se tourner de plus en plus vers les autres... tout cela : vingt-quatre heures à la fois. Car, voyez-vous, on peut avoir soif d'alcool, vingt-quatre heures à la fois ; on peut se sentir isolé, vingt-quatre heures à la fois...

toute sa vie ! Il me vient à l'idée un membre A.A. de Paris, le grand Jean (de la Chaussée d'Antin) qui avait déclaré : « Avant de m'adonner au programme spirituel des douze étapes, durant deux ans, vingt-quatre heures à la fois, je me suis em... dans A.A. » !

À vouloir présenter sans explications valables — le plus souvent aucune — ce fameux principe du « vingt-quatre heures à la fois », il arrive qu'on produise l'effet contraire à celui escompté. Ainsi, une amie à moi, m'accompagnant à une réunion ouverte, s'était trouvée vivement impressionnée par l'affirmation très répandue ce soir-là « qu'il ne fallait envisager qu'une journée à la fois ». En effet, le président, la secrétaire, le conférencier s'étaient présentés comme des alcooliques « admis et acceptés pour aujourd'hui seulement ». Enfin, le récipiendaire d'un gâteau de sobriété de quelque douze ou treize ans avait aussi déclaré : « Vingt-quatre heures à la fois, mes chers amis, on y arrive ». Cette amie s'était alors penchée vers moi pour me dire : « Comme c'est beau ! Et quelle force de caractère ! Treize ans durant lesquels, jour après jour, à chaque matin, il a fallu recommencer ! Je n'en reviens pas, ajoutait-elle, comme cela doit être difficile ! Je lui lève mon chapeau ! » Mais moi je savais que ce n'était pas ce que ce membre voulait laisser entendre. Il désirait tout simplement encourager le nouveau venu en affirmant que treize années pouvaient sembler bien longues... mais, qu'au fond, tout s'était passé bien ainsi ; que tout ce temps s'était écoulé « vingt-quatre heures à la fois », que cela n'avait pas été si difficile. Chez mon amie, cependant, il avait créé l'impression contraire. Je puis me tromper, mais je ne pense pas que le fait de répéter tout le temps : « ...admis et accepté pour aujourd'hui seulement » et « vingt-quatre heures à la fois, ça se fait » puisse tellement offrir au nouveau des promesses de bonheur. Ces clichés laissent un goût de difficulté relevant bien davantage du stoïcisme que de la sérénité. Rien d'étonnant à ce que tant d'étrangers au mouvement A.A. croient encore qu'il faut à nos membres une force de caractère peu commune pour arriver à vivre sans alcool. Croyez-moi, vous qui tenez ce livre à la main : vivre pleinement A.A. relève d'une aventure dynamique, enthousiasmante, vivante et enrichissante ; nous y rencontrons des tas d'amis, assistons à des anniversaires, organisons des voyages en vue de congrès, recevons de nombreux appels téléphoniques et essayons de guider au mieux les nouveaux venus ; bref, nous ne sommes plus seuls, évoluant dans une sorte de tourbillon d'amour dont plus d'un pourrait être jaloux.

Enfin, vouloir vivre dans le présent — vingt-quatre heures à la fois — n'implique pas que nous ayons « peur » de nous tourner vers le passé ni que nous ayons « peur » de nous projeter dans l'avenir. Au contraire, cela indique que nous avons pleinement accueilli notre passé comme une expérience de vie parfois dure, certes, mais aussi pleine d'enseignements, et pour nous et pour les autres ; que ce passé est une richesse, un cadeau de vie ; que c'est une histoire sur laquelle nous ne sentons plus le besoin de nous apitoyer. Quant à notre avenir, c'est parce que nous le savons rempli de promesses, de bonheur et de paix ; c'est parce que nous faisons entièrement confiance à Dieu, que nous ne voulons pas nous en préoccuper. Nous sommes convaincus que vivre au mieux la journée présente demeure encore la meilleure façon de nous conformer à la volonté de Dieu en même temps que la meilleure garantie de bonne santé morale et d'avenir paisible.

Les jetons, les gâteaux.

On dit que les anciens marquaient d'une pierre blanche les jours heureux de leur vie. Il est d'usage, dans A.A., d'offrir un jeton à tous les trois mois, jusqu'à un an, puis de souligner cette année de sobriété, ainsi que toutes les autres qui suivront, par l'offrande d'un gâteau anniversaire. Nous ne voyons pas là tellement des « récompenses » — nous ne sommes pas des enfants — que des « reconnaissances », dans le sens de « reconnaître », d'encourager. Je me rappelle mon premier gâteau : mon Dieu que j'étais fier ! Ignorer la réussite, c'est priver quelqu'un d'un encouragement auquel il a droit. Bien sûr, avec l'accumulation des années, recevoir un gâteau de sobriété procure une joie plus paisible, et s'il importe de continuer à se rendre devant tout le monde pour recevoir encore et encore un gâteau, c'est afin de « témoigner ». En effet, A.A. existe depuis cinquante-quatre ans (1935-1989) et le nouveau venu doit être à même de constater nos résultats. Comment pourrons-nous donc intéresser qui que ce soit à notre cause si personne n'est convaincu de la possibilité, grâce à A.A., d'obtenir la sobriété de façon permanente. Quand on a reçu, témoigner est un devoir. Cela n'a rien de facultatif.

Sans doute faut-il agir avec le temps... Mais agissez !

Il en est qui remettent toujours à plus tard. Sans doute connaissez-vous de ces personnes ne prenant jamais de décision : c'est trop tôt, rien ne sert de se hâter, cela peut toujours attendre ! Vivre spirituellement relève d'une décision : « Nous avons décidé... » personne ne le fera à votre place. Certains membres n'échappent pas à cettre procrastination. Que quelqu'un leur demande un conseil sur les étapes, et ils répondront immanquablement : « Ah ! pas trop vite, vingt-quatre heures à la fois... » Je suis bien d'accord pour respecter les cheminements, mais de là à remettre sans cesse à demain, il y a une marge. C'est Bill W. qui, sans doute conscient de cette lenteur de tortue, s'est un jour écrié : *« Easy does it, but do it*[7] *!* » (En langage populaire : « Prends le temps qu'il faut, réfléchis, mais accouche ! ») En ce qui concerne le programme spirituel, si vous n'êtes pas encore en route, allez-y, décidez-vous ; demandez, discutez, parlez, cherchez... et vous trouverez. Il ne peut pas en être autrement. D'ailleurs, tout ce que nous souhaitons : la sobriété, la paix, vivre et laisser vivre, agir aisément, avec discernement, patience et douceur, etc., ne sont-ils pas, en somme, des résultats de la vie spirituelle ? Tout au fond de votre cœur, vous savez bien que si !

Notes

1. *Alcooliques Anonymes,* Les éditions Françaises A.A, 1963, p. 20.
2. *Ibid.*, p. 64.
3. Dr Wayne W. Dyer, *Vos zones erronnées,* éditions Select, 1977, p. 59.
4. Carl Rogers, *le Développement de la personne,* Paris, Dunod, 1968, p. 60.
5. *Alcooliques Anonymes, op. cit.*, p. 78.
6. *Alcooliques Anonymes, op. cit.*, p. 297.
7. *The A.A. Way of Life,* New York, Alcoholics Anonymous World Services Inc., 1967, p. 322.

Conclusion générale

Nous avons essayé de démontrer combien, dans le monde désordonné de l'alcoolisme, des valeurs spirituelles vraies pouvaient rétablir un certain ordre, une certaine paix, une certaine harmonie. Ne pourrait-on pas en déduire que pour le monde entier, les mêmes principes pourraient apporter la réponse à ses angoisses, le baume à ses blessures, l'amour à son manque d'amour ?

Le monde actuel en souffrance aurait grand besoin de valeurs spirituelles. Je ne dirais pas : pour la plus grande gloire de Dieu, mais pour le plus grand bonheur de tous. Il me semble que si les hommes y voyaient d'abord leur propre bonheur, ils seraient davantage motivés par ce résultat immédiat que par celui, éloigné, de la plus grande gloire du Seigneur. Le plus grand commandement, celui qui surpasse tous les autres, selon Jésus, c'est l'amour de Dieu et du prochain. Ce commandement n'est pas « d'abord » pour le bonheur de Dieu, mais pour le nôtre. Les hommes ne se conforment pas à cette règle : on se bat, on se tue, on s'exploite, on garde des otages, des pères et des mères pleurent l'assassinat de leurs enfants... Dieu, penché sur nous, voit notre misère et demande toujours : « Aimez-vous les uns les autres, comme je vous ai aimés ». Pourtant, le monde n'a de cesse de crier son besoin d'amour : que de chansons sur l'amour, le partage, la justice ; que de maillots, de casquettes, de chapeaux portant l'inscription *Love ;* que de murailles, barricades, clôtures placardées d'appels à l'amour, à la paix, à la justice ! Cependant, comment les hommes « tels qu'ils sont » pourraient-ils trouver en eux seuls la force d'aimer ? Contemplez l'Histoire ; vous serez édifié ! On apprend l'amour de l'amour. L'homme ne saura pas aimer tant qu'il ne se tournera pas vers l'amour. Dieu lui-même n'a pas échappé à cette règle ; il n'a pu apprendre l'amour que de l'amour : « Comme le Père m'a aimé, moi aussi je vous ai aimés ». (Jn 15 : 9) Autrement, nous n'arriverons qu'à aimer ceux qui nous aiment, qu'à saluer nos amis, qu'à rendre le bien pour le bien ; mais à haïr ceux qui nous haïssent, à combattre nos ennemis et à rendre le mal pour le mal. Cela doit-il déconcerter ? Jamais de la vie ! Rien de plus humain ! Autant nous y résigner : de lui-même, l'homme n'ira jamais au-delà de sa générosité mesquine : moi, ma famille, les miens, mes amis, mon pays, ma race, mes affaires, ma réussite, ma fortune ! Quant aux autres, qu'ils fassent gaffe ! Sans valeurs spirituelles, je ne vois aucun bonheur vrai ni pour les individus ni pour les sociétés. À condition que ces valeurs spirituelles mettent l'accent, « toute la gomme » sur un Dieu d'amour et sur le bonheur personnel et collectif qui en résulterait. Le monde a tellement besoin d'amour ! tellement plus besoin d'être aimé que sermonné.

Autrefois, il n'était que de prescrire, édicter, ordonner, et l'on se soumettait. Aujourd'hui, les mentalités férues de pragmatisme voudront d'abord qu'on les informe sur les conséquences pratiques qu'auront, dans leur vie personnelle, les lignes de conduite qu'on voudrait leur imposer. Ne faudrait-il pas davantage expliquer, vulgariser la morale en même temps qu'elle est édictée ? Et pour ce faire, pourquoi ne pas profiter des *mass media* ? Les Églises sont-elles assez présentes à la télévision ? Comment se fait-il que la plupart des discussions présentées sur le divorce, la cohabitation avant mariage, l'avortement, l'euthanasie, l'augmentation du problème des drogues, de l'alcoolisme, du suicide, du crime, ne sont que le produit de l'initiative privée et dirigées par des personnes bien intentionnées, certes, mais moins préoccupées de promouvoir des valeurs spirituelles que d'établir des états de faits ? Bien sûr, le dimanche, la messe est télévisée... ce qui nous rapproche encore beaucoup plus de la gloire de Dieu que des besoins de directives et de lumières des petits. Ne se pourrait-il pas que l'Église, comme le Christ, sorte du temple pour descendre dans la rue ? La grand-rue n'est plus sur les rives du lac de Tibériade, on y accède par le petit écran.

Mais peut-être bien que les réseaux de télévision ne s'intéressent pas trop à la mise en images de telles émissions ? Je ne sais pas ; je me pose la question. Pourquoi, par exemple, une émission aussi intelligente — et de quelle tenue ! — que « Rencontres », animée par le sympathique abbé Brisebois, est-elle maintenant réduite à une demi-heure par semaine, au lieu de cinq heures comme autrefois ?

Même en admettant que les difficultés viennent des réseaux de télévision ; toutes les dénominations religieuses chrétiennes ne pourraient-elles pas s'organiser, soit pour acheter du temps, soit pour mettre sur pied un petit studio d'où elles émettraient, ne serait-ce que quelques heures dans la journée ?

Quoi qu'il en soit, je rêve d'une Église plus envahissante, plus présente au monde moderne de ceux qui ne lisent pas beaucoup, de ceux, justement, qu'on rejoint si bien en proclamant que le bonheur consiste à « acheter maintenant pour payer plus tard ». Qui pourra les défendre ? Quelle misère !

Il n'y a pas plus sourd que celui qui ne veut pas entendre, objectera-t-on, et prêcher à la télévision équivaudrait à prêcher dans le désert ! Qui sait ? Il est vrai que rien ne déconcerte davantage que l'attitude de certains hommes et de certaines femmes de cinquante ans face aux valeurs religieuses. On croirait qu'à cet âge, ils ont dépassé la dimension du costume Cardin et de la robe Balenciaga, des potins à la mode et des inévitables minauderies des cocktails. Mais il n'en est rien. Des personnes, au fond, très bonnes mais maquillant encore leur misère, leur solitude et leur isolement ; des personnes autrefois très religieuses ayant, quelque part, égaré l'amour. « Où avez-vous égaré cet amour ? Personne ne saurait le dire ; il y a seulement une certaine zone où il faut chercher... et si l'amour s'est égaré, où l'avez-vous vu en dernier lieu[1] ? » Cherchez bien, tout au fond de votre cœur, dans cette zone de votre tendre enfance. N'y retrouvez-vous pas un souffle de fraîcheur... un air de tendresse ? Rappelez-vous la crèche : l'Enfant, Marie et Joseph ; sans oublier le bœuf... ni le petit âne ! Lorsque, encore aujourd'hui, en cette nuit de Noël, vous entendez : « Çà bergers assemblons-nous, allons voir le Messie... » quelle est donc, vous émouvant jusqu'à l'âme, cette nostalgie ? D'où vous vient donc, les bras chargés de cadeaux, cette folle tendresse pressant vos pas dans la neige ?

Mais si, en cette même nuit, vous étiez resté seul chez vous ; d'où vous seraient donc encore venues, en contemplant votre arbre si joli, les larmes d'enfant dont vos yeux seraient remplis ? C'est qu'alors cet amour existait et qu'il a certainement été égaré. Il faut que vous le retrouviez, justement là, dans votre cœur d'enfant.

« En vérité je vous le dis, quiconque n'accueille pas le Royaume de Dieu en petit enfant, n'y entrera pas. » (Mc 10 : 15) Jésus ne veut pas faire comprendre que Dieu lui-même fermera la porte à quiconque n'aura pas accueilli le Royaume en petit enfant. Il veut nous dire que les grands, les superbes, les « capables », ne frappent même pas à la porte du Royaume; qu'ils ne veulent même pas y entrer ; qu'ils ne désirent aucunement venir s'y ennuyer... pour le moment. Sans doute y viendront-ils plus tard, lorsque ayant assez souffert, ils auront épuisé leurs ressources ; quand, enfin démunis, ils seront devenus semblables à des tout-petits, à des « pauvres ». Je me sens un peu chagrin à la pensée que quelques-uns, parmi ceux que j'aime, pourraient peut-être ne jamais consentir à frapper à la porte du Royaume. Ne serait-ce pas cette même pensée qui aurait poussé le Christ à faire du porte à porte ? : « Je frappe à votre porte... », au cas où vous auriez oublié ! Voyez cette humilité de Dieu se substituant à notre suffisance ! Jésus ne dit pas : « Frappez à ma porte, et je vous ouvrirai... », mais « Je frappe à votre porte... »

Quels sont donc ceux qui frappent aux portes ? Ceux qui ont besoin ; ceux qui sollicitent, de vous, une faveur. Est-ce à dire « qu'ouvrir notre cœur à Dieu » serait lui faire une faveur ? Mais oui ! à cause de son amour infiniment plus vaste que le nôtre.

Dans l'Évangile, Jésus insiste pour faire comprendre que Dieu nous aime comme un père ; exactement comme un père et une mère aiment leurs enfants. Mais nous ne devenons fils et filles qu'en acceptant Jésus comme frère. Par le Christ, responsable de notre participation à l'alliance nouvelle, nous sommes rétablis dans l'amour du Père ; c'est lui, le Rédempteur. Nos bonnes œuvres n'y suffiraient pas. Ni le fils prodigue ni Marie-Madeleine n'ont été accueillis pour leurs bonnes œuvres, que je sache. S'il n'y avait que la justice, personne ne serait sauvé. Heureusement, il y eut l'amour.

Évidemment, ce livre ne présente, d'un cheminement spirituel, que le premier pas : nous tourner vers Dieu et croire que nous sommes aimés de lui, peu importe qui nous sommes ; s'imprégner de cette idée que l'amour est gratuit, qu'on ne le mérite pas. Dieu est, ou Dieu n'est pas. Si Dieu est, il ne peut jamais ne pas être. Or Dieu est amour, il ne peut donc jamais ne pas nous aimer. Les seuls instants où l'amour ne passe pas sont ceux où nous ne nous laissons pas aimer. Nous laisser aimer ! Voilà le premier pas d'une expérience spirituelle vraie, parce qu'elle se situe au niveau du cœur ; au niveau de l'amour. Cette expérience se révèle souvent le privilège des désespérés, des petits, des pauvres en esprit ; car croyant ne plus rien « mériter », ils connaissent d'autant plus l'expérience de la « gratuité ». « En ce sens, il arrive que le péché et même le vice soient le chemin le plus profond de la plus profonde rencontre de Dieu Sauveur. Encore faut-il accepter que le salut vienne d'un autre[2]. » Aucun amour n'est véritable qui ne soit gratuit. Ceux qui croient mériter l'amour, qui s'en voient dignes, finissent par penser que Dieu leur doit quelque chose. Ils ne connaissent pas l'amour ; ils font leurs comptes !

Si ce livre a pu, un tant soit peu, vous imprégner de la gratuité de l'amour de Dieu pour vous, alors je n'ai pas écrit pour rien : mes vœux sont comblés et mon cœur est satisfait.

Quant à l'expérience religieuse, je crois que le Christ saura vous en indiquer la voie. Marie-Madeleine n'a fait, au départ, que quelques pas vers lui. Beaucoup parmi nous se sont rapprochés de l'Église et des sacrements. Ont largement contribué à ce rapprochement ce que nous appelons « les réunions intensives » comparables, si l'on veut, à des retraites fermées de *week-end*. Même parmi les plus réticents, au départ, beaucoup de ceux qui se sont joints à ces « réunions intensives » ont été profondément rejoints. On ne saurait trop fortement vous encourager à y participer, si le cœur vous en dit. D'autres aiment se joindre à des groupes de prière comme les charismatiques, les puits de Jacob, etc. Le cursillo plaît également à plusieurs. Et aussi — quand on s'attache au Christ — un retour à la cérémonie du pardon, à celle du pain et du vin, devient pour beaucoup une réponse à un doux appel. (Certaines dénominations chrétiennes ne célèbrent pas ces sacrements.)

Comment, dans ce livre, ne pas placer un mot de gratitude à l'endroit des religieux et des religieuses, pour tant de précieux services rendus. Un nombre impressionnant de réunions A.A. se tiennent dans des locaux leur appartenant. Leur discrétion est exemplaire ; jamais ne cherchent-ils à imposer ni leur présence ni leur manière de voir. Et sur un plan plus personnel, combien de rendez-vous accordés, d'heures d'écoute consenties et de conseils prodigués ! En ce qui me concerne, je dois beaucoup aux jésuites, sœurs de la Providence, sœurs de la Charité, sœurs Sainte-Croix. Je ne suis pas sans savoir l'accueil également offert par les bénédictins et les trappistes d'Oka ; pour ne nommer que ces communautés. Pour cet accueil, ce dévouement, cette amitié chaleureuse, un merci bien sincère.

Cependant, pour des raisons difficiles à exprimer, plusieurs, pourtant attachés au Christ, demeurent étrangers aux exigences religieuses. Plus tard, peut-être, reviendront-ils aux pratiques de leur enfance, qui sait ? Il faudra parfois des années, mais c'est un vœu qu'on peut formuler. Certains êtres blessés demeureront longtemps farouches et difficiles à apprivoiser, sans compter tous les marginaux dont l'état, pour le moment, les empêche de répondre aux exigences de leur Église.

Qu'il suffise, en attendant, de s'abandonner le plus possible à l'amour. Lorsque j'étais jeune encore, j'entendis pour la première fois une chanson que je trouvai tellement belle, aux paroles si douces, qu'il m'arrive toujours, quand je l'entends, de l'associer à un « abandon à l'amour du Christ ». Il s'agit de la *Chanson triste* dont les paroles sont de Jean Lahor, et la musique de Henri Duparc. Je ne peux absolument pas résister à l'envie de vous en présenter le texte. Voici donc la *Chanson triste* que je me plais à intituler, pour moi-même : *Abandon à l'amour:*

Dans ton cœur dort un clair de lune,
Un doux clair de lune d'été.
Et pour fuir la vie importune,
Je me noierai dans ta clarté.

J'oublierai les douleurs passées,
Mon amour, quand tu berceras
Mon triste cœur et mes pensées
Dans le calme aimant de tes bras.

Tu prendras ma tête malade,
Oh quelques fois sur tes genoux,
Et lui diras une ballade,
Qui semblera parler de nous.

Et dans tes yeux pleins de tristesse,
Dans tes yeux alors je boirai
Tant de baisers et de tendresse,
Que peut-être je guérirai !

Splendide invitation à la tendresse, au calme, à la paix : à l'amour. Dieu désire que nous arrivions à trouver le calme, la paix et l'harmonie intérieures ; à pénétrer dans la zone qu'il habite ; à vivre selon des goûts si profonds, des appels si invitants, si pressants, que tous nos désirs, tous nos rêves, toutes nos aspirations en seraient comblés. En arriver là ne va pas de soi ; il nous faudra avoir cheminé assez longtemps pour nous être détachés : détachement de notre orgueil et de notre égoïsme ; détachement de toute lueur de ressentiment envers qui ou quoi que ce soit, qu'il s'agisse de parents, d'éducateurs, de principes religieux ou politiques, de questions de race ou de langue ; que plus rien ne subsiste. N'espérons pas parler efficacement de l'amour tant et aussi longtemps que persistera, dans nos cœurs, le moindre ressentiment, la moindre amertume, la plus petite tendance à critiquer et à condamner les autres. Beaucoup de temps sera nécessaire aussi pour cesser de vouloir « nous prouver à nous-mêmes » quelque chose ; pour cesser de désirer, par le dehors, « absolument nous affirmer ». L'on peut se donner beaucoup aux autres par amour, en même temps que par besoin de s'affirmer ; c'est excellent. Mais en arriver à donner uniquement par amour sera bien mieux encore.

Plus on évolue, et plus on devient conscient de son insignifiance, de son néant. D'ailleurs, n'est-ce pas dans la mesure de notre néant intérieur que nous pourrons être habités ? Plus nous dépendrons de Dieu et moins nous sentirons le besoin de nous affirmer ; nous deviendrons « in »-dépendants. En nous-mêmes seulement pourrons-nous découvrir la confirmation de ce que nous sommes. Mais il faudra prendre garde, dans cette recherche de style de vie, de ne léser personne. « Léser » et non « blesser », car il est presque impossible de vivre sans faire de la peine à quelqu'un autour de soi : tous ceux qui s'accrochent, qui ont décidé que vous ne vivrez que pour eux, qui vous exploitent ou vous manipulent, qui vous étouffent de leur amour excessif. Se libérer des autres ne se réalise pas du jour au lendemain ; il faut du temps et surtout, beaucoup d'amour. Se libérer des autres commence d'abord par se libérer de soi-même, de son égoïsme, des ses dépendances. Seriez-vous capable de vivre seul ? Je ne vous demande pas de vivre seul — surtout si vous êtes mariés et que vous ayez des enfants — je demande seulement si vous seriez capable de vivre seul ? d'être heureux, seul ? de trouver, en vous seul, la source de votre bonheur ? Se libérer des autres ne veut pas dire nécessairement rompre avec eux — il peut arriver que cela soit nécessaire — mais cela veut dire ne pas avoir « absolument besoin » des autres. On ne devrait pas aller vers les autres parce qu'on a besoin d'eux ; il faudrait y aller parce qu'on les aime ; ce n'est pas du tout la même chose. Ne vous effrayez pas, cela ne signifie point que vous soyez condamné à vivre seul : il y a tant de monde à aimer ! Se libérer des autres, c'est s'en détacher pour les aimer « dans le détachement ». Se détacher, c'est s'attacher de plus en plus à Dieu en nous ; c'est trouver — dans une certaine zone où il faut chercher — la réponse à notre besoin d'amour, la source de toutes les amours : le grand amour ! Voilà l'état permanent de contact, l'état permanent de prière. Après quoi, nous deviendrons capables d'aimer ; non plus par besoin, mais par amour ! Alors, nos amours pourront durer !

Que Dieu vous garde !

Notes

1. Extrait du dialogue du film : *les Souliers de saint Pierre.* (Prod. George Englund.)
2. Ensemble, fiches de culture religieuse, numéro 4, Amiens, 1967, feuillet 9.

Table

Achevé d'imprimer en novembre 1991 sur les presses
des Ateliers graphiques Marc Veilleux Inc.,
à Cap-St-Ignace.

Imprimé au Québec (Canada)